W0216704

WohnWelt

WohnWelt

Inspirative Einrichtungs-ideen für Ihr Zuhause

Mit einer Einleitung von Caroline Clifton-Mogg

Thomas Bauer Verlag

Design: **Paul Tilby**
Lektorat: **Clare Double**
Auswahl der Wohnungen und Bildredaktion:
Kate Brunt mit Unterstützung von **Emily Westlake**
Produktion: **Patricia Harrington**

Art Direktor: **Gabriella Le Grazie**
Herausgeber: **Alison Starling**

Die Originalausgabe erschien 2002 bei
Ryland Peters & Small, London

Text von: **Ros Byam Shaw, Caroline Clifton-Mogg, Leslie Geddes-Brown, Vinny Lee, Fay Sweet** und **Judith Wilson**

Text, Layout und Fotografien
© Ryland Peters & Small 2002

Koordination und Producing der deutschen Ausgabe:
Twinbooks, München

Übersetzung: Twinbooks, München
(Dr. Christa Kordt, Dagmar Mallett, Annerose Sieck)

Satz: Twinbooks, München
(Knipping Werbung GmbH, München)

Schutzumschlag: Grafikhaus, München

Gedruckt in China

Copyright der deutschen Ausgabe:
© 2003 TBV Thomas Bauer Verlag GmbH, München

ISBN: **3-936440-22-0**

Alle Rechte vorbehalten. Nachdruck, auch auszugsweise, sowie Verbreitung durch Film, Funk, Fernsehen und Internet, durch fotomechanische Wiedergabe, Tonträger und Datenverarbeitungsträger jeglicher Art nur mit schriftlicher Genehmigung des Verlages.

Die Ratschläge in diesem Buch sind vom Verlag und Herausgeber sorgfältig erwogen und geprüft, dennoch kann keine Garantie übernommen werden. Eine Haftung des Verlages und seiner Beauftragten für Personen-, Sach- und Vermögensschäden ist ausgeschlossen.

inhalt

Einleitung

Jeder wünscht sich ein gemütliches, hübsch eingerichtetes Zuhause, das den letzten Schliff durch dekorative Accessoires und Farben bekommt, die alles noch verschönern und mit denen wir uns wohl fühlen. Doch das Bedürfnis nach einer traumhaften Umgebung lässt sich manchmal nicht so einfach verwirklichen, wie wir uns dies wünschen.

Die Einrichtung einer Wohnung folgt einem einfachen Prinzip: Beginnen Sie mit den einfachen Dingen. Doch so unterschiedlich die Menschen sind, so verschieden sind auch ihre Vorstellungen von perfektem Design. Und gerade deshalb ist dieses Buch so hilfreich. Es verbindet beides: die gewünschte und die zweckmäßig, funktionelle Seite bei Dekoration und Gestaltung. Das Ergebnis ist nämlich selten individuell, ganz anders als beim professionellen Designer, der die praktische wie auch die ästhetische Seite in gleichem Maße zu betrachten weiß. Den meisten von uns fällt das eine leichter als das andere: Beleuchtungsplan – leicht; welche Beleuchtung soll es sein – schwer usw. Der erste Teil dieses Buches erläutert einige inspirierende Stilrichtungen – Futter für Ihre Ideen; im zweiten Teil werden Sie zielgerichtet durch jeden Raum des Hauses geführt. Im dritten Teil geht es dann so richtig zur Sache: Sie erhalten Informationen über alles Wesentliche: von der Beleuchtung bis zu den Bodenbelägen, von der Fenstergestaltung bis zur Auswahl der Kissen, Polster und Vorhänge. So gerüstet können Sie dann kleine und große Projekte mit der gleichen Zuversicht in Angriff nehmen.

Dieses Buch will Ihnen dabei helfen, Ihre Gestaltungswünsche zielgerichtet zu bestimmen. Ich selbst bin ganz groß im Listenschreiben, besonders dann, wenn es um Dinge rund ums Haus geht. Deshalb mein Rat: Es kann hilfreich sein, sich alle Vorhaben, die Sie in Ihrem Zuhause planen, aufzuschreiben – kleine und umfangreiche, praktische und dekorative, dringende und auch solche, von denen Sie im Moment nur träumen. Am besten, bevor Sie das Buch lesen. Vielleicht setzen Sie nicht gleich alle Pläne um, einige werden Sie jedoch zwangsläufig in Angriff nehmen müssen. Irgendwie erscheint alles, was man aufgeschrieben hat, weniger belastend. Ein weiterer Vorteil von Ideenlisten ist, dass Beziehungen zwischen zusammengehörigen Aufgaben deutlich werden. So kann der Neuanstrich der Wände in einem Zimmer gleich mit der Installation eines neuen Beleuchtungssystems und dem Anbringen der dafür nötigen Leitungen verbunden werden. Oder beim Anbringen einer Dusche in einem bis dahin ungenutzten kleinen Schlafzimmer wird gleich ein neues oder aufgemöbeltes Schranksystem für Bettwäsche, Bekleidung und allerlei anderes eingebaut.

Sie sollten sich Gedanken darüber machen, welche Funktionen Ihr Zuhause erfüllen soll. Viele von uns leben immer noch in Räumen, die in einer anderen Zeit entworfen wurden. Für Menschen, deren Lebensstil sich vom heutigen sehr unterschied – sowohl den Tagesablauf als auch die bevorzugte Dekoration betreffend. Die Prioritäten sind heute andere: Versuchen Sie den Raum, in dem Sie leben, als umfassendes Ganzes zu sehen, ohne ihn gleich in einzelne Zimmer mit spezieller Nutzung einzuteilen. Überlegen Sie sich, wie Sie diesen Raum wirklich nutzen wollen, wenn Sie zu Hause sind.

Wenn Sie sich einem leeren, ungenutzten Zimmer gegenübersehen, führen Sie sich vor Augen, dass jeder Raum etwas ganz Eigenes hat – es liegt an Ihnen, es zu entdecken. Und jeder Raum, mag er Sie zunächst auch noch so wenig inspirieren, hat etwas, was auch Ihnen gefällt – auch wenn es manchmal tatsächlich nur wenig ist. Sehen Sie es positiv – das Zimmer mag ja eng sein, doch vielleicht wird es vom Morgenlicht durchflutet; oder es wirkt sehr dunkel, hat aber eine wunderschöne Raumaufteilung.

Man kann die richtige Entscheidung auch finden, wenn man wie ein Innenarchitekt an ein Projekt und den vorhandenen Raum herangeht: Nehmen Sie nichts als bereits gegeben hin und zeigen Sie bei der Planung des Raumes und der Möblierung Flexibilität. Entscheiden Sie, was Sie beabsichtigen und wie das am besten umgesetzt werden kann. Die meisten Dinge in Ihrem Besitz sind beweglich. Wenn etwas schon immer an einem bestimmten Platz gestanden hat, ist das lange kein Grund dafür, dass es für alle Zeiten so bleiben muss; vielleicht sieht es an anderer Stelle oder in einem anderen Zimmer viel besser aus, oder das gute Stück bekommt eine völlig neue Funktion – revolutionäre Ideen, nicht wahr? Ein Schrank, in dem seit Menschengedenken Porzellan und Glas aufbewahrt wurde, kann so zum hübschen und außergewöhnlichen Wäscheschrank werden. Möbel – und das gilt besonders für alte Stücke – haben nicht zwangsläufig nur ein Leben oder eine Bestimmung. Sie mögen sich daran gewöhnt haben, dass ein Möbel eine bestimmte Funktion erfüllt. Das heißt jedoch noch lange nicht, dass eine ganz andere Aufgabe für dieses Teil Sie nicht positiv überraschen könnte. Sich in ungezwungener Art und Weise mit alternativen Bestimmungen für vertraute Möbelstücke auseinander zu setzen bedeutet etwa so viel wie in Ihrer Garderobe herumzuwühlen, um aus altvertrauten, fast schon vergessenen Stücken mit viel Fantasie ein neues schickes Outfit zu zaubern.

Auch wenn es bestimmt nicht sinnvoll ist, jeden Raum im Haus im selben Stil einzurichten – das sollte man besser lassen –, sollte es immer optische Brücken zwischen Räumen oder benachbarten Bereichen geben. Dies kann durch Farben oder Strukturen geschehen, die ineinander fließen, nicht aber Bewegungen abhacken.

Verzichten Sie nicht automatisch auf etwas Neues für ein Zimmer, wenn es Ihnen zu teuer erscheint. Häufig ist es gerade eine solche Anschaffung – ein wunderschönes Kissen, besondere Schubladengriffe –, was einen Raum hebt und ihm etwas Unverwechselbares gibt. Es ist aus meiner Sicht bei weitem besser, Geld bei den nützlichen Dingen einzusparen als auf Einzigartiges und Seltenes zu verzichten, denn daran wird man sich immer wieder erinnern – und wenn Sie Derartiges nicht kaufen, werden Sie immer wieder mit Bedauern daran denken.

Wenn Sie es jetzt kaum noch erwarten können, mit der Arbeit zu beginnen, muss ich ein warnendes Wort einwerfen. Die Beschäftigung mit dem Zuhause kann süchtig machen. Es ist wie bei den Schönheitsoperationen-Junkies, von denen man so viel liest: Wenn Sie erst einmal ein Heim-Projekt erfolgreich bewältigt haben – so klein dies auch gewesen sein mag –, kann es sein, dass dies in Ihrem Innern das nicht zu unterdrückende Verlangen weckt, sofort weiterzumachen. Das mag so etwas Belangloses sein, wie das Ausmisten der Wohnzimmerschränke oder das Organisieren von neuen Schlafzimmervorhängen in der richtigen Länge, die das Morgenlicht abwehren. Doch Achtung: Wenn es erst einmal angefangen hat, wird es schnell ansteckend. Erfolgsverwöhnt werden Sie mit begierigen Augen nach neuen Aufgaben suchen, und ehe Sie sich's versehen, wird alles aufgemöbelt, frisch gestrichen und umgeräumt sein.

Mit der Zeit habe ich selbst ein paar Häuser bewältigt – manchmal von oben bis unten, manchmal auch nur mit ein paar dekorativen Kniffen. Doch eigentlich gibt es den Fall gar nicht, dass ein paar dekorative Kniffe ausreichen – einmal angefangen finden Sie mehr und mehr Dinge, die das Verlangen nach Veränderung wecken. Ich würde heute niemals mehr ein Haus kaufen, das als „bezugsfertig" bezeichnet wird: Geschmack ist etwas so Individuelles, dass jeder, der auch nur das geringste Faible für Dekorationen hat, sich verpflichtet fühlt, den Status quo zu verändern. Als ich mein erstes Haus in Angriff nahm, geschah dies aus einer Notwendigkeit heraus, doch ich muss einsehen, dass es sich inzwischen zu einer Gewohnheit entwickelt hat – einer leichten Sucht. Ich behaupte zwar, dass ich jederzeit damit aufhören könnte, aber ich weiß nicht so recht ... Es ist ein kleines bisschen so wie mit einem Baby – eine herrliche Vorstellung, wenn man es plant, nicht ganz so lustig, wenn es unterwegs ist, doch mit einem packenden und vollständig zufrieden stellenden Endergebnis – wenigstens so lange, bis man sieht, dass Verbesserungen angebracht wären. (In der Kindheit geht dies noch leichter als dann, wenn die süßen, knuddeligen Babys erst einmal in die Flegeljahre kommen.) Das bedeutet, dass sich nach einer gewissen Zeit – im Allgemeinen mehrere Jahre – Gedanken bei mir einstellen, die in etwa so aussehen: „Vielleicht brauchen wir gerade das jetzt ..." oder „Beim nächsten Mal wäre es gut, wenn auch das noch vorhanden wäre ..."! Und ehe ich mich versehe – und mit Sicherheit, bevor die anderen Bewohner des Hauses wissen, was los ist –, sind wir schon wieder mittendrin. Entweder im selben Haus oder sehr oft beginnen wir aber auch ganz woanders von vorn. Und jedes Mal, wenn es wieder geschieht, denke ich: „Diesmal ist es aber bestimmt das endgültig Richtige für uns" – das perfekte Zuhause, ein Lebenstraum oder so ähnlich. Nehmen wir einmal das Haus, das wir im Moment bewohnen: Es hat alles, was ich mir nur wünschen könnte – es ist schön, passt sehr gut zu uns, alles funktioniert prima und es ist immer wieder eine Freude, nach Hause zu kommen. Und doch, ja, und doch, vielleicht könnte das Wohnzimmer etwas größer sein und die Küche war schon immer einen Tick zu dunkel ... Wie schon erwähnt, wenn Sie erst einmal süchtig sind, bleiben Sie auch süchtig. Doch es könnte schlimmer sein – Sie könnten süchtig danach sein, alte Motorräder auseinander zu nehmen oder aus Streichhölzern Modelle von Kathedralen zu basteln.

Bei einem Buch wie diesem ist es angebracht, sich angesichts der Fülle der Ratschläge und Anregungen – ich will Ihnen ja keine Vorschriften machen, wie Sie Ihr Haus oder Ihre Wohnung zu renovieren oder zu dekorieren haben – nicht einschüchtern zu lassen. Statt dem Gefühl nachzugeben, dass alle Ideen notwendigerweise umgesetzt werden müssen und Ihre Vorstellungen nicht stimmen, wenn Ihnen dies nicht gelingt, sollten Sie die Anregungen lieber als eine Art großes Bankett im Stile des 19. Jahrhunderts betrachten. Es ist sinnvoll, von den köstlichen Speisen, die gleichzeitig aufgetragen werden, nur diejenigen zu kosten, die Sie wirklich in Versuchung führen, statt jeden Gang in sich hineinzustopfen. Da es sich in diesem Ratgeber um Anregungen, nicht um Empfehlungen handelt, sollten Sie stets daran denken, dass die unterschiedlichen Stilrichtungen in sich perfekt sind, der Stil selbst aber letztendlich eine ganz persönliche Entscheidung ist. Viele schöne Räume entstehen, indem man etwas von diesem und etwas von jenem verwendet, Zeitepochen, Stile und Farben mischt. Das A und O besteht darin sicherzustellen, dass jeder Raum eine harmonische Ausstrahlung hat und das die Proportionen stimmen. Aber das Wichtigste überhaupt: Sie müssen in diesem Raum glücklich sein!

Gemütlichkeit ist heute eine häufig verspottete Tugend. Doch was sie bedeutet, ein Zuhause, in dem Sie und Ihre Familie gern leben und in dem Sie sich zufrieden und wohl fühlen, muss sicherlich die allerwichtigste Überlegung sein, wenn Sie Veränderungen oder Verbesserungen in Ihrem Heim in Angriff nehmen wollen. Viel Spaß beim Lesen und Experimentieren!

Inspirierende Interieurs

SCHLICHT & NATÜRLICH

Mit neutralen Farben von Ice bis Taupe und natürlichen Materialien von grobem Leinen bis zu unbearbeitetem Holz können Sie leicht eine entspannende Atmosphäre zaubern. Arbeiten Sie mit klar umrissenen Möbelsilhouetten, geben Sie Schlichtem gegenüber Mustern den Vorzug und lassen Sie freien Raum für das Zusammenspiel von Schatten und Licht.

Die entspannte Atmosphäre – typisch für einfache, natürlich gestaltete Räume – hat unser Designverständnis der letzten Jahre mitgeprägt. Es ist sanft zum Geist und beruhigend für die Augen. Dem Charme des in Weiß gehaltenen Interieurs, den leichtes Sonnenlicht verbreitenden Vorhängen und den blassen Gartenrosen in der Vase kann man kaum widerstehen. Der frische weiße Stoff, die Struktur des Holzes und die Steinoberflächen – diese Komponenten sind entscheidend. Je nach Laune, Geschmack oder Farbenpräferenz lässt sich der Eindruck veredeln oder lässiger gestalten.

Die strenge Einfachheit kann sehr praktisch sein, gerade wenn Kinder und Tiere mit im Haus leben. Weiße Wände lassen sich schnell neu streichen, lose Bezüge aus Baumwolle können einfach gewaschen werden und natürliche Oberflächen sind problemlos zu reinigen und zu pflegen. Hinzu kommt der Kostengesichtspunkt. Gerade weil die Farben natürlich sind, kommen sie nicht aus der Mode und belasten Ihr Budget nicht übermäßig. Außerdem kosten strapazierfähige Stoffe wie Drill oder Kaliko nicht viel, zumal wenn sie

Gegenüber unten: **Konzentrieren Sie sich auf einzelne architektonische Merkmale, die einen ruhigen Eindruck vermitteln. Der schlichte Kamin führt das Auge direkt zum Feuer und zu dem angenehmen Mix aus natürlichen Strukturen – von den Ziegeln bis zum Holz.**

Großes Bild: **Weiße Wände, lose Baumwollbezüge und gestrichene Dielen gehören zur Grundausstattung. Geben Sie dem reinen Weiß durch winzige Farbtupfer das gewisse Etwas. Frische Blumen sind ein optischer Blickfang.**

Oben links: **In einem einfach möblierten weißen Raum besitzt das Spiel von Licht und Schatten starke Ausdruckskraft. Verwenden Sie nach Möglichkeit nur leichte dünne Vorhänge, damit die Sonne Muster auf Wände und Fußboden werfen kann.**

Unten links: **Der natürliche Eindruck lässt sich leicht auf ein modernes Interieur übertragen. Verwenden Sie weiße und natürliche Oberflächen – Schiefer, Korb und Holz – aber entscheiden Sie sich für eckige Formen.**

weiß sind. Die zu diesem Stil passenden Möbel sind auf Flohmärkten oft preiswert zu kaufen. Frisch gestrichen und bezogen, sehen sie aus wie neu.

Bei einfach möblierten Räumen mit nur wenigen dekorativen Details liegt die Betonung oft auf einzelnen Gegenständen. Lassen Sie sich Zeit herauszufinden, womit Sie Akzente setzen wollen. Natürlich sind elegante Schiebefenster und paneelierte Fensterläden eine großartige Lösung. Aber auch eine Wand, verkleidet mit MDF-Paneelen (Mitteldichte Faserplatte) im schwedischen Stil, oder ein neuer Holzfußboden bewirken viel.

Wenn ein Weiß-in-Weiß-Farbenschema die Basis bildet, sollten Sie das natürliche Licht in Ihre Überlegungen einbeziehen. Reines Weiß kann in einem sonnigen Bereich stark blenden oder in dem kälteren Licht auf der Nordseite zu bläulich wirken. Sanfte, graue Töne eignen sich für dunklere Räume oft besser. Die Farbpalette von Weiß hat mehr zu bieten, als oft angenommen wird: Sie reicht von Blauweiß über Lavendelweiß bis hin zu Grau-, Kitt- und Cremetönen. Aber Vorsicht: Nicht alle Weißabstufungen harmonieren miteinander. Deshalb ist es ratsam, alle infrage kommenden Bilder, Vorhänge und Fußbodenbeläge, die in einem Zimmer Verwendung finden sollen, in unterschiedlichem Licht zu betrachten. So vermeiden Sie, dass leuchtendes Weiß andere Töne „schmutzig" aussehen lässt.

Die Wände sollten schlicht, aber nicht unbedingt matt gestrichen werden. Vinylseidenfarben besitzen einen leicht reflektierenden Glanz und eignen sich hervorragend für selbst gemachte Weiß-auf-Weiß-Mustertapeten. Wollen Sie einer einfachen weißen Wand mehr Abwechslung verleihen, deuten Sie Paneel- oder Ziegelstrukturen darauf an; Sie können aber auch die einzelnen Wände in unterschiedlichen Weißtönen bemalen, um die natürlichen Schatten hervorzuheben. Einen zusätzlichen Effekt schaffen Sie,

wenn Sie weiße Wände mit einer in blassrosa poliertem Putz gestalteten Wand kombinieren.

Fußböden sollten natürlich strukturiert und nur wenig getönt sein. Reißen Sie Ihren Boden nicht gleich heraus, auch wenn er einige Problemstellen aufweist. Schmirgeln Sie die Dielen ab und reparieren Sie kaputte Stellen. Dielen können gewachst, gebeizt, gekalkt und mit weißem Öl oder Lauge behandelt werden; auf diese Weise wirken sie gebleicht. Alternativ können Sie Ihre Dielen weiß oder graublau anstreichen.

In Küche, Flur oder Badezimmer sind neutrale Farben und widerstandsfähige Oberflächen wie Stein sehr praktisch. Die Palette reicht hier vom Creme des Kalksteins bis hin zum Grau des Schiefers. Ziehen Sie den Einbau einer Fußbodenheizung in Betracht, um die Kälte des Steins zu mindern. Wenn Sie den natürlichen Eindruck durchgehend erhalten wollen, verwenden Sie einen Mix aus harten und weichen Bodenbelägen. Wichtig ist jedoch, dass diese Ton in Ton sind. Kombinieren Sie unebene Seegras-, Kokosfaser- und Sisalbeläge oder fürs Schlafzimmer einen weicheren Wolle-Sisal-Mix. Die Auswahl im Handel ist mittlerweile sehr groß: Die Farbpalette reicht vom blassen Honig bis zu Graugrün und die Gewebearten von Fischgrät bis zu riesigen „knirschenden" Knoten. Halten Sie Ausschau nach außergewöhnlichen Varianten, etwa Bambus, der sich ideal für Badezimmer eignet.

Die Vorhänge sollten dünn sein. Am besten eignen sich hier Weißtöne, aber auch natürliche Leinenfarben und Taubengrau. Entscheiden Sie sich für Vorhänge in lockerer Webart und matter Verarbeitung. Kombinieren Sie unterschiedliche Strukturen, am besten Materialien wie Baumwolle, Leinen, Denim und Stoffe aus Kaliko, Canvas, Drill oder Cotton Duck. Auch wenn die Grundlage dieser natürlichen Atmosphäre das Weiß-auf-Weiß-Schema ist, sollten Sie mit anderen Farben Akzente setzen. Dunkle Grautöne, Biskuit, sanfte satte Rosatöne oder Graublau bilden hier eine harmonische Ergänzung.

Eine dezente Möblierung sollte gut durchdacht sein. Das gilt umso mehr, je einfacher der Stil ist. Wenn die Bauweise Ihrer Fenster von außen keinen Einblick erlaubt, verzichten Sie auf Vorhänge und entscheiden Sie sich für weiß angestrichene paneelierte Fensterläden. Haben Sie aber ein größeres Bedürfnis nach Privatsphäre, eignen sich einfache weiße Springrollos ebenso wie Leinen- oder Baumwollrollos und dünne Baumwollrollläden im schwedischen Stil. Wenn

Gegenüber links: **Stehen ein blasser Holztisch und Stühle für den natürlichen Look nicht zur Verfügung, lässt sich das Esszimmer mit schneeweißem Leinen, weißem Porzellan und Glas leicht verändern. Je einfacher das Tafelgeschirr ist, desto besser.**

Großes Bild: **Küchen sollten schlicht sein und die Oberflächen betonen. Dafür eignen sich ebene Paneeltüren und einfache Griffe, natürliche Arbeitsflächen und Fußböden aus Stein und Holz. Zu viel Weiß in der Küche lässt sie wie eine Klinik wirken. Besser sind ungewöhnliche Furniere wie Walnuss, die gut mit rostfreiem Stahl harmonieren.**

Rechts: **Eine natürliche Atmosphäre verbreitet blasses Holz. In Kombination mit Oberflächen aus rostfreiem Stahl wirkt es modern. Zusammen mit cremefarbenen Arbeitsflächen aus Stein entsteht ein rustikaler Touch.**

Rechts unten: **Für ein Esszimmer zwischen offener Küche und Wohnzimmer sollten Sie elegante Möbel in blassem, gebleichtem Holz aussuchen. Das Arrangement passt zu einem weißen Sofa und auch zu einer weißen Küche, die Stahlelemente enthält.**

Sie sich für Vorhänge entscheiden, hängen Sie diese an Schnüren, Schlaufen oder dünnen Ringen aus schlichtem Eisen, Holz oder Messing auf.

Die weitere Ausstattung sollte gleichermaßen ungezwungen sein. Lose Überwürfe unterstreichen eine ruhig wirkende Atmosphäre. Schneiden Sie die Bezüge großzügig zu, das sieht nicht nur lässig aus, es erweist sich auch als nützlich, wenn die Stoffe beim ersten Reinigen etwas einlaufen. Achten Sie darauf, dass die Bezüge waschbar sind oder sich zumindest trocken reinigen lassen. Strapazierfähige Stoffe – meist billig und robust – laufen gern ein und sollten deshalb vor der Verarbeitung gewaschen werden. Gehen Sie mit Details sparsam um. Es reichen wenige Kordeln, lockere Rüschen und

Gegenüber links oben: **Um einen schlichten Eindruck zu erhalten, kann man das Bett auf einfache Weise mit gleichförmigen Kissen und einem weißen Laken oder einer Tagesdecke dekorieren. Vermeiden Sie jegliches Durcheinander.**

Gegenüber rechts oben Mitte: **Eine ruhige Atmosphäre ist im Schlafzimmer oberstes Gebot. Beweisen Sie Mut zur Schlichtheit, indem Sie durch natürliches Licht für Dekoration sorgen. Hier filtern Acrylglas-Läden das Außenlicht. Denselben Effekt können Sie mit durchsichtigen Rollos oder leichten Vorhängen erreichen.**

Gegenüber unten: **Mit Symmetrie können Sie Einfachheit erzielen. Nahezu meditativ mit seinen einheitlichen Kissen, den gleich liegenden Teppichen und den Nachttischen strahlt dieses in Weiß und Taupe gehaltene Schlafzimmer Ruhe aus.**

Diese Seite, im Uhrzeigersinn von oben links: **Das schlichte Badezimmer zeigt natürliche Oberflächen wie Kalkstein, Marmor, Holz und Glas. Es hat massive, aber klare Linien. Vermeiden Sie Unordnung: Riesige Korb- oder Lederkoffer, aber auch Holzkisten, eignen sich dafür. Kombinieren Sie schlichte weiße Sanitärmöbel und moderne Chrominstallationen. Das Nonplusultra ist eine Nasszelle mit Wänden und Fußboden aus ein und demselben Stein. Sie werden von der einfachen Atmosphäre hingerissen sein und nicht mehr an Komfort denken. Ergänzen Sie Ihr Schlaf- und Badezimmer mit flauschigen Handtüchern und molligen Kissen.**

Knöpfe oder einfache Schnüre zum Befestigen. Ein Satz weißer Leinen- oder lockerer Baumwollbezüge eignet sich hervorragend, um Möbeln, die nicht zusammenpassen, einen einheitlichen „Anstrich“ zu geben. Das gilt auch für Esstischstühle. Bei Kopfteilen oder einem ausgefallenen Lehnstuhl kann man lose Bezüge mit festen Polstern aus Hessian, Jute oder Naturleinen kombinieren, um einen Kontrast zu schaffen.

Möbel und Ausstattung aus Naturmaterialien, etwa Holz und Stein, passen am besten. Naturbelassene Oberflächen sind schöner als stark polierte. Einen guten Kontrast zu weißem Hintergrund bilden Metalle, etwa rostiges Schmiedeeisen oder die verblasste Vergoldung eines Spiegels. Doch nicht alles muss alt sein. Bauen Sie zu den Rundungen alter Stücke durch kantige, moderne Silhouetten und weiche, praktische Oberflächen einen Kontrast auf, z. B. durch einen rechteckigen Schiefer-Couchtisch oder durch den stumpfen Glanz eines Küchentisches aus Zink.

Bei der Gestaltung eines einfachen und natürlich wirkenden Zimmers besteht das Ziel darin, genügend Freiräume zu erhalten. Allerdings sollte das Zimmer nicht so karg ausgestattet sein, dass es Sie nicht willkommen heißt. Spielen Sie also so lange mit den Möbeln, bis alles stimmt. Greifen Sie in die Trickkiste, um das Tageslicht im Zimmer einzufangen. Helfen können hierbei ein großer an eine Wand gelehnter Spiegel oder weiß angestrichene Fußböden und weiße Vorhänge. Gerade diese Einfachheit ist es, die den Stil für einen kleinen Raum perfekt machen.

Finden Sie das Zimmer zu spärlich ausgestattet, konzentrieren Sie sich auf kleine Details. Brennende Holzscheite, das Spiel der Sonnenstrahlen auf der weißen Wand, Blumen auf dem Tisch: All das macht ein Zimmer ebenso lebendig wie sinnlich. Da dekorative Accessoires auf ein Minimum beschränkt bleiben sollten, müssen diese sorgfältig ausgewählt werden. Besonders eignen sich Dinge, die man gern anfassen und anschauen möchte wie schlicht gerahmte Schwarzweißaufnahmen von der Familie, knorrige Strandkiesel oder riesige Kirchenkerzen. Das Wesentliche der einfachen Atmosphäre ist Frieden und Ruhe. Übrigens ein perfektes Beispiel dafür, dass weniger oft mehr ist.

Oben: **Loft-Apartments sind ideal geeignet für eine elegante, moderne Ausstattung. Doch die großen Fenster und hohen Decken fordern den Einrichter. Arbeiten Sie großzügig und nutzen Sie die typischen Linien moderner Sofas und Tische, um ein Gleichgewicht zum Raum zu schaffen. Ein kurviger Lampenschirm oder weicher Sitzsack lockern die strengen Linien auf.**

Oben und rechts: **Mit unterschiedlichen Stoffen und Farben können Sie dem Raum einen weichen oder eher maskulinen Rahmen verleihen. Die matten dunkelbraunen Polsterbezüge und schwarzen Ledersessel** *(oben)* **eignen sich gut für eine Junggesellenbude, ein ähnliches, nur weiß gepolstertes Sofa** *(rechts)* **gibt dem Raum in Kombination mit Sesseln einen eher femininen Anstrich.**

Großes Foto gegenüber: **Leere Wandflächen und schlichte Polstermöbel können steril wirken. Hier helfen Kontraste. In diesem Fall wurden reflektierendes Glas mit weichen Stoffen und ein polierter Fußboden mit matten weißen Wänden kombiniert. Das Spiel des Lichts kann Muster werfen. Auch hell akzentuierte Farbblitze können – hervorgerufen durch Vasen oder direkt auf die Wand gemalt –, dem neutralen Interieur Auftrieb verleihen.**

Links: **Vorsicht bei Grau in Grau! Es wirkt schnell zu streng oder klinisch. Experimentieren Sie mit Schatten von Möwenweiß bis Kohle und verwenden Sie als Kontrast Metall, warmes Holz und Glas. Wer keine Farbe hinzufügen möchte, kann mit Schwarzweißfotos erstaunliche Effekte erzielen.**

ELEGANT & MODERN

Kantige Räume verlangen eckige Möbel, stromlinienförmige Oberflächen und ruhige Töne von Grafit über Blaugrau bis zu Biskuit und Beige. Wichtig sind Strukturen: Der Schimmer von Glas, glattem Stein und sinnlichem Leder, der Glanz von Lack und rostfreiem Stahl.

Der aus dem kalten, leeren Minimalismus der späten 1990er-Jahre entstandene elegante und moderne Stil ist nicht so einfach anzuwenden. Dabei ist er auch eine bewusst städtische Mode. Zu Extremen neigend lässt er keinen Mittelweg zu, duldet kein Miteinander von unterschiedlichen Möbelarten, keinen Kompromiss zwischen den Stilen.

Was auf den ersten Blick aussieht wie eine stark pflegebedürftige und kostspielige Einrichtung, hat viele Vorteile für unter Zeitmangel leidende Bewohner. Der Schwerpunkt liegt auf harten Oberflächen von Kalksteinböden bis hin zu Beschichtungen aus rostfreiem Stahl, die mit den entsprechenden Produkten und einer ausgeprägten Vorliebe fürs Polieren relativ leicht zu reinigen sind. Die hochwertigen Polsterbezüge aus Wolle, Leder oder Kunsthäuten sind robust und fleckunempfindlich. Natürlich können Sie ein kleines Vermögen für Holzfußböden und polierte Verputzwände ausgeben. Sie können es aber auch lassen. Es gibt eine Reihe von gut aussehenden Äquivalenten, etwa Beton oder Holzfurnier, das auf MDF verlegt wird. Das sieht nahezu identisch aus und kostet nur die Hälfte. Und da Sie wahrscheinlich einiges in die Anschaffung von Möbeln

Diese Seite und gegenüber oben links: **Schränke mit ebenen Fronten, kubische oder rechteckige Umrisse und der minimalistische Stil moderner Küchen lassen diese leicht kalt wirken. Lockern Sie die Fronten auf, indem Sie Milchglas und farbiges Laminat variieren, oder mischen Sie blasses Holz mit Weiß. Indirektes Licht macht einfachen Stahl oder Spritzschutzvorrichtungen aus Glas interessant.**

Gegenüber: **Stehen Essgruppen in einem offenen Wohnbereich, müssen sie zur eleganten Küche oder dem stilvollen Wohnzimmer passen. Nehmen Sie moderne Tischplatten aus Laminat, Stein, Zement, Holz oder Glas. Sie sehen gut aus und sind robust. Für die Sitze gibt es moderne Materialien wie Polypropylen. Lockern Sie alles mit Farbtupfern oder Aluminium auf.**

investieren möchten, ist es doch gut zu wissen, dass der elegante Look nur einiger weniger Schlüsselelemente bedarf.

Da der Stil dramatisch wirkt, sollten Sie Ihr Zuhause zuvor kritisch beleuchten. Der elegante Look eignet sich ideal für Lofts, neue Häuser und offen angelegte Apartments; weniger eindrucksvoll wirkt er in älteren Häusern mit vielen kleinen Räumen. Es ist zudem sinnvoll, zuvor alle architektonischen Details Ihres Hauses zu entfernen, denn: Je einfacher die Raumaufteilung, desto besser. Wenn Sie gerade mit dem Bauen anfangen, können Sie berücksichtigen, dass gewisse Details die Ausstrahlung verstärken. Ein Hohlraum-Kamin mit rostfreiem Stahl und moderner Ausstattung, Fugen anstelle von Fußleisten und eingelassene Schränke sind ideale Grundelemente. Wenn Sie prunkvollen Stuck oder einen Kamin aus Marmor besitzen, wäre es jedoch ein Verbrechen, dies herauszureißen. Die Kombination von ultramodern und alt kann fantastisch wirken.

Da Vorhänge, Teppiche und Kissen bei diesem Designstil eine untergeordnete Rolle spielen, können Sie sich ganz auf ungewöhnliche Oberflächen konzentrieren. Vermeiden Sie mattierte Strukturen, wenn Sie Glanz möchten. Ziehen Sie dagegen etwa Marmor, Kalkstein oder Granit in Betracht oder greifen Sie zu rostfreiem oder gewachstem Stahl. Bei Glas eignen sich gehärtetes klares Glas oder Sandstrahl-Glas. Auch solides Holz oder Holzfurniere kommen infrage. Statt die Oberflächen getrennt für Fußboden, Arbeitsplatte und Wände zu wählen, sollten Sie radikal denken. Gehärtetes Glas etwa steht nicht nur einer Arbeitsplatte im Badezimmer, sondern auch – eher konventionell – einer Duschabtrennung. Rostfreier Stahl sieht als Küchenfußboden und als Spritzschutz gut aus. Der Trick: Das Ganze sollte wertvoll aussehen, ohne wirklich teuer zu sein.

Rechts: **Rostfreier Stahl im Badezimmer muss nicht maskulin oder kalt aussehen. Hier umrundet er die Linien einer ovalen Badewanne. Die modernen Oberflächen erhalten dadurch einen eleganten Touch. Es gibt auch ovale Wannen aus Edelstahl.**

Mitte rechts: **Moderne Badezimmer sind so eingerichtet, dass man nicht lange darin verweilen mag. Behalten Sie die Funktionalität im Auge, indem Sie die sanitären Anlagen – auch die Toilette – verkleiden: Sinnvoll ist dies besonders in kleinen Badezimmern. Verwenden Sie Oberflächen, die für Fußböden und Spritzschutz gleichermaßen geeignet sind. Das Ganze wirkt einheitlich und lässt kleinere Räume größer erscheinen.**

Oben ganz rechts: **Das ultimativ minimalistische Badezimmer kombiniert Glas, rostfreien Stahl und sehr moderne Ausstattung. Badezimmer-Schränke hinter Glastüren helfen, Unordnung zu vermeiden.**

Rechts: **Grenzt das Schlafzimmer direkt ans Badezimmer? Dann sollten sich beide Stile vertragen. Wie in modernen Hotels: das Waschbecken in einer Platte aus Stein, Glasregale für die Kosmetikartikel.**

Bei den Wänden können Sie neben dem üblichen strahlenden Weiß dunkle, stimmungsvolle Lackfarben oder einen metallischen Anstrich wählen. Als Kontrast zu älteren Möbelstücken können Sie den Wänden Struktur geben: gespanntes Sackleinen im Stil der 1970er-Jahre, dunkle Holzfurniere oder Paneele aus rostfreiem Stahl oder Sandstrahl-Glas. Wollen Sie den Wänden einen Schliff aus Stein geben, eignen sich polierter Putz oder eine Blockstruktur.

Seit einigen Jahren ist die Verwendung von Stein zunehmend beliebter geworden. Kalkstein ist in vielen Farben erhältlich, etwa in Softgrau, Beige und Weiß. Granit gibt es in glänzender und geschliffener Form als Schiefer oder Marmor.

Wegen der Betonung von Naturstein und Metall liegt das klassische elegante und moderne Farbenschema nahe an der Einfarbigkeit. Sie können sich für das kühle Weiß-auf-Weiß-Schema entscheiden und es mit natürlichen oder Silbermetallictönen mischen. Daneben gibt es die maskulinere Farbpalette der Grau-in-Grau-Töne von Grafit bis zu blassem Blaugrau und Altweiß. Tönen Sie die Monochromie mit scharfen Farbakzenten ab. Dafür eignen sich Lila und Scharlachrot, Blutorange, Aubergine und Zitronengelb. Brechen Sie die Einfarbigkeit durch ein buntes Kissen, eine farbige Wand oder ein modernes Möbelstück.

So manches moderne Interieur wurde durch eine nachlässige Auswahl der Möbel ruiniert. Ein ledernes Chesterfieldsofa passt nun mal nicht in einen modernen mit Stein und Glas ausgestatteten Raum. Besser ist ein

preiswerteres Sofa. Wichtig ist eine kantige und schlanke Silhouette. Das Sofa sollte lang und niedrig sein oder wie im Stil der 1970er-Jahre L-förmig, der Sessel quadratisch, das Kopfteil des Bettes glatt und rechteckig. Ergänzen können Sie die Polstermöbel durch Couchtische mit einer Glas- oder Steinplatte. Die Möbeloberflächen können aus dunklem Holz oder von leuchtender und glänzender Farbe sein, sie können zudem lackiert oder aus Glas sein und Details aus rostfreiem Stahl haben.

Stoffe sollten matt und glatt sein. Schön sind Wolle von Flanell bis zu Bouclé, Alcantara, Leder und aus den 1970ern entlehnte Vinylstoffe. Schlicht ist angesagt. Die schlanke Silhouette setzt sich bei den Fenstern fort. Am besten sind stromlinienförmige Arten und solche, die ein Spiel mit dem Licht ermöglichen: Jalousien mit metallenen oder hölzernen Leisten, perforierte Baumwoll-Springrollos und japanische Schiebe-Paneele. Immer mehr Hersteller bieten aufregende Verzierungen an: von Kristallperlen bis zu Lederdetails. Vorhänge sollten plastisch wirken: Am besten ist es, Sie verwenden weißes in viele Falten gelegtes Leinen oder moderne metallische oder synthetische Gewebe.

Greifen Sie bei den Accessoires auf die Grundprinzipien von Form und Funktionalität zurück. Besitzen Sie einige lieb gewonnene Accessoires, sollten Sie diese in eingebauten Schränken unterbringen und stattdessen ein oder zwei größere Stücke für den Raum wählen, etwa eine riesige zylindrische Glasvase oder eine polierte vietnamesische Servierplatte. Sie müssen sich nicht mit abstrakter Kunst beschäftigen. Fragen Sie im Künstlerbedarf nach einer riesigen Leinwand, und bemalen Sie diese in gedämpften Farben, die zu Ihrem Wohnprogramm passen.

Oben links: **Richten Sie Ihr Schlafzimmer sparsam ein. Experimentieren Sie mit niedrigen Betten aus einer Plattform auf Stahlbeinen, Futons aus Holz oder modernen Stahlrahmen. Ein schlichter, gepolsterter Diwan ohne Kopfstütze – direkt an der Wand – vermittelt einen eleganten Eindruck. Beziehen Sie das Bett nur mit dem Nötigsten, etwa einem Spannlaken.**

Ganz rechts: **Je karger das Schlafzimmer, desto besser. Verräumen Sie alles in Wandschränken. Streichen Sie die Schränke passend zu den Wänden an oder verwenden Sie Sandstrahl-Glas, rostfreien Stahl oder Laminatfronten.**

Oben: **Die Trennwand fungiert als Kopfteil. Wählen Sie ein Paneel aus Laminat auf MDF oder ein schlichtes, gepolstertes Kopfteil mit einem matten Stoffbezug. Lassen Sie die Wand hoch über das Bett aufragen und auch gut 30 Zentimeter auf jeder Seite überstehen. Eingebaute Wandleuchten machen sich in einem funktionalen Schlafzimmer besonders gut.**

ART NOUVEAU

Gegenüber oben links: **Lassen Sie die rustikale Architektur richtig wirken, indem Sie den Raum in einfachen, schlichten Farben und Stoffen gestalten. Bequeme Details, etwa eine dicke Matratze, Kissen oder flauschige Brücken, sind entscheidende Elemente.**

Gegenüber Mitte, links und rechts: **Suchen Sie sich ruhige antike Möbel aus, die eine liebliche Form haben und stellen Sie interessante Stücke an eine schlichte Wand. Klassische Stühle und Tische haben immer Bestand: Eine Investition lohnt sich also.**

Gegenüber unten: **Mischen Sie Muster nach Lust und Laune. Zu klassischen Streifen gehören Matratzen, alte oder neue, Liegestuhlleinen, gewebte oder gedruckte Formen. Für Blumenmuster eignen sich bestickte Textilien, Druckstoffe, Webarten und traditioneller Chintz.**

Links oben und unten: **Wichtig sind Wärme, Komfort und eine beruhigende Atmosphäre. Frische Blumen, Bücher und Kerzen geben dem Ambiente das gewisse Etwas.**

Ländlich & rustikal

Zwanglos in der Ausstrahlung und in seiner Natürlichkeit nahezu greifbar vereint der Country-Look warme und welke Farben, schlichte Textilien und die Patina alter Hölzer. Für den klassischen Mix aus altem Chintz und Wandteppich oder die klareren Linien von modernem Landhaus sollten Sie die Dinge so einfach wie möglich gestalten.

Der traditionelle Country-Look hat sich gewandelt. Weg sind die Rüschen und ächzenden Kiefernschränke, der glänzende Chintz und die China-Ornamente. Ihren Platz haben rustikale Textilien, robuste Oberflächen und eine blasse Farbpalette eingenommen. Sie liefern den Rahmen für die neuen Stars des Country-Looks: hübsche alte Stücke von den Möbeln bis zu den Textilien. Was zählt, ist, dass sie einzigartig, dekorativ und funktional sind. Die Wurzeln des neuen Looks liegen im Ethos der Shaker-Sekte mit seinen klaren Linien und blassen Farben, und im „modernen Country", die jüngste Auseinandersetzung mit kargen Möbeln und naturbelassenen Strukturen. Die Räume Ihres Zuhauses sollten so wirken, als hätten sie sich ganz natürlich so entwickelt. Eine zwanglose Stimmung ist das Wichtigste. Im Herzen steht die Einfachheit, ein Sofa vorzufinden, ein Buch aufzunehmen und sich gemütlich hinzusetzen.

Der Country-Look gehört zu den dekorativen Stilen. Er ist pflegeleicht und familienfreundlich. Wenn Sie auf dem Land leben, wissen Sie, dass ein derartiger Lebensstil einiges erforderlich macht: waschbare Böden, Polster, die Tierhaaren und Kindern gegenüber widerstandsfähig sind, und warme, behagliche Fenstervorhänge, die die Kälte draußen lassen. Auch als Städter können Sie von der Praxisnähe profitieren: Der Country-Stil ist nicht besonders teuer und der klassische Look hat Bestand. Da er sich auf eine Mischung aus mehreren Möbelstilen verlässt, ist er der ideale Weg, um sich mit geerbten Familienstücken und über die Jahre angesammelten Dingen zu befassen. Sie müssen keine neuen Möbel kaufen, stöbern Sie einfach nur durch, was Sie bereits besitzen.

Da niedrige Decken, kleine Räume und dazu noch winzige Fenster das klassische Landhaus ausmachen, bieten sie den perfekten Rahmen für alte, rustikale Stücke. Sie können den Look auf unterschiedliche Häuser oder Wohnungen übertragen. Er passt hervorragend zu hohen viktorianischen Wänden und Fensterrahmen, und einige Elemente wirken sogar in einem städtischen Loft-Apartment. Ein Ohrensessel oder Landhaustisch aus Kirschholz sorgen für einen wunderbaren Stil-Mix. Wenn Sie nichts Altes besitzen, sollten Sie besser auf schlichte Räume setzen, statt unechte Balken oder Bleifenster hinzuzufügen.

Bei der Auswahl Ihrer Einrichtung – von den Wänden bis zu den Möbeln – sollten Sie darauf achten, dass die Dinge ein wenig bewohnt aussehen; funkelnagelneue Polstermöbel oder aufdringliche Vergoldung sind fehl am Platz. Konservieren Sie lieber das, was Sie haben, als es zu restaurieren. Schauen Sie sich erst einmal an, was Sie zur Verfügung haben. Ein Sofa aus dem 19. Jahrhundert mit einer Füllung, die hier und da herauskommt, hat durchaus Charme; Spiegel, deren Glas beschlagen ist, strahlen etwas Besonderes aus; nicht zu vergessen abgewetzte Dielenbretter, denen man die Generationen ansieht, die über sie gelaufen sind.

Einen abgenutzten Eindruck erzielen Sie bei Wänden, indem Sie stumpfe matte Emulsionsfarben oder gebrochene Schablonenmuster (nur große abstrakte Muster, keine Blumen oder Blätter) in blass angedeuteten Formen verwenden. Sie können natürlich auch die gesamte Tapete abreißen und die schönen Muster des Verputzes beibehalten. Sollte der Putz uneben sein, lassen Sie ihn so: Die Unebenheiten gehören zum Charme des Country-Looks. Ziehen Sie auch die Anziehungskraft von angestrichenen oder unbemalten Ziegeln in Erwägung. Tapeten passen zur rustikalen Atmosphäre. Wählen Sie dabei am besten verblassende Formen und vermeiden Sie kleinteilige Muster.

Bei den Farben sind nicht die Muster, sondern der Ton das Entscheidende. Vermeiden Sie frische Pastelltöne oder Farben mit einem zu hohen Weißanteil zugunsten von ausgewaschenen oder trüben Tönen. Um den Farben die strahlende Helligkeit zu nehmen, können Sie etwas Schwarz hinzugeben. Statt frischen weißen Lack zu verwenden, sollten Sie sich eine Art Altweiß anmischen lassen. Historische Farbskalen eignen sich ebenso für schlammige, trübe Farben. Sie reichen von blassem Steingrau und Flechtformen bis zu Lachsrosa, Moos und Terrakotta. Und wenn Sie nicht mehr weiterwissen, hilft oft ein Blick aus dem Fenster. Naturtöne gleich welcher Jahreszeit sind ein Garant für passende Erdfarben.

Fußböden sollten robust, pflegeleicht und von natürlicher Beschaffenheit sein. Aber unter den Füßen sollte es auch gemütlich sein. Die ideale Verbindung zwischen Funktion und Komfort sind gute Dielenbretter oder Fliesen. Damit es schön warm ist, bieten sich als Belag Kelimteppiche, Sisalmatten oder traditionelle Läufer im Fischgrätmuster an. Teppiche aus Wolle passen perfekt in ein Landhaus, allerdings sind sie nur für die obere Etage geeignet, die Sie normalerweise ohne schmutzige Schuhe betreten. Wenn Sie sich für neutrales Grau oder Beige entscheiden, können Sie interessante alte Brücken darauf legen. In Küchen oder Badezimmer passen echtes Linoleum oder Terrakotta, Schiefer oder Kalkstein. Bei Fliesen sollten Sie vielleicht eine Fußbodenheizung einbauen.

Gegenüber oben: **Für eine richtige rustikale Küche sollten Sie angefertigte Schränke ganz schnell vergessen. Bewahren Sie alles – von der Pfanne bis zum Lebensmittel – in einem zusammengetragenen Mix aus nicht zusammen passenden, abgenutzten Möbelstücken auf. Achten Sie auf freie Regale, lange Esstische, die Sie als Sideboard nutzen können, und auf einen Stuhlmix. Der Herd sollte möglichst frei stehen und das Spülbecken auf einem separaten Ständer.**

Gegenüber unten: **Der alte eiserne Küchenherd gehört in eine Landküche. Bauen Sie um ihn herum den Rest der Küche auf. Wandschränke können Holz- oder Glastüren haben. Unterschränke für Pfannen und Töpfe können mit einem Geschirrschrank für Porzellan und Glas kombiniert werden. Nicht fehlen darf der Küchentisch mit Wachs- oder Baumwolldecke. Nehmen Sie gedämpfte Farben, etwa sanfte Blau-, Grün-, Pink- und Cremetöne, und matte, robuste Oberflächen wie Fliesen, Lack und Holz.**

Diese Seite: **Essen Sie in der Küche: Dann wird die Auswahl von Tisch und Stühlen wesentlich einfacher. Sollten Sie sich für einen besonderen rustikalen Look für Ihre Küche entschieden haben, etwa für Shaker, dann wählen Sie einfache Möbel, die dazu passen, z. B. alte Kirchenbänke, Schulstühle oder französische Landhausstühle. Unterschiedliche Stühle aus zweiter Hand können Sie aus Spaß in verschiedenen Farben anmalen. Tische sollten am besten aus Holz – von Kiefer bis Kirsche – sein, oder aus Obsthölzern bis hin zu Mahagoni. Das Esszimmer kann auf einfache, klassische Weise mit Accessoires versehen werden, z. B. mit schlichten massiven Tellern und Gläsern für den täglichen Gebrauch oder einem Leinentuch und alter Keramik und altem Kristall für ein festliches Abendessen.**

Links und unten: **Bett und Fenster sollten schlicht gestaltet werden. Etwas Muster ist ganz schön, Streifen z. B. machen einen frischen Eindruck. Oder verwenden Sie Stoffstreifen, um ein Rollo, eine Tischdecke oder einfache Leinenvorhänge zu verzieren.**

Unten links: **In einem Landhaus-Schlafzimmer können Sie Textilien schichtweise anordnen und Stoffe verwenden, um das Bett zu dekorieren. Das geht mit Steppdecken, Kissen, Nackenrollen, Daunendecken und Volants. Nehmen Sie ein einfaches Holzbett oder eines mit Eisengestell.**

Der Textilmix ist ein wesentliches Merkmal des Country-Stils. Hier können Sie mit Mustern und klassischen Gewebearten experimentieren, wie beispielsweise Chintz, Needlepoint, Gobelin und Paisley. Wenn Sie einen einfachen Look bevorzugen, eignen sich Gingham, Madras-Cotton. Setzen Sie durch unterschiedliches Gewebe Kontraste – vom tiefen, weichen Samt bis hin zu fest gewebter Baumwolle. Und mischen Sie Ihre Muster mit reichlich schlichtem Stoff, damit der Country-Look einfach bleibt. Da Floralchintz in zu großer Menge überladen wirkt, hat ein einziges Kissen auf einem Sessel mit Kalikobezug eine enorme Ausstrahlung. Machen Sie sich keine Gedanken, auch wenn die Stoffe einige Löcher haben. Eine große Auswahl an Stoffresten finden Sie besonders häufig auf Flohmärkten.

Bei der Planung von Kissen und Vorhängen kommt es ebenso auf Komfort wie auf Stil an. Dicke, schwere Vorhänge sind ein Muss, egal ob am Fenster angebracht oder an der Wand oder Decke montiert, um einen Querbehang zu schaffen. Drapieren Sie den Stoff an schwerem Holz, Messingstangen oder -ringen. Zu den Vorhängen passen schlichte und einfache Baumwoll- oder Leinenrollos oder cremefarbene Hollandvorhänge. Verwenden Sie – sofern vorhanden – Fensterläden aus Holz. Wenn das Ganze zu spartanisch aussieht, können Sie Musselin oder schwedische Voile-Paneele davorhängen. Halten Sie die Waage zwischen einer Mischung aus festen Polstern und lässig lockeren Überwürfen. Wenn Ihr Sofa schon einmal bessere Tage gesehen hat, montieren Sie vorsichtig eine Stepp-

Links: **Auch ohne Blumenmuster können Sie ein schönes Schlafzimmer einrichten. Ein dekoratives Metallbett, raffiniert lackierte Möbel und Musselinvorhänge gehören dazu.**

Oben: **Das frische Blau-Weiße des amerikanischen Country-Stils ist sehr beliebt. Patchwork-Steppdecken, Oxford-Kopfkissen und zartes weißes Leinen prägen die Atmosphäre.**

Rechts: **Ein praktischer Badezimmerfußboden kann aus Linoleum, Sisal oder Teppich bestehen. Wände können gestrichen oder verkleidet werden. Die Einrichtungsstücke müssen nicht unbedingt zusammenpassen, einzelne restaurierte Stücke haben mehr Charakter.**

decke oder ein Needlepoint-Paneel an die Rückseite. Zerbeulte Ledersessel als fester Bestandteil des Country-Looks werden immer beliebter. Zusammen mit blassen Blümchenkissen sehen sie bezaubernd aus.

Bei der Zusammenstellung der Möbel bietet sich ein ungewöhnlicher Mix aus unterschiedlichen Stilepochen an – von Louis XV. bis zu viktorianischen Sesseln. Kombinieren Sie ländliches Obstbaumholz mit gestrichener Kiefer, bedecken Sie Eisen mit gepolsterten Stücken oder Marmor mit gescheuerter Kiefer. Aber überfüllen Sie die Räume nicht; lassen Sie ausreichend Platz, um die Konturen und die Struktur der einzelnen Stücke genießen zu können. Sobald Sie davon überzeugt sind, einen zwanglosen Stil gefunden zu haben, übertragen Sie ihn auf Küche und Badezimmer. Wenn Sie den rustikalen Look lieben, sollten Sie sich von der Idee verabschieden, dass dieses Design quasi von der Stange zu bekommen ist. Behandeln Sie also Küche und Bad wie jeden anderen Raum auch: Eine frei stehende Badewanne oder ein frei stehender Küchenherd sind schöner als alle Einbaumöbel.

Üben Sie sich in Zurückhaltung, wenn es darum geht, die Räume mit Möbel zu füllen. Zum Country-Look gehören vielmehr mit Büchern voll gestopfte Regale, Küchenborde mit gestapelten Tellern und Familienfotos im Bad. Suchen Sie die schönsten Dinge aus und sortieren Sie den Rest an einem Regentag aus. Denken Sie daran: Die Stärke des ländlichen Looks liegt in seiner Knappheit. Zwischen dem Blumenporzellan und den botanischen Drucken sollte also Platz für Überraschungen bleiben: klobige cremefarbene Keramik, abgenutzte Terrakottatöpfe und Zweige aus dem Garten, die Sie in eine Milchkanne stecken.

Rechts: **Es kommt auf die richtige Silhouette an: Suchen Sie ein Sofa mit rundem Rücken und tiefen, geschwungenen Sitzen, kastenförmige Sessel aus den 1930er-Jahren, runde Stühle und längliche Tische. Dünne Kissen und Polster passen dazu.**

Unten links: **Vergoldete, metallene Möbel mit knotigen oder spiralförmigen Details oder Schnörkeln deuten Salonchic an. Derartige stilistische Feinheiten finden sich etwa bei Lampenfüßen, Spiegelrahmen, Glastischen oder Frisierkommoden. Polierte Stücke haben eine größere Ausstrahlung als einfach nur stark vergoldete.**

Unten rechts: **Dieser wirklich elegante Salon besticht durch mehr als seine Symmetrie. Dies lässt sich durch zwei Sofas, ein paar Stühle auf jeder Seite des Kamins oder symmetrisch angeordnete Bilder erreichen.**

Links: **Eine Couch gehört zu einem zeitlos eleganten Wohnzimmer. Als Reminiszenz an den Boudoir- und Salonstil der 1930er-Jahre kann sie kantig und modern oder auch kurvig sein. Kissen und Nackenrollen sollten rundlich sein. Stellen Sie eine Liege ins Zentrum eines schicken Wohnzimmers.**

Oben: **Formen und Farben müssen nicht kurvig und blass sein, um einen eleganten Eindruck hervorzurufen. Bei mildem Lichteinfall und wenn die Stoffe sich angenehm anfühlen, können Sie auch kantigere Formen verwenden. Edel wirken hier das Leder, das Wildleder und der Lack.**

Salonchic und frische Moderne lassen sich verbinden, wenn Sie luxuriöse Stoffe mit kurvenreichen Möbeln – in Pastelltönen von Muschel über Pistazie bis Ice Blue – kombinieren. Achten Sie auf Eleganz und Glamour.

ZEITLOSE ELEGANZ

Dieser Stil schwebt zwischen den anspruchsvollen Textilien und schlanken Formen des 21. Jahrhunderts und dem typischen Glanz der 1930er-Jahre. Der zeitlose elegante Stil kann von jedem übernommen werden, der in ein zweites oder drittes Zuhause „hineinwächst". Er ist zudem perfekt für eine städtische Zweitwohnung oder Singles ohne Kinder und Haustiere. Sogar in einem Familienheim können Sie den Look für das Schlafzimmer übernehmen, auch wenn dieser Stil nicht gerade preisgünstig und pflegeleicht ist.

Mit seinen typischen Pastellfarben und seidigen Stoffen vermittelt dieser Look den Eindruck, sehr teuer zu sein, auch wenn es viele Möglichkeiten gibt, mit relativ wenig Geld eine ähnlich luxuriöse Umgebung zu schaffen. Abgesehen von den hohen Kosten für echte Seide und Tierhäute lohnt es sich, gleichwertige schicke synthetische Stoffe zu suchen. Sie sehen genauso gut aus und sind auch gut zu reinigen. Inzwischen ist sogar waschbares Wildleder erhältlich. Wenn Sie auf einen Hauch echter Seide nicht verzichten wollen, etwa für Kissen oder ein Stuhlpolster, dann sollten Sie in Stoffe investieren, die fleckunempfindlich sind. Sie können aber auch einfach ein oder zwei luxuriöse Stücke in einen eher karg ausgestatteten Raum stellen.

Wir alle kennen aus alten Filmen Wohnzimmer mit hohen Decken, in denen Filmstars über Treppen oder durch hohe französische Türen schreiten. Wenn Sie auch so etwas haben, könnte Sie das vielleicht dazu inspirieren, selbst diesen eleganten Stil zu erproben. Sind Ihre Räume eher kleiner? Wie wäre es dann zum Beispiel mit einem Marmorkamin, einem Parkett-Fußboden oder französischen Türen als Anfang? Auch wenn Sie gerade erst mit vier weißen Wänden beginnen, sollten Sie bereits daran denken, dass für diesen Chic sowohl Textilien und Möbelformen als auch die Architektur zählen.

Oben: **Stellen Sie zwischen Sofas und Sessel kleinere Stühle im Salonstil – von Louis-quinze-Sesseln bis zu samtenen Puffs und vergoldeten Stühlen mit Satinbezug. Wichtig ist nicht der Komfort, sondern die Wirkung des Möbelstücks. Zur Dekoration dienen ein Rest Seidenstoff, bemalte Seide, einfaches Leinen oder auch ein gesticktes Monogramm.**

Links, rechts und unten rechts: **Auch Küchen können zum Stil passen. Glatte, teuer wirkende Oberflächen wie glänzender Granit oder Marmor und Arbeitsplatten aus Schiefer, ungewöhnliche Holzfurniere von Ahorn bis Walnuss und sehr viel edles Schwarz passen sehr gut. Armaturen und Haushaltsgeräte sollten funktional sein, z. B. aus Edelstahl.**

Unten: **Esstischstühle können edle, kurvige Umrisse haben. Wenn Sie es schicker mögen, können Sie gepolsterte, taillierte Stühle aus Moleskin, Wildleder oder Leinen (aber denken Sie vorher daran, wie diese Bezüge zu reinigen sind) verwenden. Zu den überaus eleganten Stühlen für den Küchentisch gehören die klassischen Arne-Jacobsen-3107-Stühle (Foto), entweder aus gebleichtem Holz oder in einem Pastellton.**

Entscheidend ist die Qualität. Der letzte Schliff muss tadellos sein, alles Handwerkliche erstklassig. Türen sollten mit einem satten Geräusch zuschnappen und Teppiche sich weich unter die Füße schmiegen. Wenn Ihr Budget eher begrenzt ist, sollten Sie in wenige, aber qualitativ hochwertige Dinge investieren. Da die ruhige Ausstrahlung dazu gehört, investieren Sie in die richtige Beleuchtung. Dazu gehören mehrere Deckenbeleuchtungen, tiefer hängende Lampen und Tischlampen, die Sie mit einem einzigen Schalter an- und ausstellen oder dimmen können. Auch hübsche Lampen mit konischer Form oder Seidenbund, reich verzierte metallene Wandleuchten oder Winkellampen zur Ausleuchtung von Gemälden eignen sich.

Oberflächen sollten möglichst matt oder reflektierend sein, am besten ist ein guter Mix. Für den „reflektierenden Stil" eignen sich fondantfarbige Wände, die Sie mit schimmernden Tönungen versehen, Deckenstuck mit selbst gemachtem Silberpapier oder Metallictapeten. Für den „matten Stil" sollten Sie Tapeten mit eleganten Streifen, blassen Damastmustern oder abstrakten Formen wie Bambus verwenden. Sie können für die Wände auch Stoffe nehmen, etwa Leinen oder Seide.

Für Fußböden eignen sich vor allem blasse Holzdielen oder traditionelles Eichenparkett. Obwohl dieser Stil seine Wurzeln in der Einfachheit hat, können Sie den Holzfußboden mit einer gemusterten Brücke aus reiner Wolle belegen. Oder halten Sie sich an den allgemeinen Trend und verwenden Sie einen blassen neutralen Teppich. Sisal-Woll-Mischungen eignen sich ebenso, auch die etwas kostspieligeren und sehr schönen Leinen- oder Brüsseler Webarten. Um Ihrem Badezimmer einen Hauch von Eleganz zu verleihen, eignen sich blasser Kalkstein oder Marmor- oder Keramikfliesen in einem traditionellen Schwarzweiß-Karomuster.

Von den Farben bieten sich die neutralen an, besonders Elfenbeintöne, Fleischfarbe und Grau kombiniert mit dunkler Schokolade oder Mokka. Verwenden Sie nicht nur Sorbetfarben, sondern auch blassere, etwa Rosabeige und Muschel, aber auch Lila und Seladongrün. Gute Akzentfarben können Pflaume, Grafit oder Metallic sein. Wenn Sie Stoffe aussuchen, achten Sie genau auf die Farben: Ein hübsches, farbiges Sofa oder ein einzelner Stuhl in blasser Seide haben etwas unverhohlen Luxuriöses.

Oben links und rechts: **Für die richtige Stimmung im Badezimmer versuchen Sie es zumindest mit ein wenig Marmor, poliertem Granit oder Kalkstein rund um Badewanne oder Waschbecken. Die Investition kostet etwas, aber dafür gibt es dazu passende einfache weiße Teile, die relativ günstig sind.**
Die Ausstattung sollte elegant sein. Entweder kaufen Sie hochmodernes Chromdesign oder alte Armaturen und Duschen – aber meiden Sie Gold.

Mitte links: **Kreieren Sie Ihr Bad in zeitgenössisch-elegantem Stil. Luxus gehört dazu. Details wie eine extra große Wanne in der Mitte des Raumes oder zwei Waschbecken lohnen sich. Auch eine ausdrucksstarke Beleuchtung verschafft das Gefühl von Luxus. Statt der grellen Lichter an der Decke sollten Sie tiefer gelegene Leuchten oder Lampen auf jeder Seite des Spiegels installieren. Das ergibt ein wesentlich schmeichelnderes Licht.**

Mitte rechts und rechts: **Ein Bad, das gleichzeitig als Ankleide dient. Hier sind die Waschbecken in eine Platte eingelassen, etwa aus Marmor, Glas, Kalkstein oder Massivholz. Schubladen und Schränke unter der Platte können alles aufnehmen – vom Badetuch bis zu sonstigen Badezimmerutensilien. Wenn Sie keine Arbeitsplatte möchten, eignen sich auch bezaubernd hübsche Becken aus Glas bis hin zu Stein in der Art von Schüsseln auf einfachen Ständern.**

Gegenüber, im Uhrzeigersinn von oben rechts: **Das Bett ist immer Mittelpunkt des eleganten Schlafzimmers. Deshalb sollten nicht nur die Proportionen stimmen, es sollte auch elegant und frisch aussehen. Vermeiden Sie runde, gepolsterte Kopfteile, besser sind klar geschnittene, rechteckige: Je höher, desto besser. Polster können aus neutralem Leinen, Moleskin oder Wildleder bestehen. Holz ist weniger geeignet. Zu einem Diwan passt ein klassischer Volant mit ordentlichen Falten an jeder Ecke. Sie können den Volant passend zum Kopfteil des Bettes aussuchen oder einen Kontraststoff verwenden. Schaffen Sie ein wahrhaft einladendes Bett mit vielen quadratischen oder großen Kissen. Leinen oder frische Baumwolle sollten Hohlsaum-Details aufweisen. Verzichten Sie auf dicke, unruhig wirkende Steppdecken. Besser sind ordentlich gefaltete flache Decken aus Mohair oder Kaschmir. Die Farben sollten im neutralen Bereich liegen, durchsetzt mit etwas blassem Pink, Lila oder Schokolade für zusätzliche Raffinesse. Ein niedriger mit Leder gepolsterter Hocker am Ende des Bettes schafft einen bezaubernd schönen Touch.**

Die Beschaffenheit der Stoffe ist das A und O. Neben Seide und Satin eignen sich Leinen, Samt und Moleskin; ebenso Wildleder, Leder und Kunstleder. Versuchen Sie einen guten Strukturmix – Kaschmirvorhänge zusammen mit leichten Organzavorhängen oder ein legerer falscher Zebrapelz mit pink Satin. Bei der Auswahl von Kissen, Vorhängen und Teppichen sollten Sie ruhig Ihren Geschmack spielen lassen. Vorhänge können von zweierlei Art sein: entweder haben sie klassische Falten – mit Biesen oder Kontrastkanten am Saum – oder sie hängen locker herunter. Bei der Verwendung von Seide sollten Sie prüfen, ob sie ausgeblichen ist. Hängen Sie den Stoff an schmale Metallstangen und verwenden Sie nach Belieben schnörkelige Endstücke bzw. mit Stoff bedeckte Blenden im Stil der 1930er-Jahre. Rollos sollten hauchdünn sein.

Das Wichtigste bei der zeitlosen Eleganz besteht darin, dass die Möbelstücke eine schöne schwungvolle Silhouette und viele Kurven haben. Was Kissen, Vorhänge und Teppiche betrifft, eignet sich ein Mix aus festen Polstern und klassischen losen Bezügen. Als Kissen eignen sich lange Nacken-

Oben: **Ein Bett mit vier Pfosten ist absolut elegant, aber achten Sie auf den Stil. Seien Sie sparsam mit den vielen Schmuckelementen oder überwältigenden Stoffvorhängen und entscheiden Sie sich stattdessen für angestrichenes Holz, dekorative Metallrahmen, ein 4-Pfosten-Bett im Shaker-Stil und warme Hölzer wie etwa Kirsche. Dieses weiße Bett strahlt Ruhe aus.**

Mitte: **Der richtige Beleuchtungsmix ist wichtig. Versuchen Sie es mit einigen Wand- und Bettleuchten, die Sie an einem zentralen Punkt schalten oder dimmen können. Vermeiden Sie zu viele Lampen an der Decke. Leselampen müssen exakt positioniert sein. Schön sind metallene, Stoff- oder Pergamentformen in einfacher konischer oder taillierter Form.**

Rechts: **Wirrwarr im Schlafzimmer ist out. Für Kleidung und persönliche Dinge sollte also genügend Schrankplatz vorhanden sein. Eventuell sollten Sie die Garderobe in einen besonderen Raum verbannen, um das Schlafzimmer ordentlich zu halten. Neben dem Bett sind auch eine komfortable Tagesliege, ein Sessel oder ein kleines Sofa wichtig.**

rollen und runde Formen. Versuchen Sie einen Kontrast zwischen den Möbelformen herzustellen – zwischen der eher zeitgenössischen langen, schlanken Silhouette und den eleganten Kurven alter Stücke. Kein Wohn- oder Schlafzimmer ist komplett ohne eine zeitgenössische Ruheliege, einige Louis-quinze-Stühle und dicke, gepolsterte Schemel. Andere Möbel sind auf glänzende Behandlungen angewiesen – lackiertes oder stark poliertes Holz – oder auf gelockte Metalldetails, etwa eine dekorative Lampe oder einen Spiegelrahmen. Glas und Spiegel mit ihren bezaubernden Reflektionen gehören zum eleganten Stil dazu. Das gilt für den mit goldenem Rahmen ummantelten Spiegel wie für Kronleuchter aus Glas oder einen Spiegeltisch im Design der 1930er-Jahre.

Die Einrichtung mit Accessoires bedarf einer sicheren Hand. Halten Sie die Gestaltung einfach. Eine große Plastik oder eine Kollektion von historischem Glas kann weit mehr fesseln als viele kleine Objekte. Und überlegen Sie genau, was Sie an die Wände hängen. Beschränken Sie sich dabei nicht auf das Wohnzimmer; große Kunst sieht auch in einem eleganten Badezimmer sehr gut aus. Falls möglich, verbannen Sie Technisches wie Fernseher und CDs in einen Schrank und Bücher hinter verschlossene Türen. Auch den Blumenschmuck sollten Sie sorgfältig wählen – am besten lange Stiele und üppige Düfte wie Lilien und Rosen.

Links: **Sie erzielen einschlagende dekorative Effekte, wenn Sie die klaren, einfachen Linien eines Möbelstücks – vielleicht ein Sofa – mit den romantischeren Kurven eines älteren auserlesenen Stücks konfrontieren.**

Unten: **Altes und Neues mischen heißt nicht, viel Geld für antike Stücke oder Designermöbel auszugeben. Durch das steigende Interesse an Klassikern des 20. Jahrhunderts lässt sich mittlerweile leicht ein erfreulicher Mix erzielen, indem man beispielsweise eine Eames-Klassik ansammelt, Plexiglas-Stühle aus den 1960ern und andere ausgesuchte Stile.**

ALT & NEU

Altes und Neues zu kombinieren macht Spaß. Diese Mischung gibt es nicht von der Stange. Mildern Sie den „Zusammenprall" von Altem und Modernem durch kleine dekorative Noten ab oder durchbrechen Sie das Konzept, indem Sie durch einfaches Interieur Kontraste setzen.

Man kennt den Charme eines Hauses, in dem der Besitzer Altes und Neues mit sicherer Hand und einer gewissen Dreistigkeit zusammengestellt hat. Da das Ergebnis einzigartig ist, sind wir fasziniert: Jedes Zimmer hält eine visuelle Überraschung bereit. Diese Art der Dekoration macht eine individuelle Interpretation des Stils möglich. Der Mut, verschiedene historische Stile und dekorative Kategorien zu mischen, ohne an irgendwelche Regeln gebunden zu sein, ist Garant für einen außergewöhnlichen Look. Sie können so wenig oder so viel wie Sie möchten kombinieren. Der Mix kann maßvoll erfolgen, indem Sie ein oder zwei alte Accessoires in einem Zimmer gegenüberstellen oder aber das ganze Haus einbeziehen. Spaß und Experimentierlust stehen im Mittelpunkt. Vermeiden Sie allerdings ein völliges Durcheinander. Wer sich für diesen Stil entscheidet, verändert sein Haus ständig. Sollten Sie eine neue Entdeckung machen, entfernen Sie ein anderes Stück.

Wenn Sie gern experimentieren, dann ist dieser Stil einfach umzusetzen. Da Ausprobieren das A und O ist, gibt es auch keine Fehler, sondern nur Entdeckungen. Viele angesehene Innenarchitekten gestehen, dass sie die Möbel in einem Raum so lange umstellen, bis ihnen die Stimmung gefällt. Alt und Neu: Das ist ein benutzerfreundlicher Stil für beruflich stark eingespannte Menschen.

Alt muss nicht antik heißen – stattdessen kann damit auch Second Hand gemeint sein – und bei Neu muss man nicht gezwungenermaßen an teure Designerstücke denken. Genauso gut kann damit ein Kauf in einem großen Geschäft gemeint sein oder in einem interessanten Laden um die Ecke.

Haben Sie die Absicht, in solch außergewöhnlicher Weise Möbel und Accessoires zu dekorieren, sollten Sie vorab entscheiden, ob Sie für den Mix Ihrer Besitztümer quasi eine leere Leinwand kreieren möchten. In der Tat kommen weiße Wände, Holz- oder Sisalfußböden und natürliche Polster einer Galerie am nächsten. Doch Sie sollten alles noch einmal in allen Variationen durchspielen. Wände können auch in einer lebendigen Farbe angestrichen werden; Fußböden können aus Stein oder Linoleum in kräftigeren Farbtönen bestehen und einen idealen Hintergrund und einen starken Kontrast bilden. Wichtig ist, dass die Dekoration das Interieur nicht in Einzelteile zerlegt: Ihr Ziel sollte darin bestehen, einen klassischen Hinter-

Oben: **Alte und neue Dekorationsstile miteinander zu mischen, kann sehr originell sein. Oft hilft es, sich dabei an ein Thema zu halten. Dieser Raum steht unter einem ethnischen Motiv. Dies bezieht Möbel, dekorative Accessoires und Brücken ein.**

Rechts: **Ein weißer Hintergrund und neutrale Teppiche und Polster betonen den eleganten Mix aus alten und neuen Stücken: ein sehr natürlicher, ruhiger Look.**

Oben: **Moderne Küchen haben oft keinen Charakter. Schon dadurch, dass Sie ein bestimmtes Thema wählen – hier sind es Maße und Gewichte –, machen Sie aus dem meist frequentierten Raum des Hauses auch den interessantesten. Der Mix aus rostfreiem Stahl und altem Holz bewirkt zudem eine ruhige und fröhliche Stimmung.**

Links: **Manchmal liefert bereits die Architektur Ihres Zuhauses Fingerzeige für Dekorationen. Hier kreuzen die riesigen Industrieleuchten die Teilung zwischen der minimal weißen Küche und dem geräumigen Loft-Apartment.**

grund für ständig wechselnde Dinge zu schaffen. Es können durchaus aufregende Kontraste entstehen, wenn Sie beispielsweise eine sorgfältig ausgearbeitete, mit Schnitzereien versehene Türtäfelung aus dem 18. Jahrhundert mit zeitgenössischem Interieur verbinden oder einen riesigen Sitzsack an eine georgianische Holzvertäfelung stellen.

Als direkten Kontrast zum Galerieeffekt können Sie einen exotischen Einrichtungsmix wählen. Konzentrieren Sie sich auf Finishes aus dem 21. Jahrhundert – eine Metallictapete oder polierter Putz –, die Sie in Kontrast zu einem gustavianischen Lehnstuhl oder einem Marmor-Waschbecken stellen. Oder Sie kehren das Ganze ins Gegenteil um und verwenden traditionelle Muster und Stoffe. So könnten Sie sich für französische La-toile-de Jouy-Tapeten entscheiden, die Sie mit Plexiglas-Essstühlen aus den 1960ern kombinieren, oder Sie wählen ein modernes „Salonlöwen"-Sofa, das Sie mit einem eingebauten Computer-Terminal und alten Chintz-Vorhängen vervollständigen. Wenn Sie eine solche direkte Konfrontation

Unten rechts und links: **Bei klassisch weißen Badezimmereinrichtungen und neutralen Oberflächen von weißen Kacheln bis zu Holzregalen können Sie Altes oder Neues hinzufügen: leicht abgenutzte, vergoldete Spiegel, ein mit Kaliko bedeckter Lehnstuhl oder Beistelltische. Oder Sie setzen Akzente mit einem glänzenden Toilettenschrank aus Polypropylen oder Metall.**

Oben: **Die perfekt ausgestattete Küche folgt keinen Stilrichtlinien. Doch ein Thema hilft. In dieser Küche wurden die verschiedenen Einrichtungsgegenstände von der Arbeitsplatte bis zum Spülbecken unter dem Aspekt der Nützlichkeit und der Kontinuität des reinen weißen Schemas ausgesucht.**

Links: **Eine klassisch einfache Küche kann je nach Mode mit zeitgenössischen Einrichtungsgegenständen oder alten Accessoires ausgestattet werden. Der Mix aus weiß gestrichenen Elementen, gefliestem Boden und Marmor wird ein Jahrzehnt Bestand haben.**

nicht mögen, sollten Sie ungewöhnlich strukturierte Wände und Bodenbeläge wählen, die den Räumen einen Hauch von Exotik verleihen. Ein mit Leder oder mit einem farbigen Marokkanerteppich belegter Boden oder eine polierte Metallwand unterstützen den Eindruck.

Möchten Sie sich darauf beschränken, Alt und Neu zu mischen, können Sie dies auf unterschiedliche Weise tun. Wählen Sie alle Stücke in einer Farbe, beispielsweise alles in Weiß oder Gusseisen. Bei den Polsterstühlen können Sie verschiedene Stilrichtungen vom Zeitgenössischen bis zum Antiken verbinden, wenn Sie einen einzigen Stoff verwenden: Rosa Schiaparelli-Baumwolle passt ebenso gut zu einem bequemen viktorianischen Sessel wie zu einem modernen Sitzwürfel. Sie können aber auch die Formen als Maßstab setzen – etwa quadratisch oder kurvig.

Manchmal reichen schon ein bis zwei Teile aus unterschiedlicher Zeit, um ein gewöhnliches Interieur in etwas Spektakuläres zu verwandeln: Das funktioniert auch andersherum. Eine moderne weiße Küche mit rostfreiem Stahl kann nur wirken, wenn Sie einen alten Landhaustisch zusammen mit einigen modernen Stühlen hineinstellen. So verliert sich die Sterilität. Die meisten Innenarchitekten arbeiten auf konventionelle Art, indem sie etwa die klaren Linien eines modernen Plexiglastisches in einen Raum stellen, der viele traditionelle Stücke aufbewahrt. Ähnliche Ergebnisse können Sie mit Accessoires erzielen. Besondere Ausstrahlung kann eine Hightechlampe bereiten, deren Silhouette auf ein Ölgemälde fällt oder eine Steinbüste als einzige Dekoration in einem eleganten und funktional in Kalkstein gehaltenen Badezimmer.

Wie auch immer Sie Altes und Neues mischen, das Ergebnis ist ein individueller Stil; es ist die natürliche Entwicklung eines jeden Zuhauses, unterschiedlich alte und neue Stücke anzusammeln. Es erlaubt Ihnen, ständig auf der Suche nach Neuem zu sein, und Sie müssen keinen Stil vernachlässigen, um mit einem neuen Stil von vorn anzufangen. Für alle, die gern Interieurs einkaufen, ist dies sicher das beste Argument für Shoppingtouren.

Oben: **Obwohl der Mix aus verschiedenen Stilen fasziniert, muss das Ganze stimmig sein. Nehmen Sie ein oder zwei große Teile als Ausgangspunkt. Das kann ein großes Kunstwerk oder ein ungewöhnliches Möbelstück sein. In diesem Schlafzimmer ist das Gemälde zentraler Brennpunkt für einen eklektischen Mix aus Glastisch, Holzbett und Lederstuhl. Eine schöne Sache, wenn Sie in Ihrem Schlafzimmer Lieblingsdinge sammeln möchten.**

Oben links: **Manchmal sorgt nicht so sehr der Mix aus Altem und Neuem für Wirkung als vielmehr die Überraschung, ein einzelnes Stück inmitten eines weißen Ambientes wiederzufinden. Hier sieht das Bett aus dunklem Holz frisch und zeitgemäß aus.**

Oben rechts: **Die Dekoration eines antiken Bettes kann verschiedene Stimmungen erzeugen. Geschmückt mit alten Textilien und belegt mit verzierten Kissen könnte dieses Bett zu viel des Guten sein. Zusammen mit klassischem frischem weißem Leinen und Textilien macht es einen erfrischend modernen Eindruck.**

Links: **Scheuen Sie sich nicht, ein antikes Bett in ein modernes Interieur zu stellen. Oft bringt altes Design eine romantische Stimmung. Umgekehrt hat ein 4-Pfosten-Bett mit Stahlrahmen gegen eine georgianische Vertäfelung gestellt ebenfalls eine unglaubliche Wirkung.**

Raum für Raum

Küchen und Ess-plätze

Die Küche ist die Schaltzentrale Ihres Zuhauses. Sie dient nicht nur zum Kochen und Essen, sondern oft als Treffpunkt für die ganze Familie. Dieser wichtige Platz sollte sorgfältig geplant werden, damit er nicht nur praktisch, sondern gleichzeitig ein angenehmer und willkommen heißender Ort ist.

Ganz links: **Viele Elemente sind nur in Standardgrößen erhältlich. Kombinieren Sie sie mit speziell angefertigten, frei stehenden Stücken, etwa Regalen oder Flaschenregalen, um elegante Lösungen zu erhalten. Wenn Sie eine offene Küche oder eine mit Essplatz haben, macht sich eine Vitrine sehr gut.**

Links: **Eine Kombüsen ähnliche Küche mit Elementen auf beiden Seiten stellt den Essbereich in den Mittelpunkt. Genügend natürliches Licht sollte durch ein Fenster hereinfallen. Ein Boden aus glasierten Keramikfliesen reflektiert das Tageslicht.**

Gegenüber großes Foto: **Praktische Arbeitsflächen müssen nicht langweilig wirken: Dieser industriell gewellte Stahl ist reizvoll und widerstandsfähig.**

Küchenplanung

Bevor Sie an die Planung gehen, sollten Sie wissen, was für einen Raum Sie wirklich erwarten: einen familienfreundlichen oder einen, in dem Sie nur kochen wollen? Denken Sie an den vorhandenen Platz und an Ihre Lebensweise. Fragen Sie sich, welche Art von Küche zu Ihnen und Ihren Bedürfnissen passt. Wie viele Menschen sollen den Raum in welcher Weise nutzen? Sind Sie berufstätig, Single und essen meist außer Haus oder muss die Küche auch als Esszimmer dienen? Wie viele Leute sollen in ihr Platz finden? Nehmen Sie Papier und Stift und skizzieren Sie die Umrisse des Raums, tragen Sie Fenster und Türen ein sowie die Umrisse der versorgenden Einrichtungen. Als Nächstes zeichnen Sie die Geräte und das Equipment ein, das Sie installieren möchten. Berücksichtigen Sie die Nähe zu Wasseranschlüssen und Steckdosen.

Grundlegend bei der Küchenplanung ist das „Arbeitsdreieck". Seine Ecken sind die Positionen von Spüle, Herd und Kühlschrank. Die Geräte sollten getrennt, aber nicht zu weit voneinander stehen. Das Dreieck verschafft Ihnen einen leichten Zugang zu den wichtigen Küchen-Arbeitsplätzen und lässt Sie bequem kochen. In den meisten Fällen allerdings muss das Dreieck je nach Länge und Konfiguration der Wände etwas verschoben werden. Manchmal muss es auch ein wenig an der Hauptverkehrsstraße Ihrer Küche gekrümmt werden. Idealerweise sollte die Hauptverkehrsstraße Ihrer Küche – Zu- und Ausgang zugleich – das Arbeitsdreieck nicht abschneiden, denn dies stört den Fluss der Aktivität. Und es kann zu Unfällen kommen, wenn jemand den Weg des Kochs, der gerade eine heiße Pfanne in der Hand hält, kreuzt.

Gegenüber von oben nach unten: **Durchdachter Stauraum zahlt sich aus. In kleinen Küchen braucht man jeden Zentimeter. Drehregale nutzen die Ecken; praktisch und zugleich attraktiv sind die abgehängten Ketten. Sie schaffen Platz für häufig genutzte Geräte, ohne dass sie das Fenster blockieren; Nischen eignen sich für trockene Dinge und Bücher.**

ATAG
ATAG

Gegenüber: **Farbe eignet sich gut, um harte Stahlkanten oder den Industriestil einer Küche weicher erscheinen zu lassen. Einem doppelt genutzten Raum verleiht Farbe eine entspannte Atmosphäre. Hier wärmt das kräftige Orangerot das kühle Blau der Metallfassaden und -accessoires.**

In einer großen Küche verkürzen eine zentrale Insel oder eine Arbeitsstelle die Wege. In einer Familienküche kann ein großer Tisch gleichzeitig als Arbeitsplatte fungieren. Eine andere Möglichkeit besteht darin, hohe Stühle rund um eine erhobene Arbeitsoberfläche zu stellen, sodass diese auch als Frühstückstresen genutzt werden kann.

Haushaltsgeräte mit ähnlichen Funktionen sollten beieinander stehen: Geschirrspüler, Spüle und Waschmaschine gehören zusammen. Auch Kühl- und Gefrierschrank stehen am besten zusammen, weil so der Einkauf schneller zu verstauen ist.

Wenn möglich sollten Kühl- und Gefrierschränke nicht in der Nähe von Hitze ausströmenden Geräten wie Herd oder Trockner stehen. Das kann die Kühlfunktion beeinträchtigen. Wenn er direkt neben einem Backofen oder Herd stehen muss, ist es sinnvoll, eine isolierende Platte dazwischen anzubringen. Viele Geräte sollten jedoch mittlerweile ausreichend Isolierschutz bieten.

Beim Kauf von Küchengeräten sollten Sie die Größe des Raumes berücksichtigen und auch die Art und Weise, wie Sie kochen. Brauchen Sie einen Herd mit sechs Platten, eine Kochstelle und einen Grill oder bereiten Sie die meisten Speisen ohnehin in der Mikrowelle zu? Sind doppelte Spüle und Abfluss nötig, wenn Sie einen Geschirrspüler besitzen? Versuchen Sie ein Gleichgewicht zwischen Platz, Gerätegröße und Kapazität zu erreichen.

Aufbewahrungsmöglichkeiten sind wichtig, aber überlegen Sie, wie viel Platz Sie wirklich benötigen. Wenn Sie nur einmal in der Woche den Großeinkauf im Supermarkt machen, benötigen Sie mehr Regalplatz als jemand, der zwei- bis dreimal die Woche Frisches einkauft.

Sicherheit und Hygiene haben in der Küche mit ihren heißen Töpfen, Pfannen und scharfen Messern und den rohen und gekochten Nahrungsmitteln Priorität. Der Arbeitsplatz sollte nicht überladen und leicht zugänglich sein. Wichtig sind zudem freie Plätze, auf denen Sie heiße Töpfe abstellen und Speisen mit scharfen Messern zuschneiden können. Nicht zu vergessen sind Anti-Rutsch-Böden und Arbeitsflächen, die leicht zu reinigen sind.

Ganz oben: **Stabile Türen von Anbauelementen machen kleine Küchen noch winziger. Glas, Gitter oder reflektierende Oberflächen wie polierter Stahl oder Lochblech können den gegenteiligen Effekt haben. Bei Glas sollte man laminiertes Sicherheitsglas für Küchen verwenden. Helles Holz und weiße Wände geben zusätzlich ein Gefühl von Raum und Licht.**

Oben: **In dieser lang-schmalen Küche ist ein Teewagen für den Transport von Zutaten sinnvoll. Er fährt auch Besteck und Geschirr aus Spüle oder Geschirrspüler zu den Schränken oder zum Tisch. Die schlichten Griffe passen zu diesem stromlinienförmigen Kombüsenstil. Sie sind pflegeleicht und auch mit fettigen Händen sicher zu bedienen.**

Oben: **In dieser Küche gibt es zwei Essplätze – eine Snack- oder Frühstücksmöglichkeit am Inselelement, weit weg von der Hitze des Herds – und eine traditionelle Sitzgruppe in der Mitte des Raumes.**

Rechts: **Auch hier gibt es zwei verschiedene Essplätze: langer Tisch und Bank für das Essen mit der Familie und ein kleiner ausziehbarer Tisch für eine Single-Mahlzeit. Der ausziehbare Tisch kann auch als zusätzlicher Servierplatz oder zur Vorbereitung von Gemüse dienen. Er lässt sich leicht in die Nische des Anbauelements zurückschieben, seine Front ist mit einer Schublade verziert, sodass der eingeschobene Tisch nicht sichtbar ist. Bank und Tisch können, um Platz zu schaffen, an die Wand geschoben werden.**

Wohnküchen

Küchen, in denen man auch isst, müssen vielseitig sein und deshalb gut geplant werden. Sie verbinden nicht nur die praktischen Küchenfunktionen mit dem entspannenderen und sozialeren Aspekt der Mahlzeit, sondern sollen sowohl für Familienmahlzeiten als auch für förmliche Anlässe passend sein, sofern kein Esszimmer vorhanden ist.

Vor allem brauchen Sie einen Esstisch in geeigneter Größe. Sie sollten Ihren Stuhl nach hinten schieben und bequem um den Tisch herumgehen können, ohne gegen Schränke und Geräte zu stoßen. Denken Sie daran, den Tisch weit genug von Hitzequellen wie Kochfeld und Backofen aufzustellen und den Blick der Gäste nicht gerade auf das Spülbecken zu lenken.

Wenn Ihre Küche nicht sehr groß ist, sollten Sie einen kleinen oder einen zusammenklappbaren Tisch wählen, dessen Seiten bei Bedarf festgemacht werden können. So ein Tisch stört nicht, wenn er nicht gebraucht wird. Praktisch ist auch eine Arbeitsplatte, die Sie als Frühstückstresen nutzen können. Für großzügigere Räume können größere Tische mit abnehmbaren Seiten und Einsätzen sinnvoll sein, da sie reichlich Arbeitsfläche für die Küchenarbeit zur Verfügung stellen, aber gleichzeitig in ihrer Größe reduziert werden können – für kleinere und intimere Mahlzeiten.

Für Tische aus Holz oder einem anderen nicht kratzfesten Material sollten Sie eine Plastikdecke oder Ähnliches verwenden. So können Sie den Tisch auch zur Vorbereitung der Speisen und andere Arbeiten nutzen. Ansonsten sollten Sie einen praktischen Melamin- oder Laminatbelag verwenden. Auch hier passen Tischdecken aus Leinen oder Baumwolle: Sie machen den Tisch für die Unterhaltung nach dem Essen schöner.

Licht spielt eine wichtige Rolle, um die Atmosphäre im Raum zu verändern. Spezielle Leuchten über den Arbeitsplatten können beispielsweise beim Essen gedimmt oder

Großes Bild: **Die Stühle mit ihrem geschwungenen Rücken – stilistisch gehören sie in die Mitte des 20. Jahrhunderts – sind in dieser einfachen Umgebung eine dekorative Attraktion. Eine frei stehende Vitrine, die Glas verwahrt, gibt diesem Raum etwas Heimisches.**

Oben: **Blasse Holzstühle und der Holztisch vervollständigen diese weiße Küche. Weiß ist perfekt, um der Küche einen klaren, frischen und sauberen Anstrich zu geben. Geschirr und Utensilien auf offenen Regalen verhindern, dass der Raum klinisch wirkt.**

Links: **Ein runder Tisch ist eine willkommene Abwechslung zu den geraden Linien und Ecken der meisten Küchenelemente. Theoretisch können mehr Leute an einem runden Tisch essen als an einem quadratischen. Obwohl die Küche einfach ist, bringen die blauen Stühle mit ihren Rattansitzen doch Farbe hinein und mildern gleichzeitig den Gesamteindruck.**

ausgeschaltet werden und stattdessen ein für das Ambiente dekorativeres Licht, etwa Kerzen in der Mitte des Tisches, zum Einsatz kommen. Für Mahlzeiten im Kreis der Familie oder ein Frühstück auf die Schnelle muss das Licht kräftiger und zielgerichteter sein. Dafür eignet sich beispielsweise eine verstellbare Pendelleuchte (mit einem Dimmer), die direkt über dem Tisch positioniert werden kann.

Die Dekoration spielt für den zweifach genutzten Raum ebenfalls eine wichtige Rolle. Sie sollte jedoch praktisch sein, die Oberflächen langlebig und leicht zu reinigen. Reichlich Stauraum ist wichtig, damit die Masse der Küchenapparate und -utensilien untergestellt werden können und beim Essen nicht ins Auge fallen.

Einfache Dekorationssysteme eignen sich hier am besten. Ihr Ziel sollte sein, nur das funktionale und hygienische Fundament der Küche zu bilden. Wenn Sie den Tisch zum Essen decken, können Sie weitere Verzierungen hinzufügen. Dazu gehören etwa eine glänzende Tischdecke, funkelnde Gläser, feines Porzellan und Besteck. In kleineren Räumen sollten Sie ein freundliches Dekorationsschema anstreben. Es sollte Esszimmer- und Küchenfunktionen verbinden, statt die Unterschiede zu verstärken. Wenn Sie eine Hightechküche aus Stahl haben, sollte das Mobiliar des Essbereichs modern und ähnlich verarbeitet sein. In einer Küche aus Holz sollten die Essbereichmöbel diesen Stil ergänzen. Passend wären Holzstühle mit Rattansitzen im Country-Look und ein klassischer Tisch aus versiegeltem Holz im Mittelpunkt des Raumes.

Damit eine Küche ein behaglicher Platz zum Essen (und vor allem auch zum Kochen) ist, sind eine gute Lüftung und ein Sauglüfter nötig. Die aufsteigenden Kochdämpfe, die Hitze vom Grill, Backofen oder Herd können den Raum schnell überhitzen und stickig machen. Eine gute Dunstabzugshaube und ein Sauglüfter über dem Herdbereich sind ein nützliches Hilfsmittel, Dampf und Hitze in der Küche zu reduzieren.

Oben und oben rechts:
In einer kleinen Küche ohne Platz für einen frei stehenden Tisch ist ein Ausziehtisch ein idealer Snackplatz. Die Fläche aus zwei Teilen gleitet auf Stahlauszügen vor und zurück. Die unterschiedlichen Töne im Naturschieferboden – diagonal verlegt im Karomuster – vereinigen alle Farben, die in diesem Raum eine Rolle spielen – das kalte Silber der Koch- und Aufbewahrungsgefäße, das sanfte Blau der Elemente darüber und das blasse Braun des Holzes.

Links: **Dieses Inselelement bildet einen Frühstückstresen, an dem man auf Hockern sitzt. Der Tresen ist in einem blassen Cremegelb, was einen Kontrast zu den grünen Anbauelementen im Hintergrund bildet. Er trennt zugleich den Arbeitsbereich vom Rest des Raumes. Somit ist die Küche in diesem offen angelegten Raum optisch in sich geschlossen. Damit die kräftige Farbe nicht zu aufdringlich wirkt, gibt es weiße Wände und Decken, und der Fußboden ist mit einem hellen, gesprenkelten und polierten Granit versehen.**

Offene Küchen

Küchen haben oft eine ganze Reihe von Funktionen. In ihnen wird nicht nur gekocht und gegessen. Kinder spielen darin, man sieht dort fern oder entspannt einfach. Bei Neubauten werden die Küchen oft wieder größer gebaut als noch vor 30 Jahren. Viele Eigentümer von älteren Häusern haben ihre Küchen erweitert. Oft geschieht dies durch den Anbau eines lichtdurchfluteten Wintergartens. Andere haben eine Wand herausgenommen und so einen großen nützlichen Wohnraum geschaffen.

In diesen größeren Räumen ist eine gute Belüftung ebenso wichtig wie in den kombinierten Küchen-Esszimmern. Obwohl Dampf und Wasserdunst sich im Allgemeinen verteilen, können Gerüche und Feuchtigkeit auch verweilen. Wenn sich gepolsterte Möbelstücke, Vorhänge und Kissen in Küchennähe befinden, nehmen sie schnell Gerüche und Feuchtigkeit, aber auch Fett auf, was zu Flecken und anderen Schäden führen kann.

In mehrfach genutzten Räumen sollte man großzügige Aufbewahrungsmöglichkeiten haben. Sie können auch schöne Gläser oder passende Teller präsentieren und so zum Teil der Gestaltung machen. Das schafft Ordnung und schränkt das Hin und Her von einem Teil des Raums in einen anderen ein. In die Küche selbst gehören alle Nahrungsmittel; der Essbereich benötigt Schränke für Geschirr, Glas, Tischleinen und Besteck; der Wohnbereich braucht Platz für Bücher, Magazine und Freizeitartikel.

In einer offen angelegten Küche erfordern die unterschiedlichen Funktionen auch die jeweils passende Beleuchtung: spezielle Lampen zur Vorbereitung des Essens und zum Kochen – unter einem Oberschrank oder über dem Herd – und sanftere Hintergrundbeleuchtung für den Tisch. Flächen können auch durch Brücken, Matten oder entsprechende Behandlung der Fußböden definiert werden. So kann die Küche auf einem zweckmäßigen Fliesen- oder Schieferboden stehen, Ess- und Wohnbereich erhalten einen dezenten

Gegenüber ganz links: **Leuchtend gelbe Regale bilden einen guten Kontrast zu den neutralen Tönen des restlichen Raums. Die Regale wurden an schmalen Fenstern montiert. Der Ausblick bleibt erhalten und natürliches Licht kann auf die Arbeitsplatte fallen.**

Gegenüber Mitte: **Hier wurden Farben eingesetzt, um den Industrielook der Stahlküche weicher wirken zu lassen. So passt der Look zum übrigen Raum.**

Links: **Die frei stehende Küche dient zusammen mit verstellbaren Holzstühlen als Frühstückstresen und als gelegentlicher Essplatz. Gleichzeitig bildet sie eine sinnvolle Barriere zwischen dem Arbeitsbereich und dem bewirtenden Teil des Raums.**

warmen Holzfußboden. Durch Teppichbrücken können Sie im Ess- und Sitzbereich Wohnlichkeit schaffen.

Offene und vielfach genutzte Küchen sind besonders bei Familien beliebt. Während einer die Mahlzeit zubereitet, kann er gleichzeitig mit anderen Familienmitgliedern oder Gästen reden. Kinder, die sich in einem von der Küche abgetrennten Spielbereich aufhalten, können von dem Erwachsenen beobachtet werden. Kleine Kinder sind damit besser vor Gefahren geschützt.

Oben: **In der umgebauten Fabrikhalle erhält die stahlverkleidete Industrie-Küche durch eine Liege aus Leder und einfache, klassische Möbel im Wohn- und Essbereich weichere Züge. Alle drei verschiedenen Funktionen haben jeweils ihren klar definierten Bereich.**

Links: **Im L-förmigen Raum besetzt der wichtige Ess- und Wohnbereich den langen Schenkel, die Küche und der gelegentliche Essbereich nehmen das kompaktere Ende ein. Diese Konfiguration hält die Küche sauber, obwohl sie zum selben Raum gehört. Farben wurden eingesetzt, um Bereiche zu verbinden und ihren Zweck zu definieren: Die roten Ledersitze der Chromstühle aus den 1950ern verbinden sich mit den sachlicheren Bezügen der Essstühle.**

Kücheninseln

Eine Kücheninsel ist ein frei stehender, meist zentraler Arbeitsblock. Meist fungiert die Insel als zentraler Punkt zwischen den drei Enden des Arbeitsdreiecks in einem größeren Raum. Sie kann quadratisch, rechteckig oder auch rund sein. Sie kann verziert sein und ragt dann als etwas Besonderes heraus; sie kann aber auch so gestaltet sein, dass sie mit dem gesamten Konzept korrespondiert. Gut behandelte Ecken und Kanten sind wichtig; sie sollten glatt und rund sein, damit man sich nicht daran verletzt.

Die Insel selbst ist ein sehr flexibles Einrichtungsstück. Das einfachste Modell kann ein Modul auf Rädern sein, an dem man Essen zubereiten und Nahrungsmittel aufbewah-

Gegenüber oben: **Das abgerundete Ende einer Inseleinheit geht über in einen einfachen Frühstückstresen, der tief genug für zwanglose Mahlzeiten ist. Hinter den Küchen-Einbauschränken mit gleitenden, rollenden Einsätzen stecken die meisten Küchenmaschinen und -apparate. Sie sind nicht zu sehen, aber griffbereit.**

Gegenüber unten: **In dieser großen Küche fasst das Inselelement eine Spüle und bildet damit einen Teil des Arbeitsdreiecks zwischen der großen Kühl-Gefrierkombination und dem Herd. Zugleich reduziert das Inselelement die Entfernung zwischen der einen und der anderen Seite des Raums. Es bildet einen zentralen Arbeitsplatz und verhindert so das ständige Herumlaufen während des Kochens. Die schimmernden Kupfertöpfe schmücken den Raum.**

ren kann. Eine fest verankerte und mit Installationen versehene Station bietet ganz andere Möglichkeiten. Der Bereich unter der Arbeitsfläche kann leer bleiben, mit Schubladen und Schränken ausgestattet sein oder als Aufbewahrungsort für Geräte dienen.

Ein weiterer Vorteil besteht darin, dass Inseln so erhöht werden können, dass komfortables Arbeiten und Stehen möglich ist: Große und kleine Menschen sind also nicht eingeschränkt, wie es bei Standardküchen oft der Fall ist. Alternativ können einige Elemente auf verstellbare Beine gestellt werden. Um zusätzliche Höhe zu gewinnen, können ein Hackklotz oder ein dickes Hackbrett in einer Nische oder der Umrandung der Oberfläche fixiert werden (um das Rutschen zu unterbinden).

Die Arbeitsfläche einer Inseleinheit liegt rund um die Ecken. Der zentrale Teil mag nicht unbedingt leicht zugänglich sein, aber er ist ein idealer Punkt, um darüber Pfannen und Töpfe aufzuhängen. Niemand kommt direkt in Kontakt mit diesen hängenden Utensilien, auch die Köpfe der daran arbeitenden Menschen nicht. Trotzdem sind sie für jedermann leicht mit dem ausgestreckten Arm zu erreichen. Doch denken Sie daran, dass die hängenden Töpfe und Pfannen ein richtiger Blickfang sind, deshalb sollten sie schon von guter Qualität und sauber sein.

Oben: **Das Element hat eine bündige Front mit Grifflöchern. Die Arbeitsplatte steht an der einen Seite etwas über; hier könnte ein Stuhl untergestellt werden, der bei Bedarf herausgezogen wird. Der Lagerplatz unter der Oberfläche verwahrt Kräuter und Gewürze. Das erleichtert ihre Verwendung während des Kochens. Töpfe hängen in Reichweite über dem Kopf.**

Oben: **Die Insel bildet auf der einen Seite einen Gang, während auf der anderen Seite für die Küche ein Arbeitsfeld entsteht.**

Einzelelemente und Country-Style

Wenn Sie eine Küche planen, sollten Sie sich fragen, ob Sie eine Einbauküche, eine frei stehende oder eine Kombination aus beidem möchten. Für kleine Räume sind Einbauküchen oft das Beste, da sie jeden Zentimeter ausnutzen.

Einzelelemente kann man je nach Budget entfernen bzw. hinzukaufen. Zudem können Sie die Teile beim Umziehen mitnehmen. Bei Einbauküchen ist das oft kaum möglich. Vielleicht wollen Sie ein wenig von beidem, fest installierte Elemente, die die Geräte enthalten, etwa die Spüle und den Herd – hier müssen Leitungen verlegt und für Abluft gesorgt werden –, und frei stehende Stücke dazwischen.

Der Mix ist auch eine preiswerte Lösung, wenn Sie bestehende Küchen erneuern wollen. Statt alles herauszureißen und von vorn anzufangen, können Sie eine Reihe von Elementen stehen lassen, etwa die mit den Küchengeräten. Andere Teile können Sie ersetzen oder Lücken mit neuen Stücken füllen. Die letzten beiden Möglichkeiten sind eine gute Voraussetzung, um individuell gestaltete Küchen zu bauen, da sie selbst erdacht sind. Einbauküchen werden meist bei einem Hersteller gekauft. Sie sind einheitlich gestaltet, obgleich Sie die Standardelemente mit dekorativen Details oder unterschiedlichen Griffen abwandeln können.

Unten: **Die skandinavische Einrichtung verfügt über einen modernen Herd und Backofen. Beide werden über einen traditionell gestalteten Kamin entlüftet.**

Oben rechts: **Mehrere Regale über einem Unterschrank ergeben einen ganzen Küchenschrank. Die Unterschränke können fertig gekauft und die Regale extra angefertigt werden. Die Elementtüren können im Trompe-l'œil-Stil gestrichen werden, um den Eindruck einer Täfelung zu erwecken oder eine MDF-Umrandung ergänzen, die an der Tür befestigt und angestrichen wurde.**

Oben: **Der leichte Vorhang wirkt weicher als feste Elementtüren.**

Oben rechts: **Creme eignet sich hervorragend als Hintergrundfarbe für Porzellan. Es ist zugleich wärmer und weniger krass als reines Weiß.**

Gegenüber oben links: **Schachbrett-Fußböden sind ein Klassiker und passen zu vielen Stilen. Der alte Emailofen gibt dem Ganzen einen rustikalen Anstrich. Eine uralte Ausstattung sollte vor Gebrauch überholt und geprüft werden.**

Gegenüber oben rechts: **Diese moderne Küche soll alt aussehen. Die Farbanstriche wurden geschrubbt, damit sie abgenutzt wirken. Die Elemente erinnern an den traditionellen Country-Stil.**

Gegenüber unten: **Diese frei zusammengestellte Küche wurde aus unterschiedlichsten Möbeln errichtet. Die meisten erhielten zueinander passende Griffe.**

Lose Elemente werden im Allgemeinen mit dem Country-Look assoziiert. Rustikale Küchen haben seit jeher aus einzelnen Teilen bestanden – ein paar Schränken, manchmal einer Anrichte und einem soliden Holztisch. Die Funktion stand im Mittelpunkt, auch wenn die Regale der Anrichte manchmal mit einer Vitrine gekoppelt waren, die das beste Porzellan oder dekoratives Geschirr zur Schau stellte.

Natürliche Materialien stehen beim Country-Look im Mittelpunkt. Eine wichtige Rolle spielen Holz, Stein- und Terrakottaböden sowie einfache, glasierte Keramikfliesen. Dieser spezielle Look ist vielfältig, da er aus unterschiedlichen Ländern stammt. Für eine mediterrane Atmosphäre müssen Sie kräftigere Töne und eine Primärfarbe wählen – Rot, Blau oder Gelb –, die Sie mit wenig Weiß mischen.

Wer es skandinavisch mag, sollte eine Farbpalette wählen, die einen Grauton, elegante Lavendelblautöne und sanfte Moosgrüntöne enthält.

Der amerikanische Country-Look wird meist mit dem einfachen Shaker-Stil assoziiert: gut gearbeitete, praktische, getäfelte Schränke mit runden Holzknäufen; Haken und Wände, die weiß oder andersfarbig gestrichen sind. Die Schränke sind häufig in fröhlichen Farben bemalt, etwa Preiselbeerrot, Mittelblau oder Gelbgrün.

Zu einem neutralen Country-Look gehören Creme oder wärmere Töne mit mehr Gelb sowie Naturholz. Dieser Hintergrund ist warm, aber nicht aufdringlich. Sie können ohne weiteres dekorative Accessoires, hübsche Stoffe oder Porzellan hinzufügen. Die Küche bietet einen idealen, unkomplizierten Hintergrund für derartige Gegenstände.

Die Möbel bestehen im Allgemeinen aus Holz – gestrichen, gebeizt oder gewachst. Das ursprüngliche frische Aussehen von gestrichenen Möbeln passt ideal zu einigen Stilen, aber andere sind auf etwas mehr Charakter und Alter angewiesen. Gestrichene Oberflächen können mit Sandpapier oder Stahlwolle abgeschmirgelt werden. Das verleiht den Ecken einen abgenutzten Charakter, da das Holz durch die obere Farbschicht durchschimmert. Denken Sie daran, dass Holz gewachst oder versiegelt werden muss, um es vor Verschleiß zu bewahren und verwenden Sie auf Ihrem Holztisch immer ein Hackbrett. Das schützt und ist zum Abwaschen leicht zu entfernen.

Für Country-Küchen können Sie großartige Möbel finden, wenn Sie ein wenig um die Ecke denken. Eine Keramikspüle kann in einen Holztisch eingelassen werden, der dann als Abstellfläche fungiert. Ein alter Schubladenschrank könnte als Grundlage für eine Insel-Arbeitsstation dienen. Und aus einem Teil einer gebrochenen Marmor-Tischplatte oder einer alten Arbeitsplatte aus einem Milch- oder Fleischgeschäft kann in Ihrer Küche ganz einfach die Unterlage zum Fleischklopfen oder Teigrollen werden.

Gegenüber oben links: **Der Abzug des Herdes wurde an einen bereits existierenden Schornstein angesetzt, die Öffnung in ungewöhnlicher Form gestaltet.**

Gegenüber oben rechts: **Eine Auswahl unterschiedlichster Möbelstücke bildet das Ensemble dieser Küche. Die Spüle ruht auf einem Regalschrank. Die Wasserhähne sind direkt in die dahinter liegende Wand installiert. Der blaue Anstrich bewirkt ein zusammenhängendes Schema.**

Gegenüber unten links: **Der Mix aus alten gemusterten und einfachen modernen Fliesen bildet einen Spritzschutz.**

Gegenüber unten rechts: **Bereits bestehende Merkmale wie ein alter angemalter Schrank und Steinfußboden liefern eine Quelle der Inspiration für den entschieden ländlichen Look.**

Oben rechts: **Eine überarbeitete Steinspüle, die auf einer Ziegelsäule ruht, kann leicht in ein Arrangement frei stehender Elemente integriert werden.**

Mitte rechts: **Ein alter Holztisch wurde aufgestellt, um eine Inseleinheit zu bilden. Stil und Farbe des Tisches ergänzen den existierenden alten Kamin.**

Rechts: **Keramikfliesen sind schön und nützlich zugleich. Ihre leicht zu reinigende Oberfläche macht sie in Küchen so beliebt. Hier geben sie einer Küche im traditionellen Country-Look eine weiche Note.**

Links: **Das zentrale Balkenregal ist ein nützlicher und dekorativer Aufbewahrungsort.**

Das Wohnzimmer, ein Raum zum Entspannen, Lesen oder auch Feiern: All das soll es uns bieten. Flexibilität und Gemütlichkeit stehen ganz oben auf der Wunschliste. Je kleiner der Raum, desto schwerer kann er all diese Vorgaben erfüllen. Planen Sie ihn also bis ins Detail; es macht sich bezahlt. Verwenden Sie beruhigende Farben und bringen Sie Ihre Lieblingssachen unter.

Wohnzimmer

Planung des Wohnzimmers

Für die Meisten ist das Wohnzimmer die pulsierende Mitte des Zuhauses, wo sich täglich das Familienleben, Fernsehen und soziales Miteinander abspielen. Dass ein Wohnzimmer „funktioniert“, ist wichtiger als man denkt. Planen Sie es genauso sorgfältig wie Küche oder Bad, damit alle Familienmitglieder etwas davon haben.

Bevor Sie loslegen, sollten Sie sich erst einmal Ihre Lebensweise vor Augen führen und die sich damit ergebenden Fragen stellen: Wie viel Zeit werden Sie in dem Zimmer verbringen und welche Aktivitäten sollen dort stattfinden? Welche Lieblingssachen sollen hinein? Was muss alles in den Schränken verstaut werden? Wie sieht es mit Fernseher und CD-Spieler aus? Können die Möbel leicht umgestellt werden, wenn Sie Gäste haben? Und es ist wichtig, auf das Flair des Raumes zu achten.

Das richtige Arrangement der Möbel ist von allergrößter Bedeutung. Zur guten Planung gehört, dass Sie bequem fernsehen und mühelos mit Freunden plaudern können. Ein sorgfältiges Platzmanagement berücksichtigt zudem noch genügend Raum für einen abgetrennten Sitzbereich, in dem Sie in Ruhe lesen oder auch Karten spielen können. Prüfen Sie, ob irgendetwas im Raum einen Blickfang darstellt, sei es ein Kamin oder eine schöne Aussicht. Für die Dekoration ist ein derartiger Fokus ein idealer Ausgangspunkt.

Bestimmen Sie zu Beginn, wo die Elektrogeräte untergebracht werden sollen. Es geht hier nicht darum, ob der Fernseher offen sichtbar oder eingebaut ist, sondern darum, dass Sie die Kabel verbergen. Zu den „sichtbaren“ Lösungen gehören eigens dafür gebaute Teewagen, Plexiglaswürfel oder ein an der Wand befestigter Klapparm.

Alternativ verstecken Sie ihn in einem Einbauschrank, einem niedrigen Sideboard oder aber auch in einer Nische, sodass nur der Bildschirm zu sehen ist. Das Videogerät muss ja nicht direkt unter dem Fernseher stehen. Praktischer ist es, wenn es in einem Schrank neben der Stereoanlage bei den Videos und CDs untergebracht ist. Wenn ein Computer im Wohnzimmer stehen muss, trennen Sie das Gerät optisch sorgsam vom Sitzbereich ab. Und bewahren Sie Ihr Haus vor einer erneuten Verkabelung durch eingebaute Lautsprecher für den nächsten Filmabend. Stattdessen können Sie bereits existierende Lautsprecher anmalen, damit sie zur Wand passen, oder sie mit Weidenkorb verkleiden und auf ein Regal stellen.

Gegenüber: **Echtes oder echt wirkendes Kaminfeuer bildet einen natürlichen Fokus. Der übrige Raum sollte zum Kaminsimsstil passen. Wer es modern mag und romantisches Feuer zu sentimental findet, kann einen in die Wand eingebauten Kamin wählen.**

Unten: **Existieren mehrere Wohnbereiche nebeneinander, ist es sinnvoll, die Sitzmöbel mit dem Rücken zum Esstisch zu platzieren. Dies wirkt fast wie eine räumliche Trennung.**

Links: **Bei der Position der Möbel bedenken Sie alle möglichen Aktivitäten. Findet sich neben dem Lesestuhl eine Lichtquelle, steht neben dem Telefon ein Sessel? Ist Platz für zusätzliche Stühle und Abstellfläche für die Getränke vorhanden, wenn Gäste kommen?**

Unten links: **Ein beschaulicher Wohnraum, der Musik, Literatur und Konversation gewidmet ist, sollte auf das Wesentliche reduziert sein. Ein großartiger Ausblick und stilvolle Möbel genügen vollauf.**

Mit der Beleuchtung steht oder fällt das Wohngefühl im Raum. Ersetzen Sie möglichst zentrale Hängelampen, aber entfernen Sie nicht die gesamte Deckenbeleuchtung. Jedes Wohnzimmer braucht dann und wann helles Licht. Platzieren Sie an strategisch wichtigen Stellen Leuchten – nicht nur, um eine Umgebungsbeleuchtung zu schaffen, sondern auch, um Gemälde anzustrahlen. Planen Sie weitere Wandlampen ein und verbinden Sie diese mit einem zentralen Dimmer. Denken Sie auch an Lampen zum Lesen und an einige besonders interessante Stücke für die Dekoration.

Gleichermaßen wichtig ist das natürliche Licht. Jeder wünscht sich ein sonnendurchflutetes Wohnzimmer, doch wenn das Tageslicht zu stark blendet, sollten Sie sich für lichtdurchlässige Rollos oder Fensterläden im amerikanischen Stil entscheiden – allein oder in Verbindung mit Vorhängen.

Verlieren Sie bei aller Freude Ihr Budget nicht aus den Augen. Ein Wohnzimmer erfordert einige Investitionen bei den Möbeln – vom Sofa bis zu den Bücherregalen –, nicht zu vergessen meterweise Stoffe und die meist hohen Kosten für Teppiche und Kissen. Das Ganze kann eine kostspielige Angelegenheit werden. Versuchen Sie deshalb ein eher klassisches Schema zu entwerfen, das die nächsten zehn Jahre Bestand hat und nur mit einigen modischen Accessoires ausgestattet werden muss.

Tragen Sie zuerst zusammen, was Sie bereits zur Verfügung haben. Ein Sofa kann neu bezogen werden oder ein in Mitleidenschaft gezogener Beistelltisch einen neuen Anstrich erhalten. Wenn Sie sich schon ein neues Sofa gönnen, sollten Sie einen zeitlos modernen Stil wählen. Auch ein antikes Stück lässt sich übrigens mit einem frischen Stoff aufwerten. Benötigen Sie neue Vorhänge, bietet sich Fertigware an. Viele Ausstattungs- und Möbelhäuser halten mittlerweile eine preiswerte Auswahl bereit. Und noch ein Tipp: Es empfiehlt sich, eher in einen hochwertigen Bezugsstoff oder Überwurf zu investieren und dazu ein preisgünstiges Möbelstück zu nehmen als umgekehrt.

Auch die Farben und Fußbodenbeläge sollten klassisch sein. Auf der Tagesordnung stehen neutrale Farben, Holz- oder Sisalböden und strapazierfähige Stoffe von Leinen bis Wolle. Ein neutraler Background liefert den besten Hintergrund für hübschen Besitz und Kunst und ist mit frischen „Farbtupfern" leicht auf den aktuellen Stand zu bringen. Scheuen Sie sich nicht davor, aus dem Wohnzimmer den kultiviertesten Raum Ihres Zuhauses zu machen, vor allem dann nicht, wenn Sie gern Gäste empfangen. Ein vergoldeter Spiegel oder ein wertvolles Gemälde betonen eine weltoffene Einstellung und werden alle erfreuen.

Großes Foto: **Denken Sie beim viel genutzten Wohnzimmer an praktische Aufbewahrungsmöglichkeiten, damit Bücher, Magazine und Videos schnell verstaut werden können. Sinnvoll ist ein Couchtisch mit Schubladen, ein niedriger Schrank, der den Fernsehapparat trägt, und ein kombinierter Arbeits- und Esstisch.**

Gegenüber oben: **Wenn Sie einen kleinen Wohnbereich richtig unterteilen, wird er zweifach funktional. Gestalten Sie voneinander getrennte Wohn- und Arbeitsbereiche durch Rücken an Rücken gestellte Ablageelemente oder durch einen an ein Sofa gestellten Schreibtisch. Bringen Sie überall Bücherregale unter.**

Gegenüber unten und diese Seite unten: **Man kann Bereiche voneinander abgrenzen und trotzdem offenes Wohnen ermöglichen. Ein Wechsel der Fußbodenebene, einfache Wandtrennungen, ein subtiler Wandel des Möbelstils oder der Farbe – Plastik versus Leder, Primärfarben im Kontrast mit neutralen Farben – können diese Trennung bewirken.**

Bereiche im Wohnraum schaffen

Oben: **Ein neutrales Farbschema verbindet die Bereiche eines offen gestalteten Apartments, statt sie zu trennen. Der Raum wirkt größer und ist flexibel ausgestattet, da die Möbel von einem in den anderen Bereich bewegt werden können.**

In einem kleinen Haus, in dem Räume mehrere Funktionen haben, ist es von großer Bedeutung, die „Wohnraum"-Grenzen zu definieren. Die Trennung kann durch flexible Wände oder Möbel verankert sein. Sie kann aber auch visueller Art sein, indem für unterschiedliche Bereiche verschiedene Farben verwendet werden.

Wie Sie sich auch entscheiden, bedenken Sie vorher die „Hauptverkehrswege". Ist Ihr Zuhause klein, sollte sich der Ruhebereich an einer wenig frequentierten Stelle befinden, abseits der Verbindungen zwischen Haustür und Küche oder vom Spielzimmer und der Treppe. In einem offen angelegten Raum sollten die Sofas nicht in unmittelbarer Nähe von Küche und Spielzone liegen, eher beim Schlafzimmer, um mehr Ruhe zu haben.

Wenn Sie gern heimwerken, können Sie auf verschiedene Weise die Bereiche abtrennen. Mezzaninböden und erhobene Plattformen eignen sich vor allem für Lofts oder radikale Hausumwandlungen. Sollten Sie Wände einreißen, um einen offenen Raum zu gestalten, denken Sie daran, einige Teile als Trennung zwischen den einzelnen Bereichen zu belassen. Oder Sie ersetzen die Mauern durch Glasbausteine oder eine Sandstrahlglas-Wand. Noch flexibler sind traditionelle Doppeltüren, drehbare oder faltbare Paneele oder Schiebewände.

Eine gezielt aufgestellte U- oder L-förmige Sitzgruppe ist der einfachste Weg, den Wohnbereich abzugrenzen; alternativ können Sie zwei gleiche Sofas einander gegenüberstellen und in der Mitte einen Couchtisch platzieren. Moderne Sofas eignen sich besonders für unterschiedliche Gruppierungen, die meisten werden als Elemente angeboten, die immer wieder neu kombiniert werden können.

Obwohl Möbel einen Raum definieren, sollten die Umrisse nicht so massig sein, dass sie den Blick in den offen gestalteten Bereich verhindern oder einen kleinen Raum zu voll erscheinen lassen. Flache Sofas, eine Ruheliege anstelle einer Couch können hier schon helfen. Wenn Sie zwei Sofas Rücken an Rücken in die Mitte des Zimmers stellen, können Sie zwei voneinander abgegrenzte Sitzbereiche schaffen.

Farbe hat einen starken Einfluss. In einem weiß gestrichenen Loft mit Holzdielen könnte der Wohnbereich herausgehoben werden, indem man die nächstgelegene Wand in einem leuchtend hellen oder Pastellton anmalt. Alternativ können Sie den Bereich abtrennen, indem Sie die bunten Polster von Sesseln und Sofas aufeinander abstimmen, beispielsweise in direktem Kontrast zu einfarbigen natürlichen Materialien und Möbeln, die Sie anderswo verwenden.

Wenn Sie Kontraste nicht mögen, dann sollten Sie alle Möbel einfarbig halten, damit das Auge leicht durch den offenen Raum streifen kann. Auf diese Weise sind Sie frei, die Möbel umzustellen, wenn Ihnen danach zumute ist.

Auch die Beleuchtung ist bei einer räumlichen Trennung wichtig. In einem offenen Apartment sollten Sie die Wand- und Tischbeleuchtung auf einen anderen Stromkreis legen als die Küche, damit es im Sitzbereich nicht zu hell wird. Nicht zu vergessen: Installieren Sie Dimmer. Die Beleuchtung für besondere Bereiche auszuwählen, macht Spaß. Zentral installierte Wand- und Tischlampen bündeln das Licht auf einen Punkt im Sitzbereich. Eingesetzte Bodenleuchten lenken den Weg zu Ess- oder Sitzbereich oder eine hübsche Lichtschnur kreist diese Bereiche ein. Innerhalb dieser Zone können Sie mit leuchtenden Wandlampen, Standardleuchten oder Arbeitslampen spielen.

Gegenüber: **Wenn der Platz es zulässt, bieten sich zwei Sitzbereiche an: einer für Unterhaltung und Fernsehen, der andere zum Lesen oder Musik hören. Ein abgestimmtes Farbschema verbindet beides. In einem großen Zimmer sorgen mehrere Sitzgruppen für Intimität.**

Unten links und rechts: **Sind Sitz- und Essbereiche auf kleinem Raum, sollten die Möbel so gestellt werden, dass sie den Blick über das Ganze nicht erschweren. Einen Eindruck von Raum und Licht schaffen flache Möbel, Glas- oder Plexiglastische und Korb- oder Drahtstühle.**

Unten: **Industriegebäude, die zum Wohnraum umgestaltet wurden, verlangen nach raffinierten Lösungen. Experimentieren Sie mit Mezzaninebenen, Tribünenräumen und „Gehäuse"-Räumen innerhalb einer großen Fläche. Wer es völlig offen mag, sollte den Essbereich zwischen Küche und Sitzecke positionieren. Niemand relaxt gern in der Nähe von schmutzigem Geschirr. Hier entstand ein einfacher stromlinienförmiger Lebensraum durch ein kohäsives Farbkonzept, kantige Umrisse, die sich in Küche, Ess- und Sitzbereich wiederholen, und einen raffiniert versteckten Fernseher.**

Auf engem Raum

In einer Einzimmerwohnung einen Wohnbereich zur Entspannung unterzubringen, erfordert kreative Lösungen. Wenn Sie akzeptieren, dass Ihr Lebensraum flexibel, praktisch und immer gut aufgeräumt sein muss, haben Sie schon die Hälfte geschafft. Denken Sie daran, dass man in einem kleinen Bereich alles – von der Küche bis zur Haustür – sehen kann.

Ist Ihr Zuhause offen angelegt, sollten Sie sich für ein verbindendes dekoratives Thema entscheiden – das betrifft sowohl Farben als auch Oberflächen. Auf kleinstem Raum lässt sich genug abtrennen, hier sollte der Schwerpunkt also auf Geschlossenheit liegen. Das vereinfacht nicht nur den Look, es verwischt auch die Grenzen zwischen den einzelnen Aktivitätsbereichen. Anpassungsfähige Oberflächen, die sich für Küche und Wohnbereich eignen, sind Holz, Glas, rostfreier Stahl und Leder. Damit lässt sich ein neutrales Schema aufrechterhalten: überall klassisch weiß oder nicht mehr als drei Farbtöne, um Verwirrung zu vermeiden.

Überlegen Sie sich, ob Sie sich für flexibel verwendbare Möbel entscheiden können. Eine Tagesliege kann auch als Bettsofa fungieren, ein Couchtisch mit Schubladen wird zur Aufbewahrungseinheit und ein modischer Sitzwürfel wird zum Beistelltisch. Statt eines riesigen Sofas sollten Sie zwei kleine planen oder einige Sessel, die Sie mit einer Tagesliege kombinieren. Bleiben Sie bei einem einheitlichen Möbelstil. Die einzelnen Stücke müssen sich mischen lassen.

Wenn Ihnen nicht wohl dabei ist, alles so offen zu gestalten, sollten Sie nach Möglichkeiten suchen, um Wohn- und Arbeitsbereiche abzutrennen. Küchen sind bekanntlich nur schwer zu verkleiden, aber können – vorausgesetzt, Sie bleiben bei einer kleinen Kombüse – hinter speziell angefertigten zusammenklappbaren Glas- oder MDF-Türen, angemalten oder tapezierten Schiebepaneelen oder drehbaren Metall- oder Glastüren verschwinden. Vermeiden Sie Brüche in der Struktur: Frei stehende Bücherregale und mobile Trennwände können eine geeignete Barriere bilden. Stellen Sie die Wohnzimmermöbel nicht in Küchennähe, lieber in Nähe eines Fensters oder Kamins: Dann wird jeder Bereich eine klar umrissene eigene Stimmung verbreiten.

Oben links und gegenüber:
Oft ist es besser, eine offene Küche als Teil eines großen Raums zu akzeptieren, als die Proportionen durch eine Trennwand zu zerstören. Küchenzeilen lassen sich hinter Schiebewänden oder Falttüren verbergen. Wer sich den minimalistischen Stil zu Eigen macht, kann die Schrankfronten auf diejenigen im Wohnbereich abstimmen. So überspielt man die Grenzen zwischen Arbeits- und Wohnbereich.

Ganz oben und unten:
Trennungselemente müssen nicht stabil sein. In diesem ruhigen Ambiente kann man mit weißen Baumwoll- und Musselinvorhängen Wohn- und Badbereich trennen. Sie können dazu von ihren Halterungen abgenommen werden.

Modern American HOUSES
Jean Prouvé
AMERICAN HOUSE NOW

Gegenüber: **Je nach Jahreszeit und Stimmung sollten Sie die Exponate austauschen können. Bilder, die Sie auf Regale oder den Kaminsims stellen, sind leichter auszuwechseln als die an der Wand. Stellen Sie einige einfache Rahmen auf, in die Sie von Zeit zu Zeit neue Fotos einsetzen können.**

Links: **Schlichte Wände liefern den besten Hintergrund für Ausstellungsstücke und zeitgenössische Kunst. Arrangieren Sie die Exponate zunächst auf dem Fußboden und messen Sie die Abstände aus. Dann können Sie die Bilder an die Wand hängen.**

Unten: **Offene Regale über die ganze Breite von Schornsteinecke und Kaminvorsprung sind eine gute Alternative zu normalen Schränken und Regalen. Wenn Sie Zeitungen oder Fotos darin aufbewahren, sollten Sie eigene Behälter verwenden, damit das Ganze einheitlich aussieht.**

Ganz unten: **Kreieren Sie unsichtbaren Stauraum. Bauen Sie eine etwa 50 cm breite „falsche" Wand vor die Originalwand. Nutzen Sie den Raum, um verschieden große „Schränke" mit bündigen Türen und eingebauten Lagernischen einzubauen.**

Schränke & Regale

Auch wenn es schwer fällt, das Wohnzimmer sollte einen aufgeräumten Eindruck machen. Deshalb sind passende Unterbringungsmöglichkeiten so entscheidend. Abhängig von der Größe Ihres Zuhauses kann es möglich sein, bestimmte Dinge – alte Fotos oder CDs – auf den Dachboden oder in den Keller zu verbannen. Bewahren Sie nur Dinge im Wohnzimmer auf, die Vergnügen bereiten, etwa Musik und Bücher, Kostbarkeiten und Andenken.

Eingebauter Stauraum kann auf den Bedarf zugeschnitten werden – von der Buchhöhe bis zum TV-Format – passend zu Ihrem ausgesuchten Stil. Versuchen Sie über die konventionellen Bücherregale und Schränke in jeder Kaminecke hinaus zu denken, die den Raum nur kleiner wirken lassen. Zu den geschlossenen Optionen zählen eine vertäfelte Wand mit Türen, die geöffnet den Blick auf einen Schrank freigeben, kleine Nischen, die hinter einer Wand stecken und alles aufnehmen, oder niedrige Schränke mit Milchglas an der Wand montiert.

Der Vorteil frei stehenden Stauraums: Sie können ihn beim Umzug mitnehmen. Denken Sie dabei nicht nur an Bücherregale. Auch zusammengestellte Elemente, die Schrank- und Regalplatz bieten, traditionelle Kommoden oder Polstertruhen und ein Sideboard oder eine Kiste sind möglich. Bei jedem dieser Gegenstände sollten Sie leichten Zugang haben, etwa zu CDs und Videos, indem Sie diese in ein billiges Kunststoffrack stecken. Sperrige Dinge wie Fotoalben sollten auf niedriger Höhe verstaut werden, damit Sie einfach herausgezogen werden können.

Oben und links: **Sie können überall Bücherregale einbauen – unter der Treppe, um die Tür herum, in einen ungenutzten Kamin oder ganz konventionell an beiden Seiten eines Schornsteins. Streichen Sie diese so wie die Wände, das wirkt einheitlicher.**

Gegenüber: **Wer es modern mag, kann die Bücher vertikal und horizontal in einfachen Regalsystemen verstauen.**

Ob Bücher ins Wohnzimmer gehören oder nicht – darüber herrschen unterschiedliche Meinungen. In sehr eleganten Zimmern können viele farbige Buchrücken das Dekorationsschema verderben. Im Allgemeinen jedoch vermitteln Bücher ein angenehmes wohnliches Ambiente. Stellen Sie Regale nicht einfach in eine Ecke. Sie können eine Tür einrahmen, unter der Decke montiert sein oder sich über eine nackte Wand erstrecken. Arrangieren Sie die Regale sorgfältig, sonst sehen die Bücher nach kurzer Zeit unordentlich aus.

Sammeln Sie im Wohnzimmer Ihre Lieblingssachen – von großer Kunst bis zu Steinen, die Sie am Strand gefunden haben. Bei der Präsentation ist weniger allerdings mehr. Ein Kaminsims braucht nur einige Keramikvasen, um gut auszusehen. Widmen Sie der Aufstellung von Bildern besondere Beachtung. Statt den ganzen Raum mit Bildern zu überhäufen, hängen Sie einige wenige an eine Wand – das sorgt für wesentlich mehr Aufmerksamkeit.

GORKY PARK
COMMUNION
SPELLBINDER
HARLEQUIN
The Last Romantic
MANHATTAN '45
Audrey Hepburn
Requiem for a Glass Heart
CONGO
FOR SPECIAL SERVICES
CIRCUS
CALIFORNIA RICH
LACE
SPHINX
PORTRAITS
CENTURY
The Rockefellers
EYE ON CAVETT
SCHINDLER'S LIST

Behaglichkeit schaffen

Ein friedliches und gemütliches Ambiente im Wohnzimmer ist wohl das Wichtigste. Deshalb sollten Sie bequeme Möbel aufstellen, in denen es sich gut entspannen lässt. Entscheiden Sie sich für tiefe Sitze, hohe Lehnen, die den Kopf beim Faulenzen stützen, und gut gefüllte Sitzpolster. Eine Ruheliege eignet sich hervorragend zum Musikhören, ein Ohrensessel lädt zum Lesen ein. Für jeden bedeutet Bequemlichkeit etwas anderes. Halten Sie Ausschau nach einem Sofakissenmix. Dicke Federkissen sind empfehlenswert. Eine kräftige Nackenrolle ist ideal zum Lesen.

Mehr als alles andere bestimmt Farbe unsere Stimmung. Lassen Sie sich von Modeerscheinungen nicht verführen, und streichen Sie das Wohnzimmer in sanften, ruhigen Farben, die Sie auch nach einigen Jahren noch sehen können. Eine neutrale Basis ist am besten, aber suchen Sie warme Farben aus. Wählen Sie Pink-, Gelbtöne oder Taupe statt Grau oder Cremetönen und flachsfarbene Töne statt purem Weiß. Wenn Ihnen Farben sehr wichtig sind, sollten Sie mit Wänden statt mit Polsterbezügen experimentieren; das ist preiswerter, denn Wände lassen sich schnell einmal übermalen oder neu tapezieren. Verwenden Sie ruhige sanfte Pastellfarben von Kittrosa bis Schwedisch Graublau oder richtig tiefe Töne wie Terrakotta, Ocker oder Olivgrün.

Wichtig ist auch der Fußboden. Auch wenn es unter den Füßen nicht so flauschig weich wie mit einem Teppich ist, bevorzugen viele Menschen einen gut erhaltenen Dielenboden. Das hängt auch von Ihrem Lebensstil ab. Sind Sie der Typ, der sich gern auf den Boden legt, oder haben Sie kleine Kinder, dann sollten Sie eine Wollbrücke in den zentralen Sitzbereich legen. Die Fernsehecke ist ideal dafür. Es gibt eine riesige Auswahl an Brückendesigns – von traditionell bis modern.

Gönnen Sie sich für Ihr Wohnzimmer angenehme Details. Dies gilt für Polsterstoffe und Vorhänge – hier können Sie zwischen Samt und Wolle, Moleskin und Satin schwelgen –, aber auch für Kissen, Überwürfe, einen flauschigen Vorleger oder einen samtigen Schemel. Auch wenn eine Tagesliege mit Stoffvorhängen oder ein tiefes Sofa mit vielen Kissen dem Wohnzimmer erst einen romantischen Touch verleihen, können sogar kantige moderne Möbel in Kombination mit den richtigen Stoffen versöhnlich wirken.

Links: **Stil und Form der Polster und Kissen bestimmen den Komfort. Neben quadratischen Formen können Sie auch mit rechteckigen – von sehr schmal bis zu beträchtlich großen Versionen – experimentieren, auch weiche Federkissen sind schön. Die selben Regeln gelten für die Polster. Vermeiden Sie stark spannende Polster, die fast aus den Nähten platzen.**

Gegenüber oben und unten: **Warme, satte Wandfarben machen eine gemütliche Atmosphäre. Versuchen Sie Töne von Terrakotta bis Scharlachrot und warmem Ocker bis Schokoladenbraun. Schaffen Sie mit neutralen Polstern, Böden und Dekorationen einen Ausgleich zu den kräftig leuchtenden Wänden.**

Oben: **Kombinieren Sie verschiedene Lichtquellen. Kaminfeuer, Kerzenlicht und stimmungsvolles Licht von Tischleuchten bilden die Basis.**

Oben rechts: **In Ihrem Wohnzimmer sollte Platz für Ihre Lieblingssachen sein, und je exotischer und persönlicher der Mix, desto besser. Kombinieren Sie Gemälde, handbemalte Textilien oder Lampenschirme und alte Stoffe.**

Rechts: **Zum guten Wohnzimmer gehört eine ruhige Ecke zum Nachdenken, das kann eine luxuriöse Ruheliege oder ein Sessel am Feuer sein. Dazu gehören ein Tisch für Bücher und Kaffeetasse, eine dezente Beleuchtung und viele Kissen.**

Schon als Kind träumten wir von einem eigenen Zimmer – einem Platz, der nur uns allein gehört und an den wir uns vor dem Lärm und den Ansprüchen anderer zurückziehen können. Als Erwachsene können wir diesen intimen Platz mit demjenigen teilen, den wir lieben. Doch unser Schlafzimmer bleibt ein persönlicher Zufluchtsort und eine Stätte, an der wir uns geborgen fühlen.

Schlafzimmer

Gegenüber: **In diesem Studio bildet ein weitläufiger Raum Schlaf- und Wohnzimmer, verbunden durch ruhige und gut gewählte Mehrzweckmöbel. Im Schlafbereich hinter einer flexiblen Holzwand befinden sich unaufdringliche Schränke, die bis zur Decke reichen. Tagsüber verschwindet das Bett zusammengeklappt hinter der Wand.**

Rechts: **Wandschirme im japanischen Stil teilen das Loft-Apartment, sodass ein mit Holz verkleidetes Schlafzimmer entsteht. Das Bett steht auf einer breiten Plattform, was seinem besonderen Status als abgetrennter Platz innerhalb der weiten Holzbodenfläche entspricht.**

Unten rechts: **Ein antikes Schlittenbett mit rüschenreicher Baumwolle und einem Baldachin aus dünnem Musselin – Romantik pur in einem intimen kleinen Schlafzimmer.**

Kleine Schlafzimmer

Wenn wir schlafen, sind wir verwundbar, und unsere Instinkte legen fest, dass wir dann am tiefsten schlafen, wenn wir uns am sichersten fühlen. Ein kleines Zimmer muss kein Nachteil sein, denn es erhöht das Gefühl der Sicherheit, indem es uns mit seinen Wänden wie in einen Kokon einspinnt, der so sicher wie ein Netz ist.

Ein gut durchorganisiertes kleines Schlafzimmer kann sowohl in ästhetischer als auch in praktischer Hinsicht zufriedenstellend sein. Zu den Bedürfnissen eines Schlafraums gehören: ein Bett – groß genug, um sich darin auszustrecken, je nach Geschmack eine harte oder weiche Matratze, ein Tisch oder Nachtschrank zu beiden Seiten des Bettes, die richtige Leselampe, Schränke und Schubladen für Wäsche, eine Reihe von Haken an der Rückseite der Tür, um Kleidung aufzuhängen. All diese Dinge finden auf einem Raum Platz, der kaum größer ist als das Bett.

Am effizientesten nutzt man den Raum mit Einbaumöbeln. Die meisten kleinen Schlafzimmer haben mindestens eine Wand, die von oben bis unten mit Schrankplatz gefüllt werden kann. Um jeden möglichen Winkel auszunutzen, ist es meist sinnvoll, vorher mit einem Tischler darüber zu sprechen, ob sich die Vorstellungen umsetzen lassen. In einem alten Haus beispielsweise passen Garderoben am besten neben Kaminvorsprünge. Was den Platz zum Aufhängen betrifft, so ist es wichtig, dass er in der Tiefe für breite Holzbügel ausreicht. Berücksichtigen Sie auch die Fülle der Kleidungsstücke, die auf den Bügeln hängen, damit diese sich frei bewegen können, ohne an Schrank oder Tür zu kratzen.

Auch Betten können eingebaut und so konzipiert werden, dass sie den unbezahlbaren Lagerplatz in dem toten Raum darunter berücksichtigen – sonst auch ein gern gesehenes Revier für Staubflocken und ein Versteck spielender Kinder. Ein einfacher Holzsockel, der

am Kopfende höher ist, um Regalplatz am Bett zur Verfügung zu stellen, mit einer Matratze belegt, bildet ein Bett für ein modernes Zimmer.

Es gibt zwei Dekorationsschemata für kleine Zimmer: Das eine versucht die Illusion von Raum zu schaffen, das andere macht aus der Not eine Tugend, indem es die Gemütlichkeit der Enge betont. Das Erste erfordert Geschlossenheit, schlichte blasse Farben und Ordnung durch geräumige Schränke, Regal- und Schubladenplatz. Neutrale und natürliche Farben wirken beschwichtigend und nicht fordernd. Vergessen Sie nicht die Kraft von Spiegeln – unübertroffen in der Vergrößerung von Lichtintensität und Rauminhalt, aber genauso wichtig um festzustellen, ob die Kleidung passt. Schiebe-Spiegeltüren können elegant und modern aussehen und sie erwecken zudem den Eindruck eines doppelt so großen Raumes.

Stoffe, egal ob Bettleinen, Vorhänge oder Brücken, sorgen für den nötigen Komfort im Schlafzimmer. Verdunkelungs- oder Sonnenrollos beanspruchen weniger Platz als Vorhänge. Wer es gemütlich haben möchte, braucht meterweise Textilien, etwa wehenden Musselin oder schwere Leinenfalten. Auch Wände können mit Textilien bezogen werden. Ein gemusterter Stoff zieht die Wände Ihres Schlafzimmers zu und umgibt Sie wie ein Kokon. Auf diese Weise fühlen Sie sich von der restlichen Welt wie abgeschirmt. Wenn Sie für Wände, Vorhänge und Bettbehänge ein und denselben Stoff verwenden, schaffen Sie den Eindruck der Geschlossenheit. Andererseits kann der Raum durch zu viele Muster auch überladen wirken.

Ganz links: **Alte Schrankbetten waren oft hässlich, unbequem und schwer aus- bzw. wieder zusammenzuklappen. Moderne Ausführungen sind elegant und leicht zu handhaben.**

Oben links: **Eine Möglichkeit, Wohn- und Schlafraum zu vereinen, ist ein Bett, das aus dem Weg gerollt bzw. -geklappt wird wie z. B. diese Kombination von Tatamimatten und Futons.**

Oben Mitte: **Dieses Apartment ist durch Regale, Schränke und Wandschirme in Bereiche aufgeteilt, der Schlafplatz wurde so optimal abgegrenzt. Durch den schönen Kettenvorhang lässt sich nur schwer durch das Fenster dahinter blicken, wodurch das Gefühl der Ungestörtheit entsteht.**

Gegenüber oben rechts: **Ein großes Bett unter dem Dach macht dieses Schlafzimmer behaglich und einladend.**

Rechts: **Die geschickte Verwendung von Spiegeln – hier im Schrank mit seitlichen Paneelen – schafft die Illusion von Raum.**

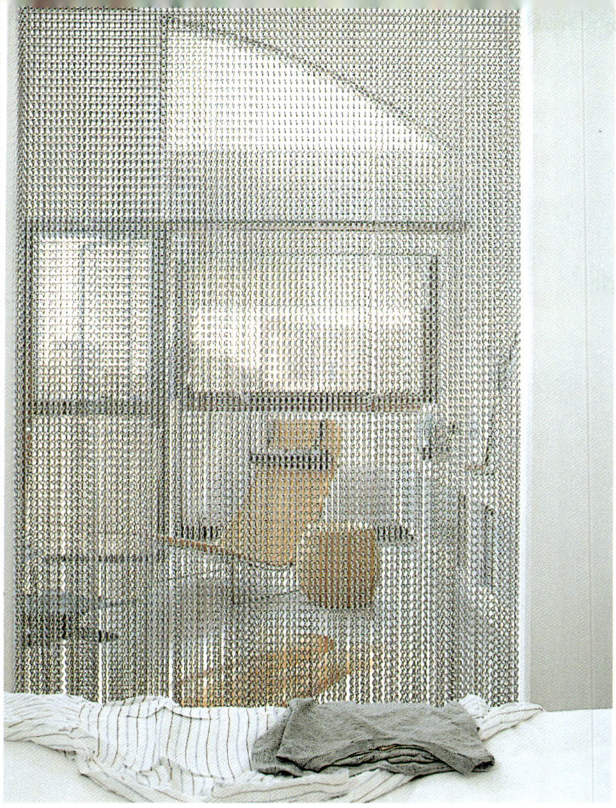

Oben links: **Viel Platz im Schlafzimmer macht es möglich, hübsche Möbel aufzustellen, die auch ganz unnütz sein dürfen, wie hier die kleine Leiter.**

Links: **Platz heißt auch: Sie haben den Raum für ein übergroßes Bett wie dieses theatralisch anmutende mit seinen verlängerten Pfosten. Flankiert wird es von großzügigen Nachttischen und großen Lampen.**

Oben: **Der Raum in diesem anmutigen, modernen Schlafzimmer scheint weiter und weiter zu gehen, durch die Wand aus Fenstern, auf den Balkon und zwischen die Bäume draußen. Das Stuhlpaar ist aufgestellt, um die Aussicht genießen zu können.**

Oben ganz links: **Weiß angestrichene Wände und Böden holen das Maximum aus Licht und Volumen des Schlafzimmers heraus, das wie ein umgebautes Lagerhaus wirkt. Man könnte in Versuchung kommen und seine Rollerskates anziehen, um zum Badezimmer zu gelangen.**

Oben Mitte links: **Eine antike Badewanne auf einem Podest am Ende des Raums lädt zu einem langen Bad ein. Eine Badewanne ins Schlafzimmer zu stellen, kann eine elegante Lösung sein, wenn Sie keinen Platz für ein separates Bad haben.**

Oben Mitte rechts: **Die unkonventionelle Aufstellung des Bettes zwischen zwei Fenstern statt an einer Wand gibt diesem Raum einen besonderen Blickfang.**

Oben ganz rechts: **Bei hohen Decken kann man mit Licht experimentieren, egal ob Ihnen der Sinn nach einem traditionellen Kronleuchter oder etwas anderem Ungewöhnlichen steht oder Sie – wie hier – Lust auf einen futuristischen Sternenball haben.**

Große Schlafzimmer

Platz bedeutet Luxus und Schlafzimmer sollten luxuriös sein. Einen großen Schlafbereich kann man nicht nur zum Schlafen und Ankleiden, sondern auch für andere Aktivitäten nutzen. Sie könnten beispielsweise eine Arbeitsecke darin einrichten. Allerdings ist es nicht ideal, den Ort, an dem Sie schlafen, mit einem Computer oder Postablagekorb zu teilen. Die meisten von uns möchten nach erledigter Arbeit nichts mehr von derartigen Dingen sehen und auch nicht daran erinnert werden. Das Schlafzimmer sollte für entspannende Tätigkeiten reserviert bleiben.

In großen Räumen können Sie beim Arrangement der Möbel ihrer Fantasie freien Lauf lassen. Ein Bett, das Sie in die Mitte des Zimmers stellen, kann aufsehenerregend wirken. Garderoben und Schränke können frei im Raum stehen und Sie können sich die altmodische Annehmlichkeit einer Frisierkommode mit dreiseitigem Spiegel gönnen. Zudem bietet sich ein begehbarer Ankleidebereich mit Wandschirmen und Trennwänden an. Und wenn dann noch Platz übrig ist, können Sie dekorative Dinge verteilen, etwa einen Wandschirm oder einen hübschen Stuhl.

Die Idee, das Schlafzimmer tagsüber auch für andere Aktivitäten zu nutzen, ist alles andere als neu. Im 18. Jahrhundert gehörte es bei Damen aus der höheren Gesellschaft zum guten Ton, Gäste in ihr Schlafzimmer einzuladen. Der moderne Begriff von Privatheit verbietet diese intime Gastlichkeit, aber ein großes Schlafzimmer kann durchaus das Gefühl eines Boudoirs liefern – ein Raum, in den Sie sich den ganzen Tag über zurückziehen können.

Rechts: **Das exotische, orientalisch anmutende Pfostenbett mit seiner hohen Matratze hat etwas von den altmodischen Alkovenbetten. Wie auch immer es sonst aussehen mag, wenn Sie in diesem hölzernen Rahmen liegen, fühlen Sie sich so behaglich wie ein Kind in seiner Höhle.**

Gegenüber oben links: **Das extra große Bett in diesem karg-modernen Ambiente steht auf versteckten Füßen und scheint zu schweben. Es lädt Sie ein, darin zu schlafen wie auf einem fliegenden Teppich.**

Gegenüber oben rechts: **Das 4-Pfosten-Bett ohne Baldachin oder Vorhänge trägt stattdessen ein Moskitonetz. Das Netz kann über die Pfosten gespannt werden wie ein durchscheinendes Zelt.**

Gegenüber unten links: **Ein zusammenfaltbarer Holzwandschirm und ein beträchtlicher „Nachttisch" umreißen in diesem Loft-Apartment ganz klar den Bettbereich. Tiefes Licht verstreuen die Tischlampen und steuern einiges zur intimen Atmosphäre bei.**

Gegenüber unten rechts: **Obwohl das Bett direkt an einem Fenster steht, bietet es durch das hochgezogene Kopfteil aus Massivholz doch einen gewissen Schutz.**

Intimsphäre schaffen

Intimität und Privatsphäre spielen heute eine besonders wichtige Rolle in unseren Schlafzimmern. Genauso wie wir die besondere Ästhetik von großen, offenen, multifunktionalen Räumen schätzen, erfordert das Territorium Bett unsere besondere Aufmerksamkeit. Der Mensch, der in der Mitte eines Tanzsaales selig auf seiner Matratze schläft, ist wohl eher die Ausnahme.

Die Schaffung eines behaglichen Schlafbereichs innerhalb eines großen Zimmers verlangt keine Vorhänge. Ein breites Kopfteil, eine weiche Brücke auf den Dielen oder

ein schützend aufgestelltes Möbelstück können schon genug sein, um ein Gefühl von Sicherheit und Geborgenheit zu erreichen. Bewegliche Wandschirme, egal ob frei im Raum oder fest in die Anlage des großen Zimmers integriert, agieren als flexible Wände.

Sollte die Deckenhöhe es zulassen, ist ein Bett auf einer Plattform ideal. Das schafft nicht nur ein separates Schlafterritorium, Sie haben auch zusätzlichen Platz zur Verfügung. Wer über eine Leiter in sein Bett steigen muss wie Kinder in ein Hochbett hat wieder das Gefühl, ein Baumhaus zu betreten. Und es bietet noch einen Vorteil: Niemand merkt, ob Sie Ihr Bett gemacht haben oder nicht.

Was immer Sie sich ausdenken, die Beleuchtung spielt dabei eine entscheidende Rolle. Wandleuchten oder Tischlampen, die warmes, tiefes Licht an Ihr Bett werfen, können einiges dazu tun, ein Gefühl von Intimität zu schaffen.

Schlafzimmermöbel & Stauraum

Das Bett ist das zentrale Merkmal jedes Schlafzimmers und bestimmt den Gesamteindruck, egal ob es sich um einen einfachen, modernen Diwan oder um eine antike Extravaganz handelt. Auf jeden Fall ist es wohl das kostbarste und teuerste Stück im Zimmer. Und obwohl das Aussehen des Bettes die gesamte Ausstattung bestimmt, ist doch sein Komfort von gleicher Bedeutung. Die Auswahl der richtigen Matratze ist nicht einfach nur eine Frage des guten Schlafens; sie kann Rückenschmerzen lindern. Wer ein weiches Exemplar bevorzugt, sollte ein Bett mit Sprungfedern wählen. Matratzen, die auf Holzlatten liegen, sind meist fester.

Gegenüber oben links: **Ein Schlafzimmer mit Aufbewahrungsmöglichkeiten für alles Mögliche.**

Gegenüber oben rechts: **Der Regalplatz am Bett ist ins Kopfteil integriert. In diesem mit Holz verkleideten Raum tragen Äste Nachttisch und Regal.**

Gegenüber unten links: **Raffiniert gestalteter Stauraum im Schlafzimmer: Schränke zu beiden Seiten des Bettes verbunden durch ein hohes Holzregal rahmen die Schlafstätte ein.**

Gegenüber unten rechts: **Kunstpelz und ein Stapel Kissen laden dazu ein, ins Bett zu gehen. Ein gepolstertes Kopfteil, reichlich Regalplatz und der bewegliche Nachttisch sorgen für angenehmen Komfort.**

Oben rechts: **Kantige Linien und weiche Textilien.**

Oben links und links: **Verschiedene Stauraumkonzepte im Schlafzimmer: mit einem Schrank oder altmodisch mit einem schönen Stück aus Eiche wie links zu sehen.**

Antike Bettgestelle können wunderschön sein, aber sie sind oft unpraktisch, da sie selten Standardgröße haben; viktorianische Doppelbetten sind vielfach zu breit, um mit den modernen Ideen extra großen Komforts übereinzustimmen. Wenn Sie Schwierigkeiten haben, passende Federbetten und Matratzen zu finden, wenden Sie sich an Hersteller, die derartige Spezialanfertigungen produzieren können. Die Preise sind in der Regel mit qualitativ hochwertigen Matratzen vergleichbar.

Wie zu Beginn bereits angesprochen gibt es nur wenige wichtige Dinge, die in ein Schlafzimmer gehören. Ob Sie sich nun dafür entscheiden, mehr hineinzustellen, hängt sowohl vom Platz als auch von Ihrem persönlichen Geschmack ab. Ein kleines Schlafzimmer diktiert im Grunde Aufbau und Inhalt.

Sofern Sie sich nicht über den Luxus eines separaten Ankleidezimmers oder begehbaren Wandschranks freuen können, sind Aufbewahrungsorte für Kleidung, Schuhe und all die anderen persönlichen Dinge, die man so braucht, bevor man unter die Leute geht, das einzig Wichtige in Ihrem Schlafzimmer – natürlich neben dem Bett selbst.

Niemals zuvor besaßen die Menschen so viele Kleidungsstücke wie heute. Wo einst einige Haken und eine Holztruhe völlig ausreichend waren, benötigen wir heute Mengen von Schubladen, Reihen von Schuhregalen und meterweise Hängestangen. Einbauschränke, die bis an die Decke reichen, und Schubladen, die sich unter dem Bett hervorziehen lassen, schöpfen begrenzten Stauraum aus. Einige Hersteller haben sich mittlerweile allein auf Aufbewahrungs- und Lagerungskonzepte spezialisiert. Sie bieten eine ganze Phalanx von Ideen an, wie man das Beste aus dem zur Verfügung stehenden Raum machen kann – von Schuhtaschen mit Aufhängern bis zu stapelbaren transparenten Kästen für Hemden und Hosen. Einige dieser Artikel sind leicht zu erhalten. Doch wenn Sie nicht gerade mit einem Überangebot an Schränken gesegnet sind, werden Sie feststellen, dass zu gewissen Zeiten eine Reorganisierung Not tut: Packen Sie im Winter die Sommersachen nach hinten und verstauen Sie im Sommer dicke Shirts und Pullover ganz oben auf den Regalen. Wenn Sie Kartons beschriften, ersparen Sie sich Zeit raubendes Herumsuchen.

Das Schlafzimmer braucht besonders weiche Stoffe, um Behaglichkeit zu vermitteln. Abgesehen von dem unentbehrlichen Bettleinen benötigen Sie Kissen und Kopfkissen, die zum Ausstrecken einladen. Der Fußboden sollte auch im Winter angenehm warm sein, vor allem, wenn Sie gerade aus dem Bett steigen. Möglicherweise ist das Schlafzimmer deshalb das einzige Zimmer, bei dem Sie sich für Teppich entscheiden. Wenn Sie gern dunkel schlafen, brauchen Sie Verdunklungsrollos oder faltenreiche Vorhänge, die mit einem besonderen Stoff beschichtet sind. Wenn es um künstliche Beleuchtung geht, denken Sie daran, dass Deckenlicht für Sie nur wenig schmeichelhaft ist. Licht von der Seite ist der Entspannung wesentlich dienlicher, und überdies können Sie einen Dimmer einbauen lassen, um die Beleuchtung zu steuern. Die Leselampe am Bett sollte so kräftig sein, dass die Augen nicht ermüden.

Gegenüber ganz links: **Die Zeitschriften im Regal neben dem Bett lassen noch Platz für den Wecker. Das Problem der Bettleuchte ist einfach gelöst mit einer Lampe am Regal.**

Gegenüber oben links und rechts: **Dieses kompakte Single-Schlafzimmer nutzt den Platz unter dem Bett für die Aufbewahrung. In die tiefen Schubladen passen Kleidung und Bettwäsche. Eine winzige Wandleuchte – platziert in der richtigen Höhe – sorgt dafür, dass man bequem im Bett lesen kann.**

Gegenüber Mitte: **Hier ist ein langes Regal Kopfteil des Bettes – ideal für Bücher und zum Aufstellen von Bildern.**

Gegenüber unten: **Wandnischen dienen als Ablage für Lieblingsbilder und bilden eine ungewöhnliche Kopfteillösung. Zusätzlichen Stauraum liefern die Schubläden unter dem Bett.**

Unten links: **Die antike Schubladenkommode mit einer bunten Griffmischung dient in diesem hübschen Dachraum auch als Frisierkommode.**

Rechts: **Das schmiedeeiserne Bettgestell passt gut zum alten Sessel und verleiht dem Raum ein altmodisches Flair. Vervollständigt wird der Eindruck durch den Kamin. Das Goldgelb des Gestells macht das neutrale Farbkonzept wärmer.**

Unten rechts: **Dieses alte Bettgestell mit seinen zwei Kopfteilen wird – mit einigen Kissen belegt – tagsüber zur Couch. Die Lampen sind mit Stoff behängt. So gibt es ganz ohne Dimmer angenehm weiches Licht.**

Das Badezimmer hat zwar vorrangig eine praktische Aufgabe, doch sollte es trotzdem ein Ort der Entspannung sein. In den letzten Jahren haben nicht nur Hightech-Badezimmereinrichtungen einen neuen Stellenwert bekommen. Auch die klassischen Wasserhähne sind zu Dauerbrennern geworden. Ob aus Keramik, emailliertem Metall oder Acryl, die meisten sanitären Einrichtungen sind weiß. Es ist Ihre Aufgabe, mit Accessoires und Dekorationen Farbe und Leben in Ihr Badezimmer zu bringen.

Badezimmer

Gegenüber großes Bild: **Mit einer Dusche über der Badewanne kann man auf kleinem Raum zwei Funktionen erfüllen. Die an der Badewanne angebrachte Handdusche ist praktisch für die Haarwäsche (und wenn man nicht so oft duscht).**

Oben: **In diesem Badezimmer kann das Licht durch interne Fenster bis in die Mitte scheinen. Die Bullaugen sind nicht nur praktisch, sondern geben dem Raum auch eine interessante Note. Die Badewanne wurde eingemauert, und die Kacheln passen zur Wandgestaltung. So wurde getrennter Baderaum geschaffen, in den man vom Eingang aus keinen direkten Einblick hat.**

Oben links: **Vorgefertigte Duschelemente können jedem beliebigen Duschraum angepasst werden.**

Unten links: **Einfaches Design ist oft eleganter als zu viel Verzierung. Die in die Wand eingelassene Nische und die Waschtischeinfassung aus Stein sind praktische Abstellflächen, sind leicht sauber zu halten und sehen auch sehr stilvoll aus.**

Planen Sie Ihr Badezimmer

Gehen Sie in vier Schritten vor. Machen Sie sich zuerst Ihre Bedürfnisse klar, und prüfen Sie, welchen Raum Sie zur Verfügung haben. Haben Sie für nur ein Badezimmer Platz oder können Sie seine Funktionen auf mehrere aufteilen, um den Andrang auf das Hauptbad zu verringern? Können Sie unter die Treppe oder in einen großen Einbauschrank eine Toilette einbauen? Haben Sie im Schlafzimmer Platz für eine Duschkabine und ein Waschbecken, oder können Sie auf einen ganzen Schlafraum verzichten, um ihn in ein geräumiges und großzügiges Badezimmer zu verwandeln?

Als Nächstes schreiben Sie sich auf, wie Sie das Bad vorrangig nutzen, ob Sie zum Beispiel häufiger duschen oder baden. Wenn Sie sich das Bad mit einem Partner teilen, gemeinsam aufstehen und sich gleichzeitig waschen, könnte es praktisch sein, zwei Waschbecken zu haben. Haben Sie kleine Kinder? Dann können integrierte Regale und Sitzmöglichkeiten die Badezeit für alle Beteiligten erleichtern.

Mit diesen Ergebnissen wird es Ihnen leichter fallen, sich für Größe und Form Ihres Bads und eine bestimmte Ausstattung zu entscheiden. Auch die Armaturen wollen ausgesucht werden, und ob Sie die Waschbecken an die Wand hängen, auf einen Sockel setzen oder einlassen wollen.

Schließlich will die Dekoration des Badezimmers sorgfältig ausgesucht werden. Die Oberflächen müssen wasserabweisend sein und Dampf und Feuchtigkeit vertragen können. Vermeiden Sie scharfe Ecken und Kanten und umwickeln oder verkleiden Sie heiße Wasserleitungen. Die Fußböden müssen rutschfest sein.

Selbst ein Ort der Reinigung muss regelmäßig und gründlich geputzt werden. Damit das so leicht wie möglich ist, wählen sie glatte, wischfeste Oberflächen aus, auf denen nicht viel herumstehen muss. Sehr wichtig ist eine gute Belüftung, die dafür sorgt, dass Wasserdampf schnell entweichen kann und der Raum frisch bleibt.

Geräumige Badezimmer

Ein großes Badezimmer bietet bei der Dekoration und Einrichtung viele Möglichkeiten. Vielleicht wollen Sie sogar einen ganzen Raum dafür opfern, um den Luxus eines großen, an Ihr Schlafzimmer angrenzenden Badezimmers zu genießen. Große Bäder können auch andere Funktionen mit übernehmen wie zum Beispiel die eines Fitnessraums, Ankleidezimmers oder einer Wäschekammer.

Ein großes Badezimmer kann man in mehrere Bereiche aufteilen, z. B. einen für die schnelle Wäsche und Dusche am Morgen und einen für das ruhige, entspannende Bad. In einem so aufgeteilten Raum sollten Sie die Beleuchtung den unterschiedlichen Stimmungen anpassen können, entweder durch einen Dimmer oder indem Sie zwei oder drei verschiedene Stromkreise installieren. Dann können Sie jederzeit die helle Deckenbeleuchtung ausschalten und nur die schwächere Wandbeleuchtung anlassen, die ein gedämpftes Licht und eine gemütliche Atmosphäre verbreitet, welche Sie noch mit Duftkerzen verbessern können.

In einem großen Badezimmer können Sie die Toilette abschirmen oder ganz abteilen. Dann kann sie benutzt werden, ohne jemand anderen im Badezimmer zu stören. Ein

Oben links: **Mit einer Vertäfelung kann man eine große Wand unterteilen und eine schlichte Oberfläche interessant gestalten.**

Mitte oben: **Diese Badewanne hat eine breite Ablage aus poliertem Granit, auf der viele Badeöle, Bücher oder andere Requisiten Platz finden.**

Oben rechts: **Das Podium mit eingelassener Badewanne ist ein Blickfang, der Luxus in dieses einfache Bad bringt.**

Gegenüber oben links:
Für diesen zeitgenössischen Stil eines Kastenbades gibt es vorgefertigte Formen aus Beton, Granit oder Steinplatten. In den großen, geschickt platzierten Spiegeln kann man sich von allen Seiten sehen. Hierzu passt am besten natürliches Licht. Wenn kein Fenster vorhanden ist, können Sie mit Spezialbirnen Tageslicht erzeugen.

Gegenüber oben rechts:
Mit alten Badewannen, überholt oder gar neu emailliert, lassen sich ungewöhnliche Bäder gestalten.

Gegenüber unten links:
Die gusseiserne Wanne ist ein Klassiker. Voll Wasser kann sie sehr schwer sein. Prüfen Sie also Unterbau und Fußboden, bevor Sie sie aufstellen. Für das Badezimmer empfiehlt sich ausreichendes Tageslicht. Lassen Sie darum die Fenster frei, wenn sie nicht leicht einzusehen sind.

Gegenüber unten rechts:
Der frei stehende Duschrahmen mit wasserdichten Vorhängen kann zusammengefaltet und weggepackt werden, wenn Sie nur die Badewanne benutzen wollen.

gänzlich abgetrennter Toilettenraum muss allerdings eine eigene Entlüftung bekommen. Wenn ein großes Badezimmer so geräumig ist, dass es ihm an Intimität fehlt, können Sie raumteilende Wände aus Glas, Holz oder Bambus einbauen. So entstehen gemütlichere oder auch persönlichere Bereiche, die einen eigenen Zweck erfüllen können.

Auch durch frei stehendes Mobiliar kann man einen Raum besser füllen und die Umgebung gemütlicher gestalten. Das können ein Sessel, ein gepolsterter Stuhl und ein kleiner Tisch mit Illustrierten und Handtüchern sein, aber achten Sie bei Polstern und Kissen darauf, dass sie oft gelüftet werden, damit sie nicht klamm werden oder gar schimmeln. Planen Sie also vorsichtig, welche Accessoires Sie in diesen Raum bringen.

Gegenüber: **Dieses Wandwaschbecken nimmt nicht viel Platz ein und lässt eine große Wandfläche frei. Dadurch fühlt man sich auch in einem kleinen Raum nicht eingeengt. Auch lässt ein zur Seite gezogener Duschvorhang den Raum größer wirken, als es eine geschlossene Tür tut. Die Schiebetür im Vordergrund ist ebenfalls ein großer Platzsparer.**

Links: **Lineare Anordnung aller Einrichtungen spart in einem kleinen Bad viel Platz. Hier wurde die Wanne im hinteren Teil mit weniger lichter Höhe installiert. Waschbecken, Toilette und Duschkabine reihen sich an derselben Wand entlang. Die am meisten benutzten Einrichtungen – Toilette und Waschbecken – sollten in der Nähe der Tür sein, während die am wenigsten benutzte Wanne am weitesten entfernt sein kann.**

Kleine Badezimmer

Technische Fortschritte machen es möglich, Duschen und Toiletten in Räumlichkeiten zu installieren, wo es früher zu schwierig oder zu teuer gewesen wäre. Diese Entwicklung hat dazu beigetragen, dass in zunehmendem Maße Elemente des Hauptbadezimmers ausquartiert werden und praktische zusätzliche Waschräume in anderen Zimmern und Bereichen des Hauses entstehen.

Oben: **In diesem offenen Wohn-Schlaf-Raum befindet sich das Bad hinter einer Vertäfelung. Die Kombination von reinem und gebrochenem Weiß ist zwar klassisch schlicht, trägt aber zu einem hellen und luftigen Ambiente bei.**

Links: **Hohe Fenster und ein toller Blick, der von einem langen Spiegel zurückgeworfen wird, sprengen fast die Größe dieses kleinen Badezimmers. Auch wenn es nur wenige Möglichkeiten gibt, Dinge herumstehen zu lassen, wirkt der Raum größer.**

Sie sparen Platz, wenn Sie Einrichtungen vielseitig nutzen, indem Sie die Dusche über der Badewanne installieren oder sich für eine Duschkabine in einer Ecke entscheiden, die bisher ungenutzt war. Es gibt auch Handwaschbecken und Badewannen in kleiner Ausführung, die durchaus ihren Zweck erfüllen, ohne viel Platz in Anspruch zu nehmen.

Durch optische Effekte kann man einen kleinen Raum größer wirken lassen. Der Spiegel über dem Waschbecken kann zum Beispiel so groß ausfallen, dass er die ganze Wand bedeckt und damit das zur Verfügung stehende Tageslicht, eine Aussicht oder die gegenüberliegende Wand widerspiegelt. Klein muss nicht langweilig bedeuten – zumal man für weniger Raum eher zu teuren Dekorationen greifen kann. Ein Mosaik ist sehr kostspielig, aber in einem kleineren Rahmen kann man es sich eher leisten.

Feuchträume und Duschen

Duschen belebt und erfrischt. Anfänglich wurden Duschen über der Badewanne angebracht. Sie bekommen aber zunehmend ihren eigenen Bereich. In einem gefliesten, völlig wasserdichten Raum mit leicht abfallendem und mit Abfluss ausgestattetem Boden ist die Dusche die einzige Wasserquelle. Ein solcher Feuchtraum hat den großen Vorteil, dass sich dem Badenden weder nasse Duschvorhänge an die Haut kleben noch dass er nach dem Duschen vorsichtig aus einer Wanne klettern muss.

Maßgefertigte Duscheinheiten können in die meisten Ecken oder Nischen eingepasst und müssen nicht zwischen zwei parallele Wände gepresst werden. Sie brauchen nur eine einzige Wand für die Wasser- und Stromanschlüsse. Alle anderen Teile werden daran angepasst.

Vorgefertigte Duschkabinen sind fertig erhältlich. Wanne, Decke und Wände müssen nur noch zusammengesetzt werden. Sie haben zwar den Nachteil, dass es sie nur in einer Standardgröße gibt, bieten aber den Vorteil, dass sie auch bei Dampf- und Saunabädern dicht halten. Sie müssen nur gut gelüftet werden, damit sich kein Schimmel bildet.

Die herkömmliche Dusche besteht aus einer einzigen Brause an einem festen Rohr oder an einem flexiblen Schlauch. Aber bei manchen der heutigen Modelle kann man verschiedene Düsen und Sprühstärken auf verschiedenen Höhen einstellen, von wo sie auf jeden Körperteil gerichtet werden können. Auch an den Duschköpfen selbst kann der Wasserdruck reguliert werden, von stark massierendem bis zu sanftem, mit Luft angereichertem Strahl.

Es gibt viele Arten von Duschkabinentüren. Neben der Standardtür mit Scharnieren, die sich nach außen öffnet, bietet der Markt in der Mitte zweigeteilte Türen, die sich wie eine Ziehharmonika nach beiden Seiten öffnen. Sie sind bei begrenztem Raumangebot sehr hilfreich und platzsparend, genauso wie Schiebe- und Drehtüren. Letztere drehen sich um eine fest stehende Säule in der Mitte.

In Feuchträumen und maßgefertigten Duschkabinen ist es unerlässlich, sie mit Polyurethan zu versiegeln und abzudichten, bevor Fliesen, Steine oder Putz aufgebracht werden. Da das Wasser beim Duschen überallhin spritzt, kann es durch nicht abgedichtete Ritzen und Rillen sickern und Fäulnis in Holzfußböden und Balken verursachen.

Für Duschwände und Umrandungen eignet sich Glas besonders gut, weil es wasser- und dampfdicht und zugleich transparent ist. Nehmen Sie für diesen Bereich nur Sicherheitsglas, also gehärtetes Verbundglas. Ein weiteres Sicherheitsmerkmal moderner Duschen ist ein Knopf in der Armatur, der bei einer bestimmten Temperatur einrastet und so dafür sorgt, dass das Wasser Körpertemperatur behält. Diese Sperre muss man erst wieder lösen, wenn man das Rad weiterdrehen und die Temperatur erhöhen will.

Wenn man Gefahr läuft, in einem fensterlosen Feuchtraum Klaustrophobie zu entwickeln, kann man „Spiegel" aus undurchsichtigem Glas in eine Wand einbauen und dahinter eine Neonbirne anbringen. So erzeugt man die Illusion, dass sich dahinter ein heller Raum befindet. Auch innerhalb der Dusche kann ein Spiegel die Körperpflege erleichtern. Der sollte jedoch ein Heizelement eingebaut haben, damit er nicht beschlägt.

Links: **In diesen beiden rohrförmigen Raumelementen unten rechts und links befinden sich eine Dusche, ein Waschbecken und eine Toilette. Ihre Wände sind undurchsichtig, um für die nötige Ungestörtheit zu sorgen, aber lichtdurchlässig, um nicht zu einem Störfaktor in diesem offenen Lebensraum zu werden. Die runde Form ist gefällig und wirkt nicht so fehl am Platze, wie es wahrscheinlich ein eckiger, säulenähnlicher Block getan hätte.**

Gegenüber oben links: **Sanftes Licht hinter dieser opaken Glaswand sorgt für einen Stimmungswechsel und macht aus dieser Kabine eine entspannende Umgebung.**

Gegenüber oben Mitte und rechts: **Diese maßgeschneiderte, gebogene, muschelförmige Konstruktion ist eine abgeschlossene Duschnische, in die von beiden Seiten Licht fällt, und die in diesem Raum genug Platz für ein Waschbecken und eine Toilette lässt.**

Gegenüber unten links: **In diesem Feuchtraum sorgt das Fenster für eine gute Belüftung, während die gefliesten Böden und Wände die darunter liegenden Flächen vor Wasserschäden schützen.**

Gegenüber unten rechts: **Dieser Bade- und Duschraum ist in einen Würfel aus undurchsichtigem Glas eingebaut. Der ganze Fußboden mit dem Abfluss in der Mitte ist wie eine große Duschwanne angelegt, und der an der Decke installierte Duschkopf ist hoch genug angebracht, um für einen guten Wasserdruck zu sorgen.**

Oben links: **In diesem Bad mit seinen runden Formen wurden mit geradlinigen schwarzen Armaturen Akzente gesetzt.**

Oben: **Hier dient ein großes Blech hinter einem Waschbecken aus Glas und einem runden Spiegel als Spritzschutz. Wasserhahn und Hebel wurden an der Wand durch das Metall hindurch montiert.**

Links und rechts: **Whirlpools und Heilbäder müssen regelmäßig gereinigt werden, damit sich in den Rohren nicht abgestandenes Wasser ansammelt. Wenn die Wanne verkleidet ist, können die Armaturen rundherum installiert werden.**

Einrichtungen und Armaturen

Wenn Sie Ihre sanitären Einrichtungen, also Waschbecken, Toilette, Bidet und Badewanne aussuchen, sollten Sie sie alle in einem ähnlichen Stil halten. Das gibt dem Raum ein einheitliches Erscheinungsbild. Wenn Sie Stilrichtungen mischen, weil Sie mit einem gläsernen Waschbecken oder einer Metallwanne Akzente setzen, sollten Sie die anderen Einrichtungen schlicht und einfach halten.

Man kann traditionelle Stile erfolgreich mit modernen mischen. Eine Mischbatterie mit langem Wasserhahn und Hebelmechanismus kann über einer frei stehenden abgerundeten Badewanne installiert werden und eine Kreuzgriffarmatur im viktorianischen Stil passt auch zu einem einfachen modernen Waschbecken. Generell gilt, dass die Armaturen im Stil der sanitären Einrichtungen sein sollten.

Die meisten modernen Badezimmergarnituren sind aus Kunststoffen wie Acryl oder PVC. Es gibt unendlich viele Möglichkeiten, diesen synthetischen Stoffen durch Schneiden, Schnitzen, Sandstrahlen und Einlegen Form zu geben. Man kann sie auch färben und strukturieren, dass sie wie Marmor oder Stein aussehen und obendrein noch den Vorteil haben, sehr viel leichter, wärmer und angenehmer zu berühren sind als traditionelle Keramik.

Gusseiserne Badewannen gibt es schon seit den viktorianischen Sitzwannen, die noch mit Eimern gefüllt und vor einem Ofen aufgestellt wurden.

Oben: **Sind die Armaturen an der Wand angebracht, kann man das Becken leichter putzen. Achten Sie aber darauf, dass sie nicht zu hoch angeschlossen werden, sonst spritzt das Wasser aus dem Becken. Dieses flache quadratische Waschbecken ähnelt einer Duschwanne und sitzt auf einer tischähnlichen Unterlage.**

Unten: **Einhandbatterien sind nicht nur formschön, sondern auch praktisch für Menschen, die nicht gut greifen können. Einige Designer richten sich nach Erfahrungswerten aus Krankenhäusern und Laboratorien.**

Oben rechts: **Eine abgerundete Badewanne kann verkleidet werden oder frei auf Metallfüßen stehen. In diesem Fall kann die Außenwand passend oder im Kontrast zur Farbe des Raumes gestrichen werden.**

Unten rechts: **Dieses Waschbecken wurde in die Deckplatte eines alten Konsoltisches eingelassen. Die Tiefe des Beckens mag zwar die Nutzung der Schublade einschränken, aber man hat zu beiden Seiten immer noch viel Platz für Toilette- und Kosmetikartikel.**

Moderne Metallwannen sind aus glattem oder mattem Stahl. Die doppelwandige Ausführung hat durch die eingeschlossene Luft eine isolierende Wirkung. Holz war zunächst nur in östlichen Ländern ein beliebtes Baumaterial. Holzbäder müssen sorgfältig gepflegt werden. Die meisten Hersteller empfehlen, weder herkömmliche Haarwaschmittel noch parfümierte Badezusätze zu benutzen, da diese die Oberfläche angreifen können. Manche Holzwannen müssen sogar feucht gehalten werden, damit sie nicht schrumpfen und rissig werden.

Bevor Sie größere sanitäre Einrichtungen wie die Badewanne installieren, vergewissern Sie sich, dass der Fuß-

Links oben, Mitte und unten: **Ein beheizbarer Handtuchhalter lüftet und trocknet benutzte Handtücher. Nach der Dusche oder dem Bad kann man sich in ein angenehm warmes Tuch wickeln. Wenn sie an der Wand montiert sind, nehmen sie nur wenig Platz weg. Einige haben so interessante Formen, dass sie ein wahres Schmuckstück für eine sonst nackte Wand sind.**

Unten rechts: **Die kleine Nische über der Wanne bietet gerade genug Platz für täglich benutzte Toilettenartikel.**

Unten: **Moderne Spiegel gibt es mit praktischen eingebauten Lampen oder Lichtleisten im Rahmen. Eine andere Möglichkeit ist eine einstellbare Wandbeleuchtung oder ein Spiegel, der je nach Lichtquelle unterschiedlich ausgerichtet werden kann. Beides ist angenehm, wenn das Badezimmer Tageslicht hat. Das alte Problem, dass Badezimmerspiegel im Wasserdampf leicht beschlagen, kann durch moderne beheizte Spiegel gelöst werden. Sie haben auf der Rückseite ein kleines Heizelement eingebaut.**

boden stabil und tragfähig ist. Denn wenn Badewannen mit Wasser gefüllt werden, können sie sich verschieben. Auf einem instabilen Boden ist diese Bewegung so stark, dass Lücken breiter werden und Wasser durchsickern kann.

Abflüsse und Stöpsel gibt es in verschiedenen Ausführungen. Die herkömmliche Lösung besteht aus einem an einer Kette befestigten Metall- oder Gummipfropfen und einer Überlaufrosette in der Wannenwand. Bei modernen Versionen besteht der Verschluss aus einem runden Deckel über dem Abfluss, der durch einen Hebel bündig auf den Abfluss gesenkt wird. Dieser Verschluss ist bei Handwaschbecken sehr beliebt. Der Deckel bewegt sich von der offenen zur geschlossenen Position durch einen sanften Druck.

Waschtische, Toiletten und Bidets gibt es in allen Größen und Formen. Bei den zeitgenössischen Designs werden sie an die Wand montiert. Sie vermitteln einen sauberen und geräumigen Eindruck und der Fußboden ist leicht zu wischen. Eine zweite Möglichkeit ist, sie auf Sockeln zu montieren, die auf dem Boden befestigt werden und eine Dritte, sie in vorgefertigte und maßgeschneiderte Kästen einzubauen, auf oder in welche die Anschlüsse gelegt werden. Bei der ersten und letzten Lösung kann der Benutzer die für ihn angenehme Höhe selbst bestimmen, während die Standmodelle meist eine Einheitsgröße haben.

Fußbodenheizung wurde schon von den Römern entwickelt, einem Volk, das sich gern beim Baden vergnügte. Doch erst in jüngster Zeit erlebt sie eine Renaissance. Sie ist die ideale Heizung für Badezimmer, weil es mit ihr keine Rohre oder Anschlüsse gibt, an denen man sich stoßen könnte, und weil die vom Boden aufsteigende Wärme für eine gleichmäßig verteilte Temperatur sorgt. Außerdem sind harte Böden aus Beton oder Stein für den nackten Fuß angenehmer, wenn sie warm sind.

Im Badezimmer sollten alle Beleuchtungen gut isoliert und speziell entwickelt sein für ihren Einsatz in einem Raum, in dem die Verbindung von Elektrizität und Wasser tödlich sein kann. Überall dort, wo – wie beim Schminken oder bei der Arbeit mit Zahnseide – etwas einer näheren Untersuchung unterzogen wird, ist es praktisch, wenn das Licht am Spiegel angebracht ist.

Oben links: **Bei Wandarmaturen wie diesen liegen die Anschlüsse direkt in der Wand, damit nachträglich keine Löcher gebohrt werden müssen. Die einzigen Öffnungen in dieser Wanne sind der Abfluss und der Überlauf.**

Links: **Bei Duschen mit Einhandarmaturen kann man mit nur einem Hebel durch Drehen die Wassertemperatur und durch Heben und Senken den Wasserdruck regulieren.**

Rechts: **Traditionelle Armaturen wie diese Kombination aus Metall und Keramik im viktorianischen Stil gibt es antiquarisch. Man sollte sich vergewissern, dass die Öffnungen an die heutigen Anschlüsse passen. Wenn sie aus Messing sind, müssen sie regelmäßig poliert werden, da Wasser und Temperaturschwankungen Spuren hinterlassen. Sie können auch moderne Reproduktionen kaufen, die so beschichtet sind, dass sie nicht anlaufen, und die an moderne Rohre passen.**

Oben: **Zum Schminken und Frisieren können ein größerer Allzweckspiegel und ein kleinerer Vergrößerungsspiegel sehr hilfreich sein.**

Stauraum im Bad

Große Badezimmer können auch als Ankleidezimmer und Wäschekammer dienen. Dann ist es besonders wichtig, von Anfang an Stauraum mit einzuplanen. Andererseits brauchen Sie gerade in einem kleinen Badezimmer viel Stauraum, um Ordnung halten zu können, damit der Raum größer und nicht zugeräumt wirkt.

Stauräume müssen auf ihren Verwendungszweck zugeschnitten sein. Körbe sind ideal für trockene Gegenstände wie Haarbürsten und Kosmetika, aber für nasse und tropfende Dinge wie Duschgels, Shampoos und Seifen müssen die Behälter wasserfest sein. Außerdem muss das Wasser ablaufen können, damit sich keine Pfützen bilden.

Wenn Sie im Badezimmer Kleidung oder Wäsche aufbewahren, müssen Sie unbedingt für gute Belüftung sorgen. Sonst werden die Stoffe feucht und entwickeln einen moderigen Geruch oder sogar Schimmel.

Hat man geschlossene und offene Stauräume, kann man weniger Schönes wie Toilettenpapiervorräte verbergen und dekorative Dinge wie Parfümflaschen zur Schau stellen.

Nützliche Accessoires sorgen für Ordnung: Man braucht meist einen Handtuchhalter, einen Toilettenpapierhalter, eine Seifenschale, Zahngläser und einen Wäschekorb.

Rechts: **Wenn Sie die Möglichkeit haben, sollten Sie ein an das Bad angrenzendes Ankleidezimmer haben, da man sich vor und nach dem Waschen normalerweise an- oder auszieht. Es ist praktisch, wenn man die schmutzige Wäsche gleich in einen Wäschekorb werfen kann, in dem sie zum Waschen gesammelt und wieder an denselben Ort zurückgebracht wird.**

Links: **Bei dieser Stilmischung passt ein altes Gestell zur Wanne, während die offenen Glasregale mit dem modernen Waschtisch harmonieren.**

Gegenüber oben: **In offenen Regalen ist Platz für Stapel weißer Handtücher. Farblich unpassende oder alte Handtücher sind besser hinter Türen oder verdeckten Regalen wie hier im hinteren Teil des Raums aufgehoben. Zur Schau gestellte Gegenstände sollten hübsch sein. Sonst stören sie den Gesamteindruck.**

Links: **Spiegeltüren bis zur Wand sorgen für einen sauberen Abschluss. Dieselbe Wirkung haben eingelassene Schränke mit Spiegeltüren.**

Rechts: **Diese Fächer sind gerade groß genug, dass in jedes ein Paar Schuhe passt. Sie bilden den Rahmen für einen Frisiertisch mit Handwaschbecken in einem Mehrzweckbadezimmer. Die Handtücher sind säuberlich in einem tiefen Korb unter dem untersten Regal verstaut und die Kosmetika in farbenfrohen kleinen Körben, die man bei Bedarf auf den Tisch stellen kann. Die Schubladen unter dem Waschbecken sind ideal für kleine Dinge wie Schmuckschachteln.**

Links: **Dieses Regal wird doppelt genutzt: Flaschen und Gläser stehen obenauf, während Handtücher an Haken darunter hängen. Da die Gegenstände auf der Oberfläche tropfen oder nass werden können, sollte sie genauso wie die Vorderkante aus wasserfestem Material sein. Auch ist es ratsam, die Kante zur Wand mit Silikon abzudichten. Waschlappen oder kleine Handtücher sind eine ideale Unterlage für feuchte Flaschen.**

Oben Mitte: **Ein schmales Regal unter einem Spiegelschrank ist eine praktische Ablage für Seifen und Shampoos, die man in passende Chrombehälter umgefüllt hat. Mit solchen Behältern kann man eine unpassende Mischung von Farben und Verpackungen vermeiden.**

Oben links: **Diese Fossiliensammlung macht sich gut in einem Gitter aus Plexiglaswürfeln. So kann man auch andere Gegenstände vor Wasserdampf sicher und trotzdem sichtbar aufbewahren. Bewahren Sie häufig benutze Dinge auf den niedrigeren Etagen und nur die selten benutzten auf den hohen auf.**

COMPAQ
P50
COMPAQ

Bevor uns die industrielle Revolution zu Pendlern zwischen Heim und Arbeitsplatz machte, arbeiteten die meisten Menschen zu Hause. Sie wohnten über dem Laden, in dem sie wirkten. Inzwischen schickt uns die Hightechrevolution wieder nach Hause, wo wir nun wieder Platz für einen Schreibtisch schaffen müssen.

Arbeitsplätze

Oben links: **Das große Sofa mit Couchtisch in diesem Büro für zwei lädt ein zu Unterhaltungen und Diskussionen.**

Links: **Dieses große Büro mit Wohnzimmeratmosphäre vereint Komfort und Schönheit. Nachschlagewerke und gut gewählte Dekoration sind in eleganter Umgebung vereint und erwecken das Gefühl, dass man hier nicht nur gut arbeiten, sondern sich auch wohl fühlen kann.**

Oben: **Bei dieser zweckmäßigen Einrichtung – Stuhl, Schreibtisch, Computer, Aktenschrank und Bücherregale – findet das Auge Gefallen an dem hellen, freundlichen Raum.**

Gegenüber oben links: **Nur durch eine Wand vom Wohnzimmer abgetrennt kann dieses offene Büro abgetrennt werden, indem man den Voilevorhang zuzieht. So wird eher eine symbolische als physische Grenze gezogen: Mit den weißen Wänden und dem weißen Schreibtisch wird der Stil des angrenzenden Raums erhalten.**

Gegenüber oben rechts: **Nur am Computer erkennt man, dass dieser reich ausgestattete Raum auch ein Arbeitsplatz ist. Selbst die Regale sind von ungewöhnlicher Form.**

Gegenüber unten links: **Eine Werkstatt, in der das Auge inspiriert wird, fördert auch die Kreativität.**

Gegenüber unten Mitte: **Ein kompakter, ordentlicher, gut organisierter Arbeitsplatz mit schöner Aussicht. Die Aktenkästen auf den Regalen machen den Stauraum leicht zugänglich und die sich über die ganze Breite der Wand erstreckende Arbeitsplatte nutzt den nur begrenzt vorhandenen Raum optimal aus.**

Gegenüber unten rechts: **In diesem New Yorker Großraum wurde der Bürobereich durch eine Trennwand abgeteilt und gewährt dennoch den Blick bis ins Esszimmer.**

Reine Arbeitsplätze

Den vielen Vorteilen des Arbeitens zu Hause stehen für die meisten Menschen nur wenige Nachteile gegenüber. Der größte ist wahrscheinlich, dass es keine klare Grenze zwischen dem Arbeits- und dem Privatleben gibt, zwischen dem Druck bei der Arbeit und der Entspannung zu Hause.

Wenn Ihr Arbeitsweg darin besteht, die Treppe hinunterzugehen und den Flur zu durchqueren, dann macht eben ein reines Arbeitszimmer den Unterschied zwischen diesen beiden Welten aus. Wenn man dabei sogar den Garten durchqueren muss, um ins Büro zu kommen, umso besser! Greifen Sie zu dieser Lösung. Aber ganz abgesehen vom psychologischen Vorteil, die Tür zu einem reinen Arbeitsplatz schließen zu können, bietet ein solcher Raum auch praktische Vorteile: Ungestörtheit, Frieden und Freiheit von Ablenkung, die Möglichkeit so ordentlich oder unordentlich zu sein, wie Sie möchten, und die Freiheit, sich völlig eigennützig eine Arbeitsumgebung zu schaffen, die Ihren Arbeitsgewohnheiten am besten entspricht.

Zu Hause arbeiten und sich gleichzeitig um die Familie kümmern zu können kann ein sehr befriedigender Kompromiss sein zwischen den Anforderungen einer beruflichen Karriere und der Betreuung von Kindern. Dennoch kann es ein beträchtliches Maß an Überzeugungskraft kosten, ein Kind davon zu überzeugen, dass Ihr Abgabetermin wichtiger ist als seine tote Schnecke. Darum ist es lebensnotwendig, Ihren reinen Arbeitsbereich innerhalb des Hauses abzugrenzen, indem Sie zum Beispiel ein „Bitte-nicht-stören-Schild" an Ihrer Bürotür anbringen.

Integrierte Arbeitsplätze

Bei begrenzten räumlichen Möglichkeiten kann die einzige Lösung darin bestehen, den Arbeitsplatz in einen Raum zu integrieren, der sonst einen anderen Zweck erfüllt. Vielleicht brauchen Sie diesen Arbeitsplatz ja auch nicht ständig. In solchen Fällen bleibt meist nur der Wohn- oder der Schlafbereich, um einen Arbeitsplatz einzurichten. Eltern mit Kindern ziehen wahrscheinlich die größere Ruhe in ihrem Schlafzimmer vor, das in einem betriebsamen Haus neben dem Badezimmer die einzige Rückzugsmöglichkeit vor dem Treiben der Familie bietet. Alleinstehende oder Paare ohne Kinder hingegen erhalten sich manchmal lieber das Schlafzimmer als Ruheraum und richten sich eine Ecke im Wohnzimmer als Arbeitsplatz ein.

In jedem Fall müssen Sie in zweierlei Hinsicht Entscheidungen treffen, das heißt das Problem sowohl innenarchitektonisch ästhetisch als auch praktisch organisatorisch lösen. Büromöbel können hässlich sein, und die Geräte – Computer, Drucker, Lautsprecher und Kabelgewirr in schlichtem beigem Plastik – sind alles andere als formschön und auch auf einem sehr großen Schreibtisch nur schwer unterzubringen. Erst in jüngster Zeit achten die Designer von Computern auch auf das Aussehen und nicht nur auf die Ausführung. Das Ergebnis ist eine kleinere und stilvollere Hardware – ein Vorteil für alle, die zu Hause arbeiten und das elektronische Büro nicht verstecken können.

Auch das organisatorische Problem sollte ästhetisch gelöst werden. In einem separaten Büro, dessen Türen Sie schließen können, stören die Aktenstapel auf dem Schreibtisch und auch die auf den Boden verteilten Papiere nicht. Ein solches Chaos mögen Sie für eine schöpferische Arbeit brauchen, aber es ist in einem Schlaf- oder Wohnzimmer nicht akzeptabel. Also müssen Sie die Disziplin entwickeln, nach jedem Arbeitstag aufzuräumen, damit Sie von der Arbeit abschalten und sich erholen können.

Rechts: **Dieser Raum vereint auf elegante Weise Arbeiten, Essen und Entspannung. Das Design von Schreibtisch, Lampe und Stuhl** *(unteres Bild)* **ist mit Sinn für das Ungewöhnliche ausgewählt.**

Unten: **Maßgefertigte Möbel nutzen den Raum im Schlafzimmer optimal. Schränke, Regale, Schreibtisch und Schubladen sind alle an einem Stück. Entfernen Sie den Computer und die Akten und Sie haben einen Frisiertisch.**

Gegenüber oben links: **In einem hohen Großraum kann man mit einer Zwischendecke eine abgetrennte Plattform für ein Büro bauen. Es ist weder akustisch noch visuell vom Wohnraum getrennt, aber der Höhenunterschied bewirkt eine räumliche Trennung.**

Gegenüber oben rechts: **Hier wurde eine Schlafzimmerwand zum Büro, einem kompakten Arbeitsbereich.**

Gegenüber unten: **Durch das Podium und einen Wechsel im Bodenbelag wird hier das Büro in einem größeren Raum begrenzt. Der Schreibtisch nutzt das Tageslicht optimal aus. Geräumige Regale erleichtern die Ordnung in diesem Bereich.**

Rechts: **Eine Regalwand bietet viel Platz für Bücher. In eingebauten Schüben finden kleinere Dinge und Schreibwaren Platz. Dies ist eine praktische und effektive Lösung, verschiedene Lagermöglichkeiten in einer Einheit zu kombinieren.**

Ganz rechts: **Diese einfachen Metallregale, die oft für Ladeneinrichtungen verwendet werden, passen sich jeder Umgebung an. Hier tragen sie etikettierte Kästen in verschiedenen Größen.**

Unten links: **Antiquitäten wie ein alter Gartenstuhl und ein alter Aktenschrank sorgen hier gemeinsam für ein freundliches, attraktives Büro. Die Weidenkörbe und sogar der Laptop sind in unauffälligem Grau gehalten.**

Unten rechts: **Dieser halbrunde, doppelstöckige Schreibtisch nutzt zur Verfügung stehenden Raum gut aus. Alles ist in Reichweite untergebracht.**

Möbel und Stauraum am Arbeitsplatz

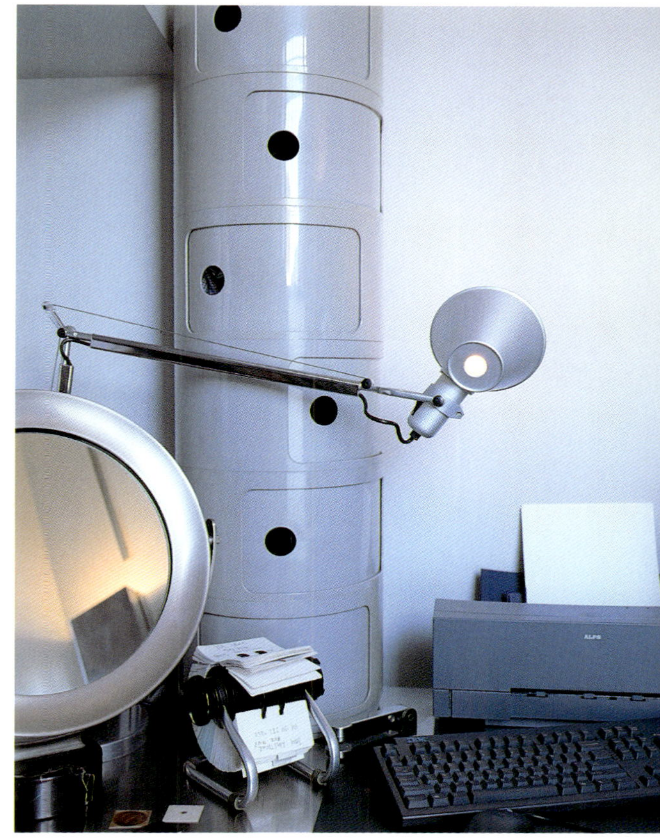

Zu Hause zu arbeiten hat einen angenehmen Vorteil: Sie können Ihre eigenen Möbel und die Umgebung so gestalten, wie es Ihnen gefällt. Es gibt zum Beispiel keinen einzigen Schreibtischstuhl, der sich jeder Körpergröße und -form anpasst und jedem Geschmack entspricht. Manche mögen Armlehnen, andere eine Fußstütze, und wieder andere fühlen sich eingeengt auf einem Stuhl ohne Laufroller.

Für jede sitzende Tätgkeit ist es wichtig, dass die Kombination von Stuhl und Tisch bequem ist: Der Stuhl muss eine gute Stütze sein und eine gesunde Arbeitshaltung ermöglichen. Der Tisch sollte die richtige Höhe mit Beinfreiheit haben, und es darf für Ihre Arme nicht anstrengend sein, die Tastatur zu benutzen. Er sollte groß genug sein und nicht nur Platz für eine minimale Ausrüstung mit Telefon, Computer, Tastatur und Arbeitslampe haben. Er muss stabil genug sein und nicht wackeln. All diese Kriterien sind wichtiger als Aussehen und Stilrichtung, und es lohnt sich Zeit und Energie für die richtige Wahl aufzubringen.

Das Licht ist ebenso wichtig. Wenn der Schreibtisch unter ein Fenster oder in der Nähe aufgestellt werden kann, kann das Tageslicht am besten genutzt werden, und Sie haben noch den zusätzlichen Vorteil der Aussicht. So kann der Blick mal in die Ferne schweifen und müde Augen erfrischen. Doch helles Sonnenlicht kann auch Hitze erzeugen, blenden und störende Reflexe auf dem Bildschirm hervorrufen. Monitore sollten im 90°-Winkel zur Lichtquelle stehen. Meist braucht man auch Jalousien, um die Lichtintensität zu regulieren. Andererseits sollte eine künstliche Lichtquelle stark genug sein, damit die Augen weder überanstrengt noch geblendet werden, und es sollte einstellbar sein. Die klassische Schreibtischlampe mit verstellbarem Arm und Kopf ist und bleibt eine gute Lösung.

So wie man nie zu viel Platz im Kleiderschrank haben kann, so kann man auch in einem Büro nie genug Regale, Schubladen und Aktenablagen haben. Es ist besser leere Regale zu haben, als nicht zu wissen, wohin mit den Papierbergen. Alle Utensilien und Informationsquellen, die Sie häufig brauchen, sollten vom Stuhl aus in Reichweite sein. Auch wie Sie Ihre Dokumente, Computerdisks und sonstige zu Ihrer Arbeit gehörenden Papiere ablegen, ist ganz allein Ihnen überlassen. Je mehr Sie jedoch in Schubläden, Aktenschränken und Kästen unterbringen können, desto weniger Staubfänger bleiben auf Ihrem Schreibtisch.

Oben rechts: **Ästhetik und Effizienz sind kein Widerspruch, wie man auf diesem etwas exzentrischen Schreibtisch sehen kann. Der Turm aus weißen Plastikschubladen wirkt wie eine Tischplastik, deren runde Löcher sich in der Lampe und im Spiegel wiederfinden. Selbst die Adressenrolle hat die Kurven an der richtigen Stelle.**

Rechts: **Sein interessantes Material hebt diesen schlanken Schreibtisch hervor. Die Schublade aus Holz bildet einen harmonischen Kontrast zum gestanzten Metall der Wände. Auch der Stuhl vereint in sich Holz und Metall, benutzt es aber auf etwas konventionellere Weise. Dieses stilvolle „Büro" würde gut in ein modernes Schlafzimmer passen.**

Kinderzimmer

Planen Sie die Räume für Ihre Kinder mit einem Sinn für Zweckmäßigkeit und Spaß zugleich. Vor allem aber sollten Ihre Entwürfe wandlungsfähig sein, denn die Bedürfnisse und Geschmäcker der Kinder verändern sich schnell. Auch ein kindgerechtes Spielzimmer kann ein designbewusster Wohnraum sein.

Oben: **Kinder lieben Möbel, die ihrer Größe entsprechen. Verrücktes gibt es eher in Ramschläden, während sie klassische Stühle in Fachgeschäften finden. Es gibt aber auch lackierte schwedische Kindermöbel und welche aus abwaschbarem Plastik oder Laminat.**

Oben rechts und Mitte: **Aktive Kinder brauchen auf dem Fußboden viel Platz zum Spielen, sei es in einer Wohnlandschaft oder auf dem Dachboden. Konstruktionen wie dieses Minilabyrinth beherbergen eine gewisse Unordnung und machen Spaß. Eine riesige Auswahl an Farben und Fußböden erleichtert es, eine farbenfrohe Kinderwelt zu schaffen.**

Rechts: **Wichtig für das Zusammenleben von Erwachsenen und Kindern ist ein gutes Aufbewahrungssystem. Einbauschränke sehen ordentlicher aus als offene Regale. Experimentieren Sie mit ungewöhnlichen Türen aus Stahl, Plexiglas oder lackierten Spanplatten mit Abziehbildern.**

Großes Bild: **Im Wintergarten haben die Kinder immer Tageslicht. Die Umgebung muss nur gut lärmgeschützt sein.**

Platz zum Spielen

Ein guter Spielbereich bietet viel Platz für Aktivität und einen ruhigen Platz mit Tischen, wo die Kinder lesen, schreiben und lernen können. Nur wenige von uns können den Kindern ein eigenes Zimmer bieten, und in die heutigen offenen Wohnlandschaften kann man auch Spielbereiche integrieren. Dabei brauchen Sie Ihren eigenen Stil nicht aufzugeben, sondern sich mit Ihren Möbeln und Böden nur insofern anpassen, dass Ihre Kinder sich frei und sicher bewegen können – und Ihre Nerven schonen!

Passen Sie den zur Verfügung stehenden Platz den Bedürfnissen der Kinder an. Kann zum Beispiel der Essplatz an die Wand geräumt werden, damit die Kinder ungehindert hindurchlaufen können, oder kann das Sofa gegen einen Fensterplatz eingetauscht werden, um die Spielfläche auf dem Boden zu vergrößern? Denken Sie auch immer an die Sicherheit der Kinder. Ist die Spielzone weit genug von der Küche entfernt? Sind Kabel und Teppiche gesichert? Ein direkter Durchgang nach draußen ist eine große Verführung, genauso wie die Treppe nach unten!

Es ist wichtig, dass alle Oberflächen von der gestrichenen Wand bis zu den Küchenschranktüren leicht abzuwischen sind. Kinder verbringen viel Zeit auf dem Fußboden. Darum sollte er pflegeleicht und bequem sein. Laminat oder Parkett, farbenfroher Kautschuk oder Linoleum oder auch Kalkstein (mit Fußbodenheizung) sind gute Lösungen. Legen Sie, wenn möglich, eine weiche Brücke auf den Boden und schützen Sie Ihren wertvollen Esstisch mit einer Tischdecke aus Wachstuch. Wenn Sie einen neuen Tisch kaufen, entscheiden Sie sich für Laminat, Zinn, Stahl oder eine lackierte Spanplatte. Sie alle lassen sich leicht schrubben. Schützen Sie auch Ihre Polster vor klebrigen Fingern mit losen Überwürfen. Zu den strapazierfähigen Stoffen gehören Segeltuch aus Baumwolle, Jeansstoff oder Drillich.

Aufbewahrungsmöglichkeiten genau zu planen ist sehr wichtig, nicht nur für Spielzeug, sondern auch für sperrige Dinge wie Musikinstrumente. In die Regale sollten Behälter wie Körbe und Kunststoffboxen passen. So ist das Spielzeug leichter zu sortieren. Stellen Sie die Lieblingsspielzeuge und Bücher auf die unteren Regale, damit sich die Kinder selbst bedienen können. In Einbauschränken können Sie verschieden große Boxen verstauen. Praktisch sind auch maßgefertigte Nischen für Bücher. Doch Aufbewahrungsmöglichkeiten müssen nicht fest installiert sein. Auch Truhen, Kommoden oder Spinde sind gute Lösungen.

Zimmer für Babys und Kleinkinder

Kinder brauchen in den ersten Lebensjahren nicht viel in ihrem Zimmer. Konzentrieren Sie sich also erst mal auf eine Grundausstattung an Möbeln – Kinderbett, Platz für Kleidung, Wickeltisch und Hochstuhl – und achten Sie dabei auf pflegeleichte Oberflächen. Das vorrangige Ziel ist, eine ruhige Umgebung für das Kind und Sie zu schaffen.

Der wichtigste Kauf ist das Kinderbett. Es gibt viele Modelle auf dem Markt. Sie müssen nur für sich die Vorauswahl treffen, ob das Bett mit dem Kind bis zu einem Alter von vier oder fünf Jahren mitwachsen soll. Verschwenden Sie kein Geld für eine Wickelkommode, die Sie in zwei Jahren nicht mehr brauchen. Eine weiche Wickelunterlage auf einem niedrigen Schubladenschrank erfüllt denselben Zweck. Babys und Kleinkinder brauchen auch keinen besonderen Schrank. Die Kleidung können sie genauso gut in Körben, und die wiederum in Regalen aufbewahren, oder in einem Schubladensystem, das mit dem Kind wächst.

Versuchen Sie die üblichen „Babymotive" auf Tapeten oder Stoffen zu meiden. Ihr Kind wächst in nur wenigen Jahren aus ihnen heraus. Heute streicht man die Wände lieber in weichen Pastelltönen oder klaren Grundfarben, kombiniert sie mit viel Weiß und dekoriert sie mit poppigen Motiven. Sie können sie auch freihändig bemalen und bunte Stoffe auf die Rollläden kleben. Der Fußboden sollte neutral und pflegeleicht und der Teppich weich sein, aber auch eine lustige Brücke auf einem Holzfußboden ist schön.

Statt einheitliche Bettwäsche zu kaufen, greifen Sie lieber zu Laken, Decken, Gitterpolstern und Steppdecken in farblich aufeinander abgestimmten Kombinationen. Nach einem Jahr können Sie dann ein Kopfkissen und ein Federbett dazukaufen. In Kinderfachgeschäften finden Sie eine reiche Auswahl von Bettwäsche in kräftigen Farben oder Pastelltönen, modernen Fleece und bunte Steppdecken.

Sie müssen auch natürliches wie künstliches Licht kontrollieren können. Einfache Vorhänge – einfarbig, kariert oder mit abstraktem Kindermuster – sollten kombiniert werden mit weißen Jalousien zum Abdunkeln, mit denen Sie für den Mittagsschlaf das Tageslicht gänzlich aussperren

Oben und oben links: **Leuchtende Grundfarben und Abtönungen stimulieren die Kinder und passen gut in ein modernes Heim. Kombinieren Sie eine farbige Wand entweder mit Weiß oder mit Kontrastfarben. Schubladenkommoden aus Kunststoff (Polypropylen), Plastikstühle und moderne Jalousien bieten sich als Farbträger an und sind kindgerecht.**

Oben: **Wenn zum Gesamteindruck des Hauses eher sanfte Farben passen, greifen Sie lieber zu gedämpften Pastell- als zu kitschigen Rosa- und Hellblautönen. Gedämpfte Farben passen auch besser zu den unvermeidlich grellen Farben mancher Spielzeuge.**

Oben links und rechts: **Kinderaugen brauchen leuchtende Farben, z. B. bunte Streifen, Fähnchen, handgemalte Motive oder Riesentupfen an der Decke. Da Babys die meiste Zeit auf dem Rücken liegen, geben Sie ihnen etwas, womit sich die Augen beschäftigen können.**

Links und rechts: **Stauräume sollten praktisch und einfach sein. Säuberlich gestapelte Regalelemente sind genauso leicht zugänglich wie Haken, kleine Nischen oder Körbe.**

können. Andere einfache Lösungen sind Lamellenvorhänge, Falt- oder Stabrollos. Bauen Sie einen Dimmerschalter für die Deckenbeleuchtung ein und stecken Sie ein lustiges Nachtlicht in die Steckdose. Spaß macht auch eine blinkende Lichterkette.

Übertreiben Sie es nicht mit den Dekorationen im Kinderzimmer. Es ist schöner, eine eigene Schatzsammlung aus Weihnachtsgeschenken oder Familienfotos anzulegen, die mit den Jahren ergänzt wird. Dennoch möchte jedes Baby stimuliert werden. Mobiles, aufgereihte Fähnchen, Malereien von älteren Geschwistern oder ein Regal voller Stofftiere haben eine große visuelle Anziehungskraft.

Mädchenzimmer

Die meisten Mädchen wissen sehr gut, was ihnen gefällt. Fragen Sie Ihre Tochter nach ihren Lieblingsfarben und einigen Sie sich auf eine Lösung, die Ihnen beiden gefällt. Kinder ändern ihren Geschmack sehr schnell. Darum sollten Sie übertriebene Modeerscheinungen nicht mitmachen. Ein neutrales Dekor kann man leicht ändern. In einem Zimmer mit weißen Wänden kann man eine Wand ein Jahr limonengrün und im nächsten scharlachrot anstreichen. Farbenfrohe Vorhänge, die mit einfachen Haken angebracht sind, können durch geblümte Baumwollstoffe ersetzt werden.

Gegenüber und links: **Kinder mögen Zimmer, die einem Thema gewidmet sind, aber reduzieren Sie Mädchen nicht auf eine Grotte voller Feen. Wandbilder von Booten, Burgen oder Baumhäusern sind viel aufregender.**

Oben rechts: **Behandeln Sie ältere Mädchen wie Erwachsene und geben Sie ihnen eine Art Doppel- oder Himmelbett oder ein geblümtes Moskitonetz. Das hilft ihnen, sich vom Kind zum Teenager weiterzuentwickeln.**

Von oben im Uhrzeigersinn: **Kleine Mädchen lieben hübsche Farben, aber es muss nicht unbedingt Rosa sein. Sanfte gräuliche Blautöne, Flieder, Vanillegelb oder Grasgrün sind gute Alternativen. Geben Sie einem Mädchenzimmer einen zeitgemäßeren Anstrich, indem Sie Blumendrucke durch Blätter und Schmetterlinge ersetzen und mit Karos, weiß gestrichenem Fußboden oder Holztäfelung kombinieren.**

Machen Sie das Bett zum Herzstück des Zimmers. Es ist die Ruhezone des Kindes und sollte gemütlich sein. Kleine Mädchen mögen verschnörkelte Messinggestelle oder Nischenbetten, während Teenager Hochbetten oder Schlafplattformen schicker finden. Wenn das Zimmer einen Boudoircharakter haben soll, können Sie ein Himmelbett aufstellen und mit Lichterketten behängen. Lassen Sie Mädchen ihre Bettwäsche selbst aussuchen.

Wenn Sie genug Platz haben, stellen Sie einen niedrigen Tisch zum Basteln auf. Auch eine riesige Pinnwand macht ihnen Freude. Überziehen Sie den Kork mit einem leuchtenden Stoff, oder nehmen Sie eine beschichtete Stahlwand und bunte Magnete, wie sie heute modern sind.

Jungenzimmer

Das Bett ist die Hochburg in einem Jungenzimmer. Gestalten Sie es also so aufregend wie möglich. Beauftragen Sie einen Tischler, aus einem einfachen Bett und Pressspanplatten ein Raumschiff oder Auto zu bauen, das mit etwas Spraylack sehr robust sein kann. Besser noch ist ein Hoch- oder Plattformbett, unter das sie einen Schreibtisch mit Computer stellen können. Leitern, Seile oder Rutschen sind willkommene Spielmöglichkeiten. Ältere Jungen mögen vielleicht lieber ein Holzbett im Schlittenstil, ein Metallgestell oder eine Art Feldbett im Militärlook.

Beschränken Sie sich auf wenige Möbel, damit genug Platz zum Spielen bleibt. Wandregale und Haken können einen Schrank ersetzen, und wenn Sie eine Kommode auf Laufrollen setzen, kann sie zum Spielen zur Seite weggeschoben werden. Mit Autos kann man besser auf harten Böden als auf einem Teppich spielen, und für umfangreiche Lego-Baustellen sollten Sie Ihrem Sohn einen flachen Tisch mit strapazierbarer Oberfläche aus Zink, Stahl oder Pressspanplatten bereitstellen.

Jungen brauchen Aufbewahrungsmöglichkeiten, die es ihnen leicht machen, Ordnung zu halten. Helfen Sie ihnen, die unzähligen kleinen Spielsachen zu verstauen, indem sie eine sinnvolle Einteilung vorgeben. Das können offene Regale mit kleinen Boxen, Kommoden mit vielen kleinen Schubladen oder – für älteren Jungen – Schreibtischunterschränke aus Metall mit Rollen sein. In größeren Kisten und Truhen auf dem Boden lassen sich schnell größere Teile wie Pullover und Schuhe verstauen. Wenn Sie

Oben und rechts: **Vermeiden Sie Tapeten mit Mustern, an denen man sich schnell satt sieht. Sehen Sie einfarbige Wände als Leinwand, die alle Launen und Trends aushalten kann. Sie können in leuchtenden Farben oder einfach weiß gestrichen werden. Dann ist es einfacher, die Veränderungen mit Motiven in Bettwäsche, Kissen, Vorhängen oder Stuhlbezügen auszuleben.**

Von oben im Uhrzeigersinn: **Es gibt eine riesige Auswahl an Betten. Nicht nur in Kinderfachgeschäften, auch unter gebrauchten Möbeln kann man gut aufbereitete alte Betten finden oder man kann sich vom Tischler eines anfertigen lassen. Aus lackierten Spanplatten, Sperrholz oder Holzpaneelen lassen sich Betten überall einbauen und Stauraum darunter kann gleich mit berücksichtigt werden. Ältere Jungen mögen lieber klassische Betten aus Holz oder Spanplatten, die im Laufe der Jahre immer mal wieder anders angestrichen werden können. Einfarbige Wände lassen sich gut mit lustigen Dingen dekorieren. Ein Punchingball, ein Tischfußballspiel oder eine große Fahne wird so zu einem farbenfrohen Dekoartikel.**

keinen Platz für Schränke haben, suchen Sie nach flachen Spielzeugbehältern auf Laufrollen, die man unter das Bett schieben kann.

Kommen Sie nicht in Versuchung, das Jungenzimmer mit den neuesten Cartoonfiguren zu dekorieren, denn das Kind wird sehr schnell über Batman hinauswachsen. Helfen Sie Ihrem Sohn, passende Farben auszusuchen. Für den angehenden Seemann können Sie Bullaugen auf die Wände malen und mit Dekorationen helfen, auf Schiffsplanken zu laufen. Geben Sie nur nicht zu viel Geld dafür aus. Dann fällt es Ihnen leichter, die Dekoration zu ändern.

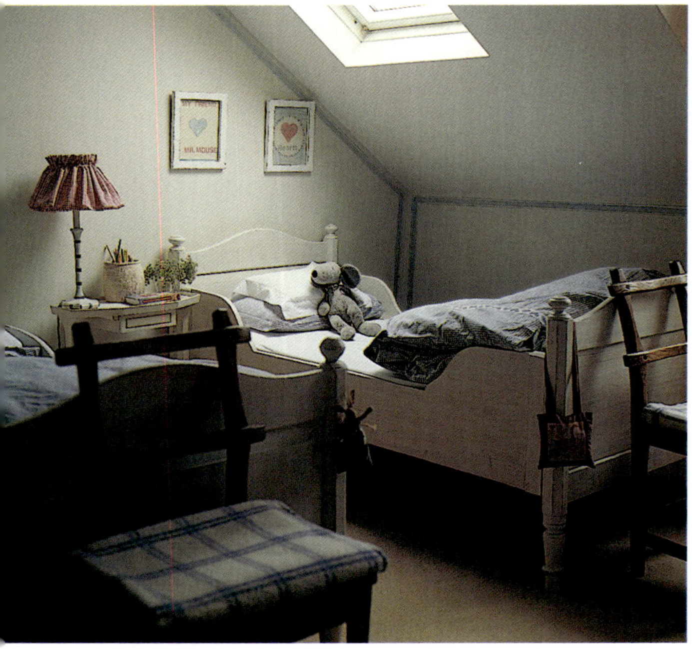

Links von oben bis unten: **Wenn sehr kleine oder gleichgeschlechtliche Kinder sich das Zimmer teilen, ist es für alle Beteiligten am einfachsten, wenn sie gleiche Betten, Lampen, Schreibtische und Regale bekommen. Individueller kann man Kissen oder Wäschebeutel mit aufgestickten Buchstaben, Bettwäsche und Handtücher durch verschiedene Farben und die Betten mit großen hölzernen Namensschildern gestalten.**

Ganz oben rechts: **Wenn zwei oder mehr Kinder sich ein Zimmer teilen, kann es Spaß machen, es als Schlafsaal oder Ferienlager zu gestalten. Dafür brauchen Sie von Schulen ausrangierte Metallrahmen für die Betten, Spinde als Schränke, einfache Stühle und für jedes Kind einen mit seinen Initialen gekennzeichneten Schrankkoffer für die Spielsachen. Lassen Sie bei der Gestaltung des eigenen Schlafbereichs auch individuelle Entfaltung zu: Bettdecke, Plakate von Idolen, Urkunden und ein Regal für persönliche Sammlungen.**

Oben rechts und rechts: **Wenn ein Junge und ein Mädchen sich ein Zimmer teilen, beugen Sie Streitereien vor, wenn Sie für beide dieselben Möbel kaufen und jedem Kind erlauben, seinen Bereich farblich und dekorativ selbst zu gestalten. Für Mädchen sind leuchtende Farben von Pink bis Orange geeignet, während für Jungen neutrale Farbtöne von Khaki bis Dunkelgrau besser sind. Außerdem passen beide gut zusammen und alle sind glücklich.**

Links und rechts: **Zu einer idealen Kombination von Aufbewahrungsmöglichkeiten gehören Schränke für Kleidung und sperrige Spielzeuge, offene Regale für Bücher und eine Kommode mit Schubladen. Ein Kinderzimmer zu möblieren macht mehr Spaß, wenn man sich nicht auf teure Fachgeschäfte beschränkt. Es gibt alte Möbel in fast allen Grundfarben, die auch schon etwas gebraucht aussehen. Auch ausrangierte Möbel kann man bunt streichen, und sie halten meist viel aus, ohne dass man ihnen ihr Alter anmerkt.**

Gemeinsame Zimmer

Die meisten Kinder teilen sich gern ihr Zimmer, aber dann müssen die Eltern den zur Verfügung stehenden Platz mit viel Feingefühl einteilen. Es ist absolut notwendig, dass jedes Territorium klar abgegrenzt ist, denn jedes Kind braucht das Gefühl, einen eigenen Bereich zu haben. Ob Sie den Raum in der Mitte halbieren oder nach anderen Kriterien trennen, gestalten Sie die Trennung lustig, aber fair. Kleine Kinder mögen eine farblich gekennzeichnete Aufteilung oder eine aufgemalte Linie auf dem Fußboden. Ältere Kinder mögen lieber eine Trennwand.

Berücksichtigen Sie bei der Aufstellung der Betten Alter und Vorlieben der Kinder. Jüngere Kinder mögen vielleicht lieber parallel oder über Eck stehende Betten mit einem gemeinsamen Nachttisch dazwischen. Auch Hochbetten oder eine Schlafplattform mit je einer Matratze an jedem Ende sind eine beliebte Möglichkeit. Ältere Kinder wollen meist lieber getrennte Betten auf beiden Seiten des Zimmers.

Wenn die Farben sich nicht beißen, kann jedes Kind eine Wand in einer eigenen Farbe streichen. Die Gestaltung kann etwas schwierig sein, wenn ein Junge und ein Mädchen sich ein Zimmer teilen. Dann sind Karos, Punkte oder abstrakte Motive die beste Lösung. Wenn die Geschmäcker sehr verschieden sind, sollten sie nur bei der Bettwäsche oder der Farbgestaltung zum Ausdruck kommen. Bei kleinen Kindern ist eine Fantasiemalerei auf der Wand ein guter Kompromiss. Eine ganze Wand als eine Waldgrotte oder einen Straßenzug mit Autos und Geschäften zu bemalen, gefällt allen, und die Streiterei hört auf.

Flure und tote Winkel

Tote Ecken können praktisch und dekorativ sein, wenn Sie sie richtig nutzen. Sie werden feststellen, dass Sie von ihrer raffinierten Einfachheit immer wieder fasziniert sein werden. An sonnigen Tagen kann ein flüchtiger Blick aus dem Dachfenster Ihre Arbeit inspirieren. Selbst schmale Flure und Treppenabsätze können Bibliotheken und Ausstellungsräume für Sammlungen werden.

Es sind die Eingangsbereiche, Flure und Treppenabsätze, die die Atmosphäre eines Hauses vermitteln, nicht die sorgfältig entworfenen und aufwändig ausgestatteten Wohnzimmer und Küchen. Bereits wenn man durch die Vordertür ins Treppenhaus eines Hauses geht, bekommt man einen Eindruck von seinen Bewohnern und ihrer Umgebung.

Darum sind diese schwierigen Bereiche, die oft eng und nur spärlich beleuchtet sind, so wichtig. Sie müssen praktisch sein, um den ständigen Verkehr von Taschen über Einkaufstüten bis zum Fahrrad aushalten zu können.

Die Lösung ist einfach. Vermitteln Sie in diesen Bereichen einen Eindruck ihres allgemeinen Lebensstils – sei es der eines Minimalisten, einer bestimmten Epoche, schäbiger Schick oder was auch immer –, und reduzieren Sie Unordnung auf ein Minimum. Auf der Treppe kann bereits ein Eindruck der Zimmer vermittelt werden, in die man geht, indem die Bilder an den Wänden zum Beispiel von Schwarz-Weiß-Drucken aus dem 18. Jahrhunderts übergehen in abstrakte Motive des noch jungen 21. Jahrhunderts.

Vergessen Sie nie, dass Eingänge auch Ausgänge sind, die sowohl beim Betreten eines Raumes wie bei seinem Verlassen einladend aussehen sollen. Vernachlässigen Sie also nicht die Bereiche der Türen, die nach draußen führen.

Eingangsbereiche, Flure & Treppenabsätze

Oben: **Auf dem Weg nach draußen sollte Ihr Heim genauso interessant aussehen, wie wenn Sie nach Hause kommen. Von der Treppe aus gesehen passen in diesem eleganten Flur die neutralen Farben gut zur Fußmatte und zum Korb für Spazierstöcke. Die Urnen auf dem Garderobentisch geben ihm einen klassischen Anstrich.**

Rechts oben: **Die streng angeordneten Pflanzen werden vom Spiegel reflektiert und vergrößern den Raum.**

Rechts unten: **Selbst ein winziger Raum kann aufgeheitert werden durch helle Wände und Möbel – und freundliche Pflanzen.**

Ganz rechts: **Dieser Flur verrät die Vorliebe seines Besitzers für alte Türen und exotische Lampen.**

Oben: **Regale machen Vorräume und Treppenabsätze interessant. Mit guter Beleuchtung sind sie ideal, um Bilder und andere Stücke auszustellen.**

Oben rechts: **Dieser exotische Vorraum verlängert die Bibliothek dahinter. Er birgt nicht nur noch mehr Bücher, sondern lädt ein, weiterzugehen. Die Regale sind im Kontrast zu den weißen Bücherwänden dunkel gestrichen.**

Links: **Geschickt platzierte Spiegel vermitteln immer ein Gefühl von Großräumigkeit.**

Rechts: **Dieser obere Treppenabsatz ist ein Versteck für alte Möbel, ein voll gestopftes Regal und eine Chaiselongue – ein perfekter Ort der Entspannung.**

Dachböden, Plätze unter der Treppe & tote Ecken

Tote Ecken scheinen viel Einfallsreichtum zu erfordern, um von großem Nutzen zu sein. Hier können Sie Ihre Genialität beweisen, Ihren Sinn für Stil und Farbe. Mehr noch: Es sind ungeahnte Möglichkeiten, kleine Paradiese und unerwartete und ungestörte Ein- und Ausblicke zu schaffen. Hier können Sie Ihre Fähigkeit zeigen, dass Sie aus dem Nichts etwas erschaffen können.

Lange Zeit hat man Dachboden für romantische Künstlerrefugien gehalten. Dabei bietet dieser oberste Teil des Hauses das beste Licht, die besten Aussichten und völlige Ungestörtheit. Aber schauen Sie sich doch mal die schrägen Wände, die grobe, rein zweckmäßige Ausstattung, die kreuz und quer verlaufenden Balken näher an und spüren Sie die Anziehungskraft, die von einem Dachboden ausgeht – egal aus welcher Zeit das Gebäude stammt.

Wie der Platz unter den Treppen – diese unbeabsichtigten Extras – sollten auch Dachkammern einfach gehalten und mit Naturmaterialien ausgebaut werden. Dazu gehören geschliffene und gebohnerte Holzfußböden oder hellgrau oder steinfarben gestrichene Dielenbretter, Träger aus gebürstetem Stahl, unbehandelte Treppen und neutrale Stoffe. Lassen Sie diese Räume in ihrer Vielfalt wirken.

Dachgeschosse sind Kinder der Moderne. Auch wenn das ganze Haus im Stil des 18. Jahrhunderts eingerichtet ist, können Sie sich unter dem Dach im Bauhausstil oder im

Unten links: **Hier hat sich jemand die Dachkammer mit Bambusstühlen, liebevoll arrangierten Schätzen und alten Büchern eingerichtet. Beachten Sie den neutralen Hintergrund.**

Unten: **In diesem engen Durchgang wird der Lichteinfall durch die vielen Fenster mit Jalousien reguliert. Der hintere Raum ist viel heller. Der Schaukelstuhl wirkt einladend.**

Ganz unten: **Die weißen Anstriche und Stoffe betonen die Winkel und Strukturen dieses Schlafraums unter dem Dach und machen ihn noch heller.**

italienischen Stil der Sechzigerjahre auslassen – bei beiden Stilrichtungen kommt es auf die Form an – oder auch im abstrakten Expressionismus. Oder Sie werden nach all der Eleganz der unteren Stockwerke plötzlich rustikal. Man kann dort auch kostbare Sammlungen unterbringen, besonders wenn sie sperrig sind – von versteinerten Dinosaurierknochen bis zu Modelleisenbahnen.

Der Raum unter der Treppe und andere tote Ecken brauchen etwas mehr Sorgfalt, denn sie müssen in den Raum integriert werden. Doch sie können sehr praktisch und einladend sein. Kleine Räume wachsen bei großzügiger Behandlung. Manchmal reicht schon ein einzelnes großes Möbelstück oder der Einbau von Regalen. Andererseits kann man völlig vernachlässigte Ecken in Nutzflächen verwandeln – in einen Büroplatz, eine Näh- oder Bügelecke, ein Tauchbecken für Blumen.

Oben links: **Hier steckt ein weiches Sofa in einem Überzug, der farblich zum Treppengeländer passt.**

Oben rechts: **Holz und Metall dominieren diese kühle Küche mit Essplatz. Eine Leiter führt auf eine Galerie. Hier sollten auch die Accessoires, Geschirr und Besteck in Metall oder Weiß gehalten sein.**

Links: **Der gelbe Schrank und das Regal harmonieren mit der Treppe. Zu bunte Wäsche kann hier versteckt werden.**

Rechts: **Die Einfachheit der Kombination von Holz und Weiß macht diese Bodenkammer gemütlich und kühl zugleich.**

Wichtige Gestaltungsmittel

Farben

Die richtige Farbwahl ist die aufregendste aller Entscheidungen und zugleich die entmutigendste. Es ist auch der preiswerteste Weg, ein schnelles Ergebnis zu erzielen. Streichen Sie einen Raum völlig weiß an und Sie schaffen Licht und Weite. Streichen Sie denselben Raum in Pflaumenrot, und Sie haben das Gefühl, von den Wänden eingehüllt zu werden. Der Unterschied ist drastisch und Sie brauchen nur einen Eimer Farbe dafür.

Oben: **Die Farben scheinen hier alle Regeln über die Mischung von Dunkelrot mit kräftigem Rosa zu brechen. Denn statt sich zu beißen harmonieren diese warmen rosigen Farbtöne miteinander, weil sie einen ähnlichen Grundton haben.**

Links: **Eine ruhige Kombination von weißen Wänden, gebleichtem Holz und grünem Anstrich, die diese saubere, frische Küche zeitlos macht.**

Rechts: **Das leuchtende Vergissmeinnichtblau an den Wänden dieses Stilwohnzimmers ist der perfekte Hintergrund für den Marmorkamin und die goldenen Bilderrahmen.**

Farbenlehre

Das menschliche Auge ist erstaunlich lichtempfindlich. Es kann zwischen mehreren Millionen Farbschattierungen unterscheiden. Manche Farben zaubern ein Lächeln auf Ihr Gesicht, andere lassen Sie zusammenzucken, aber dieselben Farben können auf jemand anderen völlig anders wirken. Es ist also kein Wunder, dass die Beschäftigung damit ein nervenaufreibendes Unterfangen sein kann.

Wenn wir die Farben auf einem Rad anordnen (links), die drei Grundfarben Rot, Blau und Gelb gleichmäßig verteilen und die Lücken mit den aus ihnen gemischten Sekundärfarben auffüllen, anschließend die Zwischenräume mit Tertiärfarben, den Mischungen aus Sekundärfarben, dann werden einige sehr einfache Regeln deutlich. Von den Farben auf der blauen und grünen Seite sagt man, sie seien „kalt" und schaffen Distanz, während die auf der roten und orangefarbenen Seite „warm" sind und Nähe schaffen. Grün- und Blautöne wirken beruhigend und entspannend. Darum gibt es in Theatern und Fernsehstudios „grüne Zimmer". Auf der anderen Seite des Spektrums signalisiert Rot Gefahr, ist aber auch die Farbe der Leidenschaft.

Obwohl das Farbrad durch Mischungen unendlich viele Farben aufnehmen kann, gibt es doch nur einen Farbton. Das mehr oder weniger starke Hervortreten des Farbtons in einer bunten Farbe bestimmt die Sättigung und Lebhaftigkeit, und je nachdem wie viel Weiß oder Schwarz beigemischt wird, verändert sich ihre Helligkeit. Einerseits ist reines Gelb ein warmer Farbton, aber es gibt auch viele gelbe Schattierungen, die hart, säuerlich und sehr kalt wirken. Entsprechend gibt es eiskalte und sonnige Blautöne, hartes Weiß und sanftes Weiß, und, um es noch komplizierter zu machen, dieselben Farben können zu verschiedenen Tageszeiten, an anderen Wänden desselben Zimmers, neben einer anderen, matteren oder glänzenderen Farbe, bei Tageslicht oder bei künstlichem Licht völlig anders aussehen.

Farbtabellen bieten eine große Auswahl, aber im Grunde können sie nur zeigen, wie die Farbe auf einer Wand oder einer Tür aussieht. Darum sind Probedosen so wichtig. Malen Sie damit einen möglichst großen Flecken auf die Wand. Schauen Sie sich diesen Flecken in hellem Tageslicht und im Schein einer Tischlampe an. Wenn Sie die Farbe dann immer noch mögen, ist es wahrscheinlich die richtige. Im Notfall kann sie wieder korrigiert werden, denn wenn Ihr farbenfroher Raum Ihnen lange Zeit Freude bereiten soll, sollten es schon die richtigen Farben sein.

Oben: **Auf dem Farbrad haben die Grundfarben Rot, Blau und Gelb denselben Abstand voneinander. Die Lücken sind mit den Sekundärfarben ausgefüllt, die Mischungen aus den Farben zu beiden Seiten sind. Man kann Tertiärfarben hinzufügen, die Mischungen aus Sekundärfarben zu beiden Seiten sind. So kann man immer weiter mischen, bis die Farbunterschiede nur noch sehr gering sind. Das Farbrad ist eine große Hilfe für Raumausstatter, denn es unterteilt in warme Farben wie hier rechts und in kalte Farben (links). „Komplementärfarben" sind die, die auf dem Rad genau gegenüberliegen.**

Links: **Dieses Stil-Esszimmer verdankt seine theatralische Wirkung den Komplementärfarben Rot und Grün.**

Farbanstriche

Gegen Ende des 20. Jahrhunderts waren Farbanstriche in Verruf gekommen. Das lag zum Teil an der Mode der Achtzigerjahre, nach echten Stilmöbeln zu suchen. Dazu kam die Do-it-yourself-Bewegung, die mit ihren Büchern über Innenausstattung dafür sorgte, dass es in fast jeder Küche gelbe Wände gab, das Schlafzimmer mit Schablonen aufgetragene Umrandungen hatte und jeder Kamin, der breit genug war, auf Marmor getrimmt wurde. Plötzlich versuchte sich jeder darin, mit Stofflappen, Schwämmen oder der Punktiernadel Farbe aufzutragen. Farbanstriche wurden Opfer ihres eigenen Erfolgs, wurden wahllos und schlecht aufgetragen.

20 Jahre später hat die moderne Innenausstattung immer noch Platz für einen Farbanstrich. Wenn er maßvoll und mit der nötigen Fertigkeit aufgetragen wird, ist er ein gutes Mittel, mit Farben zu spielen und die Wand wie eine Leinwand zu behandeln.

Nicht für alle Anstriche braucht man eine Fachausbildung. Für Farbtünchen, Schwamm-, Tüpfel- oder Rolltechniken braucht man zwar etwas Übung, aber glücklicherweise keine überdurchschnittlichen Fähigkeiten. Sie müssen vor allem darauf achten, dass die Hintergrundfarbe und die aufgetragene Farbe sehr gut zueinander passen. Wenn der Kontrast zu groß ist, wirkt der Anstrich ungeschickt und sollte lieber von einem Fachmann aufgetragen werden. Es kann auch Spaß machen, mit verschiedenen Anstrichmitteln zu arbeiten. Probieren Sie mal Tafelfarben, metallische Farben oder Kalktünchen.

All diese Techniken sollten jedoch nicht die Aufmerksamkeit auf sich selbst ziehen, sondern die Farben weicher und leicht „gealtert" aussehen lassen. Darum eignen sich diese Farbeffekte besonders bei antiken Interieurs, wenn ein moderner Anstrich zu „flach" ist.

Zu den interessanteren Farbanstrichen gehören die, mit denen ein anderes Material wie Stein, Holz, Marmor oder sogar Schildpatt imitiert wird. Diese Techniken sollten Sie aber nicht selbst ausprobieren. Nur wenn sie gut ausgeführt sind, sind sie eine preisgünstige Möglichkeit, einen prächtigen Innenanstrich zu bekommen. Mit Trompe-l'œil-Malerei kann man vorhandene Vertäfelungen hervortreten lassen, indem man auf die vorstehenden Flächen einen helleren Ton aufträgt als auf die tiefer liegenden, oder schlichten Wänden antiken Glanz verleihen, indem Sie die Vertäfelung mit verdünnten Farben aufmalen. Und vergessen Sie die Fußböden nicht. Selbst die langweiligsten Spanplatten können mit einem Anstrich ein neues Design bekommen.

Oben links: **Die drei Schattierungen von Altgelb auf dieser gesprenkelten Tapete nehmen die Farben der Wände und der Tür wieder auf. Der Pergamenteffekt gibt dieser Fläche Tiefe und Struktur.**

Unten links: **Die Felder dieser Profiltüren werden durch drei verschiedene Farben und Effekte hervorgehoben. Das mittlere Feld wurde rosa gestrichen und gekämmt, um es wie gewässerte Seide aussehen zu lassen.**

Links: **Ein Ausschnitt der ganz links abgebildeten Beschichtung mit Blattgold und Blattsilber. Sie wurde direkt auf den dunkelblauen Anstrich aufgetragen und sanft mit Stahlwolle poliert, um ihr einen antiken Look zu geben. Mit derselben Technik kann man jeden Farbanstrich älter aussehen lassen.**

Oben: **Dieses georgianische Interieur mit seiner Originaltäfelung bekam ein Facelifting mit einer kühnen Kombination aus dunkelblauem Farbanstrich und Blattsilber. Blattgold setzt luxuriöse Glanzpunkte.**

Rechts: **Mit Farbanstrichen kann man auch kantigen Räumen eine warme Atmosphäre geben. Die Betonpfeiler dieser ehemaligen Fabrik wurden so gestrichen, dass sie wie alte Steinsäulen aussehen.**

Neutrale Farben

Zu den stilvollsten Gestaltungen gehören solche, die sich auf Naturfarbtöne beschränken, die wir neutral nennen. Das sind die Farben von Stein, Sand, Holz, Fell und Erde, also Braun, Grau und gebrochenes Weiß.

Wenn man sich streng an eine solche Palette hält, die alle leuchtenden Farben und Grundfarben ausschließt, hat das viele Vorteile. Wie eine Frau, die nur Schwarz trägt und damit nie das Problem hat, passende Schuhe und Handtaschen zu finden, wird auch ein in neutralen Farben gehaltenes Zimmer nie geschmacklos aussehen. Im Gegensatz zu kräftigen Farben beißen sich neutrale Farben nie und kämpfen auch nicht um die Aufmerksamkeit des Auges. Darum werden diese Farbzusammenstellungen auch immer als harmonisch beschrieben. Die traditionelle japanische Innenausstattung setzt auf die weichen Farben von Binsen, Holz, ungebleichtem Papier und strahlt darum eine ruhige Schönheit aus.

In den Achtzigerjahren hatte die dekorative Innenausstattung mit ihren Musterstoffen und Brücken, lebhaften Tapeten und unruhigen Farbanstrichen ihren Höhepunkt erreicht. Seitdem entfernt sich der Trend von zu vielen Mustern hin zu einem einfachen und schlichten Look. Es

Rechts: **Auch neutrale Farben können Wärme und Eleganz verbreiten. Obwohl die Wände in diesem Wohnzimmer mittelgrau sind, wirkt es nicht kalt, da es ein sanfter, freundlicher Farbton ist. Die Kontraste in der Struktur liefern die gerippte Brücke und die gelbbraunen Polster, während die Weißtöne des Couchtisches und der Satinkissen für den farblichen Kontrast sorgen.**

Links: **Dunkles Schokoladenbraun und Weiß – eine klassische Farbkombination mit derselben Eleganz wie Schwarz und Weiß, nur nicht so hart. In diesem Wohnzimmer dominiert das blassgoldene Holz, wozu die Brauntöne von Honiggelb bis Schwarzbraun gut passen, während die weißen Wände das Licht verstärken, das durch das große Fenster fällt. Die schweren Samtvorhänge und die breit gerippten Kordpolster geben dem Raum Gemütlichkeit.**

Links und oben rechts: **Ein elegantes Wohnzimmer mit strenger Farbpalette von Schwarz, Braun und Weiß. Die harten und weichen, glänzenden und matten Farbtöne wirken kontrastreich und harmonisch zugleich. Das Scharlachrot der Ranunkeln wirkt, als wäre es angestrahlt.**

Mitte rechts und oben: **Die blassen Creme-, Elfenbein-, Braun- und Grautöne wirken kühl und klassisch. Ein solcher Raum muss absolut gepflegt sein.**

kommen Naturmaterialien wieder in Mode, Holzfußböden werden wieder aufpoliert oder nur mit einer Brücke belegt. Auf dem Küchenfußboden hat Kalkstein die bunten Kacheln und das Linoleum verdrängt, und statt zu Chintz greift man zu cremefarbenem Kaliko oder taupefarbenem Leinen, statt zu Teppichfußböden zu Teppichen aus Seegras und Sisal. Bücherregale und alte Küchenschränke werden nicht mehr angestrichen,

sondern das blanke Holz wird höchstens imprägniert und leicht gebohnert, damit die Maserung zur Geltung kommt. Wenn man die warmen Farbtöne dieser Naturstoffe in neutrale Farben einbettet, kommen sie am besten zur Geltung.

Es ist aber gar nicht so leicht, neutrale Farben zu kombinieren. Ihre Zusammensetzung ist zwar kein Balanceakt, aber sie sind auf andere Art anspruchsvoll. Die richtigen Farben, Teppiche und Polster auszusuchen, kann genauso schwierig sein wie ein Cocktail aus Blau-, Rot- oder Grüntönen. Weiß ist darum der ideale Hintergrund für neutrale Farbkompositionen.

Dutzende von weißen Schattierungen können den unerfahrenen Innendekorateur verwirren. Dazu gehören auch die antiken Weißtöne, die überhaupt nicht weiß sind. Möchten Sie lieber ein helles oder ein altes Weiß, ein graues oder ein braunstichiges Weiß, oder soll Ihr Weiß einen Hauch von Pfirsich oder gar Malve haben? Eine einfache künstlerische Lösung ist, ein billiges strahlendes Weiß zu nehmen und zu warten, dass es verblasst. Auch Taupe ist eine Farbe, die man nur schwer in der richtigen Schattierung findet – manche haben einen Stich ins Rosa oder Blaue und andere sind zu gelbstichig. Wie andere Farben auch, muss man die neutralen Farbtöne ausprobieren.

Für das Auge mag eine neutrale Farbkomposition angenehm beruhigend sein, aber ein Mangel an Kontrasten kann auch reizlos wirken. Darum müssen Sie ganz besondere Sorgfalt bei der Auswahl von Formen und Strukturen walten lassen. Genau wie ein Schwarzweißfoto den Knochenbau und die Hautbeschaffenheit eines Menschen betont, konzentriert sich das Auge in einem neutral gehaltenen Raum auf Formen, Arrangements und Lichteffekte, denn es wird nicht durch Farben abgelenkt. Darum eignen sich neutrale Farben besonders für architektonisch ausgefallene Räume, in denen man sich auf die Schönheit der Proportionen und auf Attraktionen wie Fenster und Kamine konzentrieren soll.

Ihr Auge braucht Kontrast, und wenn es den nicht in der Farbe findet, dann können Strukturunterschiede zwischen glatt und rau, weich und hart, faserig und seidig genauso befriedigend sein. Ein Raum mit schimmerndem Holzfußboden, glänzenden Lederpolstern und glatt verputzten Wänden bietet dem Tastsinn keine Abwechslung. Bringen Sie dicke Samtkissen, ein dickes cremefarbiges Schafsfell und einen Lampenschirm aus Pergament in ein solches Zimmer und schon wird aus einer Krankenhaussterilität eine freundliche und einladende Atmosphäre. Textilien sind demzufolge sehr wichtig bei einer farblich neutralen Innenausstattung. Kombinieren Sie zum Beispiel dicken Kordsamt mit glänzendem Satin, grobes Leinen mit weichem Veloursleder, rauen Tweed mit mattem Filz. Es gibt unendlich viele Möglichkeiten, statt mit Farben mit Stoffen Gefühlskontraste zu schaffen.

Eine erfolgreiche Komposition von neutralen Designs sieht zeitlos und teuer aus. Und wenn Sie Ihre Interieurs leid sind, können Sie mit nur wenig Farbe drastische Akzente setzen, sei es mit einer Vase voller Mohnblumen oder mit perlenbesetzten Hausschuhen.

Links: **Diese offene Küche wird bestimmt durch die wuchtigen Eichenregale. Der warme Farbton und die strenge Maserung halten die Küche optisch zusammen, da sich beide auch an den Fronten und im Fußboden wiederfinden. Das frische Grün verstärkt den naturverbundenen Eindruck, während die blassen Töne auf der Wand, im Teppich und im Geschirr die Lichtfülle reflektieren.**

Unten: **Die Farbpalette ist das Geheimnis der Eleganz dieses Zimmers. Schwarz, Dunkelblau und zwei Brauntöne bilden einen starken Kontrast zum weißen Anstrich und der hellen Tagesdecke. Zwischen diesen Extremen von Licht und Dunkelheit balancieren die mittelkräftigen Farbtöne im Holzfußboden und an den grauen Wänden.**

Gegenüber links: **In diesem Raum dominiert der kastanienbraune Glanz des Kirschbaumholzes. Die cremefarbigen Polster wirken kühl und modern, sind aber nur mit waschbarem losen Überwurf praktisch.**

Oben: **Ein harmonisches modernes Wohnzimmer. Die Naturmaterialien setzen farblich wie strukturell starke Akzente – das Holz der Treppe, der antiken Leiter und des Couchtisches und der sandfarbene Kalksteinboden. Ähnlich sanfte Farben sind das weiche Grün und das rauchige Blau der gestreiften Polster.**

Kalte Farben

Zu den kalten Farben zählen Weiß, Grau und helle, wässrige Blau- und Grüntöne, die uns an gläserne Wasserbecken, eiskalte Flüsse und den bleichen Sonnenaufgang im Winter erinnern. Als Innendekoration können sie kalt und sogar kahl wirken, aber vorsichtig eingesetzt können diese Farbtöne eine zarte Schönheit entwickeln.

Reines Weiß, die Farbe von Schnee, Frost und Wolken, ist die beliebteste Farbe für Innenanstriche, sei es der einfache Anstrich in einem Cottage oder seien es die weißen Emulsionen, mit denen in der klassischen Architektur einer Eingangshalle von Robert Adam Akzente gesetzt werden. Weiß reflektiert das Licht fast genauso gut wie Spiegel es tun, und es vermittelt den Eindruck von Weite. Weiße Wände schaffen Distanz und weiße Decken Höhe. Darum werden fast alle Decken weiß gestrichen, egal welche anderen Farben in einem Raum vorkommen. Enge dunkle Ecken, Keller mit niedriger Decke, geduckte Dachkammern, Innenbadezimmer – überall kann man mit einem einfachen weißen Anstrich die Illusion von Licht und Weite erzeugen.

Selbst in bunten Wohnungen sind die meisten Badezimmer weiß. Weiße Sanitäreinrichtungen sind immer noch die Klassiker, auch wenn es sie schon seit Beginn des 20. Jahrhunderts gibt, als Hygiene eine relativ neue Bedeutung bekam. Ein weißes Badezimmer vermittelt den Eindruck von Sauberkeit und es muss auch tatsächlich sauber gehalten werden. Genauso wie ein weißes Laken, Hemd oder Handtuch durch den kleinsten Fleck ruiniert ist, braucht ein weißes Interieur viel Pflege. Ohne Fingerabdrücke und Schmutzspuren wirkt ein weißes Zimmer angenehm frisch.

Zu den erfolgreichsten Innendesigns, die Weiß mit anderen kalten Farben harmonisch miteinander verbinden, gehören die schwedischen Raumausstattungen des späten 18. Jahrhunderts (bekannt geworden als gustavianischer Stil). Belebt mit Spuren von Gold und dem milchigen Glanz der weiß gekachelten Öfen liegt der Reiz dieser Wohnräume in der Helligkeit einer Palette blasser Farben, kombiniert mit den Wärme ausstrah-

lenden Holzfußböden, gewebten Teppichen und der verblassten Patina alter lackierter Möbel. Ergänzt durch gestreifte und karierte Stoffe vereint dieser Look die Einfachheit des Modernismus mit Gemütlichkeit und einem Sinn für Tradition.

Eine zeitgemäßere Wirkung wird erzielt, wenn man dieselben kalten Farben mit modernen hellen Holzmöbeln, leichten Metallaccessoires oder sogar Plexiglas kombiniert. Schwarzweißfotos, Kohle- und Federzeichnungen oder Gravuren passen sehr gut in diese Umgebung.

Ganz oben links: **Holz in weichem lasierendem Blau und gelbliche Wände bringen ein Maximum von Licht und Raum in diesen luftigen Flurbereich. Auch die weißen Bodenbretter reflektieren das Licht.**

Oben links: **Altes Blau und das weiße Porzellan machen sich gut in dieser sonnigen Küche. Ein blasseres Blau verbindet Schrank und Tische.**

Gegenüber: **Die grünen, blauen und weißen Farben wirken in diesem Raum eher erfrischend und hell und nicht kalt.**

Oben: **Die verschiedenen Blautöne vom dunklen Marineblau des Baldachins bis zum Rauchblau des Läufers kontrastieren in diesem einfach gehaltenen Schlafzimmer mit den weißen Möbeln.**

Links: **Weiß, die Farbe der Reinheit und Sauberkeit, passt in jedes Badezimmer. Weiße Handtücher vermitteln genauso wie weiße Hemden einen Eindruck von Luxus – wahrscheinlich, weil sie so oft gewaschen werden müssen.**

MICHELANGELO
HENRI MATISSE
Kalevala

Warme Farben

Gegenüber oben links: **In diesem Wohnzimmer sind die hellgelben Wände relativ gedämpft, doch die Sofas strahlen in fruchtigen Orange- und Rosatönen.**

Gegenüber oben rechts: **Sattes Goldgelb ist für eine Küche sehr gewagt. Eingerahmt von weißen Fliesen und dem Karamellbraun des Fußbodens blenden die Schränke und Wände das Auge wie helle Sonnenstrahlen.**

Gegenüber unten: **Rot eignet sich gut für Räume, die abends genutzt werden, weil sie Wärme und Behaglichkeit ausstrahlen wie diese himbeerrote Bibliothek.**

Rechts: **Orange und Schwarz ist eine klassische Kombination. Die blassen Farben der Möbel hellen die Wirkung auf.**

Unten: **Solche kräftigen Farben sind nur etwas für Mutige.**

Auf der rot-, gelb- und orangefarbenen Seite des Farbspektrums sind die kräftigen, lebhaften und warmen Farben. Sie zaubern ein Lächeln auf Ihr Gesicht und sind so fröhlich und extrovertiert, dass man sie nicht übersehen kann. Sie sind zwar wegen ihrer Kräftigkeit nicht jedermanns Geschmack, aber wenn man ihnen genug Vertrauen entgegenbringt, holen sie auch an grauen Tagen die Sonne ins Zimmer und Gemütlichkeit in die reizlosesten Räume.

Von allen warmen Farben ist Gelb wahrscheinlich die zugänglichste. Es ist aber auch die Farbe, mit der man völlig falsch liegen kann. Das warme Gelb einer Butter- oder Sonnenblume kann die

Stimmung heben, aber es gibt auch helle Gelbtöne, die so säuerlich sind, dass einem schwindelig wird. Darum sollte man Gelbtöne meiden, die auch nur einen Hauch von Blau oder Grün haben, aber wie bei allen schwierigen Farben können Sie auch mit Gelb nur sicher gehen, wenn sie erst mal einen Flecken auf Ihrer Wand wirken lassen.

Dem Gelb am nächsten kommt Orange. Eine bestimmte Schattierung war in den Siebzigerjahren eine beliebte Küchenfarbe. Danach wurde diese Farbe völlig verbannt. Erst in neuerer Zeit erlebt Orange mit der Wiederbelebung des Stils der Siebziger eine Art Come-back. In der Tat ist es leichter mit Orange umzugehen als mit Gelb. Da Neonschattierungen sehr gelb sind, können sie blenden, aber es gibt Dutzende von sanfteren Orangetönen – von Terrakotta bis hin zu klarem mittelkräftigem Orange.

Rot ist die am vielseitigsten verwendbare warme Farbe. Sie kann je nach Farbton, Farbstärke und Helligkeit besänftigen oder anregen. Das strahlende Briefkastenrot ist eine so kraftvolle Farbe, dass sie nur selten für Innendekorationen verwendet wird. Mischen Sie sie jedoch mit etwas Weiß und Gelb, dann bekommen Sie einen Rosaton, der sehr gern für Empfangszimmer oder Schlafzimmer genommen wird.

Kontraste von Farben, Strukturen und sogar Möbelstilen fördern die Lebendigkeit der Interieurs. Sie erleichtern sich das Leben, wenn Sie Regeln aufstellen: nicht zu moderne Möbel, nur englische Antiquitäten aus dem 18. Jahrhundert, nur Weiß- oder nur Blautöne. Mit solchen strengen Regeln wird Inneneinrichtung zwar nicht zum Kinderspiel, aber Sie erzielen eine gewisse Einheitlichkeit. Stilmischungen sind immer eine Herausforderung, und viele Menschen trauen es sich nicht zu, Farben zu kombinieren.

Es gibt jedoch erprobte Farbkombinationen, mit denen man nichts falsch machen kann und die nie aus der Mode kommen: Gelb, Blau und Weiß, wie Monet sie in seinem Haus in Giverny benutzte, oder Grün und Rot, wie der Architekt Sir John Soane sie in seinem Londoner Esszimmer einsetzte (und wir alle es zu Weihnachten tun), sind zwei Beispiele. Einige Richtlinien sind hilfreich: Kombinieren Sie nie Blau und Grün, Rosa und Orange und nie Grund- und Pastellfarben in einem Raum. Dennoch kennen wir alle auch die Ausnahmen, bei denen diese Regeln hinfällig werden. Wie bei allen innenarchitektonischen Aufgaben liegt der Schlüssel in der Harmonie, und die kann man nur durch Erfahrung lernen, indem Sie auf Räume achten, die Ihnen gefallen, oder eine Weile mit eigenen Kompositionen leben und bereit sind, alles wieder zu verändern, wenn sie unerträglich werden.

Sanfte, blasse Farben in einem Zimmer zu kombinieren, ist leichter als mit lebhaften Tönen zu arbeiten. Fast alle bleichen und braunstichigen Farben passen zueinander, weil sie nicht miteinander konkurrieren. Darum findet man sie oft in Empfangshallen englischer Herrenhäuser, in denen verblasste Tapeten und Damastbezüge, verblichener Chintz und nüchterne Teppiche zusammengewürfelt sind. Man sollte am besten mit einer Auswahl von Pastelltönen üben. Um der Gefahr, kitschig zu werden, zu entgehen, nehmen Sie etwas kräftigere und klarere Schattierungen – also lieber Vergissmeinnichtblau als Babyblau, lieber ein braunstichiges Blassgelb als ein Kanariengelb. Diese kombinieren Sie mit kleinen Mengen dunklerer Farben, um Tiefe in den Raum zu bringen.

Farbkombinationen

Oben: **Dezente Farben in ähnlichen Tönen sind leichter zu kombinieren als kräftige Farben und können auch sehr reizvoll sein. Bereiche mit unterbrochenen Farben wie Streifen und Karos geben dem Ganzen Halt.**

Links: **Grundfarben lassen dieses Esszimmer im Shaker-Stil überraschend intellektuell wirken.**

Oben: **Kraftvolle, kostbar schimmernde Farben aus dem wärmsten Bereich des Farbrads kontrastieren mit dem kühlen Aquamarin der Glasscheiben und Paneele. In diesem Wohnraum mit eher geschäftsmäßigem Touch wirkt die Wärme von Rot, Orange und Gelb sehr einladend.**

Links: **Die Farbabstufungen dieses Sofas setzen sich auf der Wand fort. Die Wirkung ist überraschend und äußerst raffiniert.**

Das können Sie mit entsprechendem Mobiliar erreichen. Blasse Farben passen gut zusammen, weil sie meist dieselbe Sättigung haben. Wenn Sie sie mit zusammengekniffenen Augen betrachten, scheinen sie alle dieselbe Helligkeit zu haben. Diese Ausgeglichenheit kann man auch mit kräftigeren Farben erreichen, indem man bewusst auf die Sättigung achtet. So stellt man sicher, dass keine der Farben auf Kosten der anderen alle Aufmerksamkeit auf sich zieht.

Wenn Sie kraftvolle Farben kombinieren, sollten Sie auf das Farbrad zurückgreifen und sich die Wirkung von Komplementärfarben ansehen, die sich auf dem Rad gegenüberliegen. Sie werden von Innendekorateuren gerne dazu benutzt,

Oben: **Benachbarte Farbtöne harmonieren miteinander. In diesem Esszimmer scheint auf allem eine antike Patina zu liegen. Das Pfauenblau wird durch die sanfteren Blaugrautöne in den Holzarbeiten, den gestrichenen Stühlen und der großen Obstschale gestützt.**

Rechts: **Diesem Esszimmer verleihen die kräftigen purpurroten und blauen Farbtöne eine Würde, die noch durch den Kronleuchter unterstrichen wird.**

Oben rechts: **Diese poppige Essküche vereint alle Farben: Violettrosa, Orange, Königsblau, Türkis und Blassblau. Weniger gekonnt komponiert würde diese Mischung unmöglich aussehen, aber strenge Formen und ein Balanceakt von Hell und Dunkel geben dem Raum die Gelassenheit einer abstrakten Malerei.**

ein Maximum an Kontrast zu erreichen und bestimmte Zwecke zu erfüllen. (Zum Abdunkeln einer Farbe kann man etwas Komplementärfarbe zugeben. Das Ergebnis ist weicher, als wenn Sie Schwarz nehmen.) Purpurrot und Gelb, Rot und Grün, Blau und Orange – das alles sind Paare von Komplementärfarben. Wenn sie gemeinsam auftreten, verstärken sie sich gegenseitig. Orangefarbene Kissen auf Ihrem marineblauen Sofa sorgen deshalb für einen dramatischen Effekt, genauso wenn Sie gelbes Geschirr auf eine purpurrote Tischdecke stellen. Große Flächen in

diesen Kombinationen sind nichts für zaghafte Menschen. In dezenten Mengen können sie jedoch eine Polsterlandschaft beleben.

Vielleicht sind solche ausgeprägten Kontraste nicht gerade Ihr Geschmack, aber Sie können sichergehen, dass Komplementärfarben sich nicht gegenseitig ihre Leuchtkraft nehmen, was bei anderen Farbkombinationen leicht passieren kann. Daran sollten Sie immer denken. Helle Schattierungen neben dunklen machen die Letzteren noch dunkler. Blassrosa Kissen auf einem dunkelroten Sofa vertiefen das Rot und vermitteln den Eindruck, dass es zurückweicht. Ersetzen Sie das Rosa durch schwarzen Samt und das rote Sofa sieht sofort heller aus. Um die Sache noch zu verkomplizieren, sehen Rottöne meist so aus, als wären sie näher, als sie es in Wirklichkeit sind, während Blautöne aussehen, als wären sie weiter weg.

Gegenüber unten: **Die Komplementärfarben Rot und Grün wirken dramatisch.**

Unten links: **Farbkombinationen wirken auch raumübergreifend. Neben den lebhaft roten Wänden des Badezimmers und seinem dunklen Marmorfußboden sieht man auch eine Tür und eine Wand in Blau.**

Unten: **Die dominierende Farbe in dieser mutigen Komposition ist ein dunkles, leuchtendes, sattes Kobaltblau, zu dem sich Streifen aus noch kräftigeren Farben gesellen.**

Licht verleiht unserer Welt Form und Gestalt. Es bestimmt Farben und Struktur und hat einen großen Einfluss auf unsere Stimmungen. Elektrizität hat uns die Möglichkeit eröffnet, mit künstlichem Licht zu gestalten. Kunstlicht ist nicht nur praktisch, weil es dunkle Räume beleuchtet und uns die Orientierung erleichtert, sondern es kann sie auch vorteilhaft zur Geltung bringen, schöne Gegenstände und Details hervorheben, einige Bereiche erschließen und andere aussperren. Mit Beleuchtung kann man Räume formen und die Wohnqualität verbessern.

Beleuchtung

Beleuchtungsregeln

Für die Lichtplanung spielen nicht nur Größe, Form und Ausstattung des Raumes, sondern auch seine Nutzung, die gewünschte Wirkung und das Budget eine Rolle. Eine grundsätzliche Regel: Je größer der Raum, desto mehr Lichtquellen werden benötigt. Die meisten älteren Häuser haben in der Mitte des Raumes eine Hängeleuchte. Das ist zwar sinnvoll, aber sollte durch diverse Lichtquellen unterschiedlicher Art und Höhe ergänzt werden. Bedenken Sie, dass dunkle Farbzusammenstellungen mehr Licht erfordern als helle, denn dunkle Wände und Stoffe schlucken Licht.

Grundvoraussetzung für die Planung ist eine genaue Vorstellung von der Nutzung des Raumes. Zum Beispiel sollten bei einer Familienküche, die von morgens bis abends genutzt wird, Lampen für den Essbereich, die Arbeitsflächen

Gegenüber: **Ein durchdachtes Konzept: drei Hängelampen über dem Esstisch, eine gute Arbeitsbeleuchtung in der Küche, deckenbündige Lampen über den unteren Treppen, sanftes Leselicht am Sofa im ersten Stock und ein Oberlicht, durch das die Treppe Tageslicht hat.**

Oben rechts: **Dieses Schema ist ein gutes Beispiel für dekorative Beleuchtung. Die moderne Inneneinrichtung wird ergänzt durch faszinierende Tisch- und Hängeleuchten mit mehrfarbigen gläsernen Schirmen im Stil der Siebzigerjahre. Hier ist die Beleuchtung eine der Hauptattraktionen des Raums.**

Mitte rechts: **Dimmer ermöglichen ein Höchstmaß an Kontrolle. In diesem Flur sind die Lampen voll aufgedreht, um Details wie den herrlichen Blumenstrauß im Alkoven anzustrahlen.**

Unten rechts: **Diese Treppe zieht nicht nur die Blicke auf sich, sondern wird durch die Einbaulampen an der Wand kurz über dem Boden auch erheblich sicherer. Die gute Ausleuchtung der Treppe erleichtert das Erkennen der einzelnen Stufen und gibt ihr den Charakter einer Skulptur.**

und in den Schränken eingeplant werden. Das Beleuchtungsschema für ein Gästezimmer erfordert eine Deckenleuchte oder Wandlampen und ein Leselicht. Es können auch Feinheiten und verschiedene Stimmungen eingebaut werden, natürlich stets unter Berücksichtigung der geplanten Raumnutzung. Beispielsweise werden Sie in der Küche morgens reichlich helles Licht benötigen, damit die Familie in Schwung kommt, aber abends möchten Sie vielleicht lieber ein gemütliches Licht für ein Dinner zu zweit haben. Dimmer sind hier die ideale Lösung. Es gibt nur eines, was störender ist als zu wenig Licht, und das ist zu viel Licht.

Und dann ist noch das Budget zu berücksichtigen. Im Prinzip gibt es bei der Beleuchtung keine Grenze nach oben. Zu den luxuriösesten Leuchten gehören Einbaulampen, teure klassische Designerlampen und ein computergesteuertes Bedienelement. Man kann jedoch auch gute Ergebnisse mit einer bescheidenen Anordnung stilvoller Steh- und Tischlampen aus guten Fachgeschäften, kombiniert mit einigen Wand- und Deckenleuchten erzielen.

Bei einem guten Beleuchtungssystem sollte man mit einer zentral angebrachten Deckenleuchte beginnen, um erst einmal eine Lichtquelle für die Grundausleuchtung zu schaffen. Um den Raum interessanter zu gestalten, sollten noch einige Wand-, Tisch- und Stehlampen hinzukommen. Bedenken Sie, dass Qualität, Intensität und Ausdehnung des Lichts sich auf ihre Farbkompositionen auswirken. Wenn der Raum gleichmäßig ausgeleuchtet ist, fügen Sie einige Highlights hinzu. Effekte werden durch Spots erzielt, die auf architektonische Details oder Bilder gerichtet sind.

Ganz links: **Halogenstrahler verleihen der weißen Ausstattung Klarheit und Frische. Wolframbirnen würden ein sanfteres gelblicheres Licht abgeben.**

Links: **Hier werden die traditionellen Einrichtungen und Farben durch das sanfte Licht der Stilleuchten zur Geltung gebracht. Die gläserne Hängelaterne über dem Tisch taucht den Raum in ein warmes Licht. Darunter sorgen Kerzenhalter mit dicken Kerzen für eine dezente Tischbeleuchtung.**

Unten links: **Die Beleuchtung verwandelt diese herrliche Treppe in eine umwerfend schöne Skulptur. Die einfache Tischlampe erzeugt ein sonniges Licht unter der Treppe, beleuchtet den Tisch darunter und rückt die ausgestellten Gegenstände ins rechte Licht. Als Gegenpol zur Tischlampe wurde eine Wandleuchte angebracht, dessen Lichtstrahl von rechts oben nach unten gerichtet ist.**

Nach diesen Grundregeln für Beleuchtungskonzepte können Sie verschiedene Stimmungen erzeugen. Da unsere Vorfahren sich sehr nach dem Rhythmus von Sonne und Mond richteten, reagieren wir entsprechend gut auf helles Sonnenlicht oder elektrisches Licht. Wenn es dunkel wird, verlangsamen sich unsere Körperfunktionen. Natürlich hat das elektrische Licht unsere Tage künstlich verlängert, aber wir reagieren weiterhin empfindlich auf Lichtintensität. Wir wissen instinktiv, dass helles Licht Bewegung bedeutet und gedämpftes Licht beruhigt.

Sie sollten wissen, welche Beleuchtungsarten es auf dem Markt gibt, wenn Sie Stimmungen erzeugen wollen. Es gibt drei Arten von Lichtquellen: Wolfram, Halogen und Leuchtstoff.

Die bekannten Haushalts-Glühbirnen sind Wolfram. Es ist die weltweit am weitesten verbreitete Technik. Die preiswerte Wolframbirne besteht aus einem Glühfaden in einer Glaskugel, die leuchtet, wenn sie unter Strom steht. So erzeugt sie das sanfte Licht, das wir in den meisten Häusern vorfinden. Diese Glühbirnenart wird heute in vielen Formen und Größen und schlanken Röhren hergestellt. Ihr größter Konkurrent, der in jüngster Zeit auf dem Markt erschienen ist, ist die Halogenbirne, die sowohl in Niedervolt- als auch in Netzspannungsausführung erhältlich ist. Diese Beleuchtungsart wurde anfänglich verwendet, um Schaufensterauslagen mehr Glanz zu verleihen, denn sie erzeugt ein hartes weißes Licht. Halogenlampen sind klein, aber verbreiten einen kräftigen, kristallinen Lichtstrahl. Allerdings ist es schwierig, sie in die Decke älterer Gebäude einzubauen. Die Niedervoltausführung erfordert einen leistungsstarken Transformator, der nach wie vor relativ teuer ist. Das Trio wird erst komplett mit der Leuchtstoffröhre, die heute viel augenfreundlicher ist als die flackernden, trüben Neonröhren früher.

Als Faustregel gilt: Je ruhiger und entspannter die Atmosphäre sein soll, desto niedriger der Lichtpegel. Für eine lebhafte, beschwingte Atmosphäre wird die Helligkeit intensiviert.

Mit Licht Stimmungen erzeugen

Großes Bild: **Dieser Raum hat ein Mischlicht aus Wolfram- und Halogenbirnen. Alle Lampen sind dimmbar und auf niedrige Stufe eingestellt, um dem Raum eine ruhige Atmosphäre zu geben.**

Oben: **Hier ist aus einem Sofa mit Kunstfell, vielen Kissen und einer niedrigen Tischlampe mit normaler Glühbirne und cremefarbenem Schirm eine gemütliche Ecke entstanden.**

Ganz oben: **Einfache Dramatik entsteht hier durch einen einzelnen Strahler links oberhalb einer interessanten Vase. Er lenkt den Blick auf sie und bringt die Form gut zur Geltung.**

Oben: **Hier kreieren drei Lichtquellen eine gemütliche Ecke: eine kleine Bildleuchte, eine gedämpfte Tischlampe und eine Stehlampe mit beweglichem Arm – ideal zum Lesen.**

Arbeitslicht

Wie der Name bereits erkennen lässt, ist Arbeitslicht das, was wir bei der Verrichtung unserer täglichen Aufgaben brauchen. In der Regel sollte es heller sein als die Beleuchtung des übrigen Raums. Dafür eignen sich sowohl Wolfram- wie auch Halogenlicht. Wir benötigen stärkeres Licht, um sicher und effektiv zu arbeiten und wichtige Details sehen zu können. Helleres Licht hilft uns auch, wach und aufmerksam zu bleiben, ist anregend und hilft, Augenermüdung und Kopfschmerzen – verursacht durch feine Arbeiten wie Schreiben, Nähen und Arbeit am Bildschirm – vorzubeugen. Mit zunehmendem Alter werden die Augen schwächer. Wir benötigen dann mehr Licht für Arbeiten im Nahbereich und zum Lesen.

In einem gut beleuchteten Haushalt findet man in jedem Raum eine Arbeitsbeleuchtung. In der Küche wird sie vor allem für die Arbeitsfläche benötigt, aber auch für alle anderen Arbeitsbereiche, einschließlich Spüle und Herd. Die beste Arbeitsbeleuchtung sind gute, helle Lampen, Wolfram oder Halogen, die über dem Arbeitsbereich angebracht sind. Es ist wichtig, dass das Licht direkt von oben kommt, und zwar ohne Hindernisse, die Schatten werfen könnten.

Im Schlaf- oder Badezimmer ist die Arbeitsbeleuchtung zum Ankleiden oder Schminken meist um den Spiegel herum angeordnet – am besten ist es, wenn das Licht von beiden Seiten des Spiegels gleichmäßig auf das Gesicht fällt. Wenn das Licht über oder unter dem Spiegel angebracht ist, kann es unvorteilhafte Schatten bilden. Im Schlafzimmer gehören die Leselampen zur Arbeitsbeleuchtung. Tischlampen geben ausreichend Licht zum Lesen, aber Gelenklampen sind erheblich besser geeignet, da das Licht sich direkt auf die Seite richten lässt. Zu den besten Leselampen im Schlafzimmer gehören Wandlampen, die zwischen den Schlafenden angebracht sind. Auf diese Weise kann das Licht auf die Seite nur eines Lesenden gerichtet werden, ohne dass der Partner, der vielleicht schlafen möchte, durch das helle Licht gestört wird.

Oben: **Zu diesem einfachen, schönen und zugleich praktischen Essbereich gehören zwei große Hängeleuchten mit Aluminiumschirmen im Industriestil und einige kleinere Leuchten über der Arbeitsfläche, ebenfalls mit Aluminiumschirmen. Das Schienensystem besteht aus robusten Metallrohren, die von der sehr hohen Decke abgehängt sind.**

Rechts: **Hier ist die Arbeitsbeleuchtung verdeckt in die Dunstabzugshaube eingebaut worden, was sehr vorteilhaft ist. Die meisten Dunstabzugshauben haben heute eine integrierte Beleuchtung, doch Sie sollten das im Einzelfall überprüfen.**

Oben: **Für Schlafzimmer sind Wandlampen ideal. Sie sparen Platz und können nicht im Dunkeln umgestoßen werden. Dieses Modell ist mit einem praktischen Gelenkarm ausgestattet.**

Links: **Dieser Arbeitsplatz in einem umgebauten Gewerbebau hat große Fenster auf beiden Seiten und daher reichlich Tageslicht. Man ist jedoch gut beraten, zusätzlich eine verstellbare Schreibtischlampe direkt auf dem Schreibtisch zu platzieren. So lässt sich das Licht gezielt auf die Arbeitsfläche richten.**

Rechts: **Badbeleuchtung sollte freundlich sein, denn dort sehen Sie sich morgens zuerst und abends zuletzt. Spiegel sollten beidseits beleuchtet sein, damit das Licht gleichmäßig auf das Gesicht fällt und keine unvorteilhaften Schatten wirft.**

Rechts: **Die relativ kleine Tischplatte wird durch die zwei stilvollen Lampen zu einem Stillleben.**

Rechts Mitte: **Das geschickte Arrangement der Fischbilder, die der Kurve einer Angelrute folgen, wird durch die Beleuchtung besonders des untersten Bilds betont. Der auf das erste Bild gerichtete Deckenfluter führt den Blick von unten nach oben durch die Bildfolge.**

Unten: **Einbaulampen in Regalelementen sorgen für eine aufregende Beleuchtung. Diese Technik wurde Schaufenstergestaltern abgeschaut. Die kleinen Einbaulampen werfen ihr funkelndes Licht abwärts auf die darunter ausgestellten Exponate.**

Oben: **Einbauleuchten gibt es in großer Vielfalt, auch solche mit einem Kugelgelenk in der Mitte, wie hier abgebildet. Das Licht beleuchtet die exquisiten Schirme und die Wand.**

Rechts: **Der Lichtkegel hebt Struktur und Details der umliegenden Gegenstände hervor.**

Gegenüber oben: **Ein ungewöhnliches Beleuchtungskonzept für ein großes Bild. Statt es gleichmäßig zu beleuchten, werden nur einzelne Ausschnitte angestrahlt.**

Gegenüber unten: **In offenen, großzügigen Räumen können Leuchten (wie diese Klemmlampe) kleine, intime Bereiche schaffen.**

Akzentbeleuchtung

Wenn Sie die Beleuchtung eines Raumes planen, versuchen Sie, wie ein Maler zu denken. Sie sollten die Beleuchtung schichtweise aufbauen, um dann das Bild mit Highlights abzurunden. Mit Akzentbeleuchtung können Sie das Beste aus Ihrem sorgfältig geplanten, dekorierten und möblierten Heim herausholen. Sie können der Szene Reiz, Dramatik und Akzente hinzufügen.

Akzentbeleuchtung ist ein wirkungsvolles Mittel, das in Ihrem Beleuchtungskonzept nicht fehlen darf. Wenn die Grund- und Arbeitsbeleuchtung installiert ist, können Sie damit das Auge durch den Raum führen. Zu dieser weit gefächerten Beleuchtungskategorie gehören Tischlampen, Deckenfluter, Downlights und Spotlights. Eine gute Akzentbeleuchtung lenkt die Aufmerksamkeit auf ein Objekt oder einen Bereich und nicht auf die Lampe selbst.

Tischlampen sind die Ausnahme unter den Akzentleuchten, da ihr Licht nicht ausgerichtet ist, aber sie werfen einen relativ begrenzten Lichtkegel, der genutzt werden kann, um einer Ecke eines Raumes, einem Tisch oder einer Kommode Dramatik zu verleihen. Mit ihnen können Sie Bereiche eines Raumes, die außerhalb des Beleuchtungsschemas liegen, zum Leben erwecken. Tischlampen gehören auch zur Kategorie der dekorativen Beleuchtung.

Normalerweise sollen Akzentleuchten einen Gegenstand beleuchten. Die Aufgabe von Deckenflutern und Downlights verstehen sich von selbst. Deckenfluter können an der Wand montiert sein mit einem festen, nach oben offenen Schirm, der das Licht nach unten abschirmt und den Lichtkegel nach oben richtet, um zum Beispiel einen dekorativen Sims zu beleuchten. Andere Deckenfluter werden im Fußboden eingebaut oder sind Standleuchten. Ein letztes Design soll hier nicht vergessen werden: das Industrie-Flutlicht, das häufig in loftartigen Wohnungen anzutreffen ist. Es wird an Balken angebracht, von wo aus es das Licht nach oben strahlt, um Dachsparren oder, bei einem Umbau, die alten Fabrikrohre und Leitungen anzustrahlen.

Logischerweise geht es bei den Downlights in die umgekehrte Richtung. Hierzu gehören auch deckenbündige Downlights mit Kugelgelenk im Zentrum, die wie ein Spot auf jedes beliebige Objekt im Raum gerichtet werden können. Sie können auf Bilder oder besondere architektonische Merkmale ausgerichtet werden. Auch können heutige Standardlampen als Downlights verwendet werden, denn sie wurden entworfen, um einen Lichtkegel nach unten zu richten. Zu den Akzent-Downlights gehören unter anderem die kleinen Ausführungen, die eigentlich zur Verwendung in Schaufenstern entwickelt wurden, wo sie in Schränken und Regalen eingebaut werden, um die ausgestellten Exponate zur Schau zu stellen.

Spots sind ebenfalls echte Akzentlampen. Sie können überall im Haus verteilt werden, um einem Bereich mehr Bedeutung zu verleihen, ihn abzugrenzen oder lebendiger zu machen. Diese vielseitigen Leuchten gibt es mit unterschiedlich breiten Lichtkegeln.

Deckenbeleuchtung

Deckenleuchten sind im Prinzip ein Sonnenersatz im Haus. Kunstlicht ist zwar ein schlechter Ersatz für Sonnenlicht, aber in den meisten Räumen ist es ein Gewinn, wenn Licht von oben herabflutet. Als elektrisches Licht zuerst auf den Markt kam, war das Beleuchtungsschema meist um zentral installierte Hänge- oder Deckenleuchten aufgebaut. Diese verbreiten jedoch meist nur ein relativ trübes Licht mit einem hellen Bereich in der Mitte und die Ecken des Raumes bleiben im Dunkeln. Die heutigen Beleuchtungskonzepte sind erheblich höher entwickelt und ansprechender, obwohl die Hauptbeleuchtung nach wie vor die traditionelle Hängeleuchte ist – eine an einem Kabel von der Decke herabhängende Lampe (meistens in der Mitte des Raums). Es gibt auch deckenbündige Lampen und Schienen, die an der Decke angebracht werden.

Die Hängeleuchte hat eine lange, glamouröse Geschichte: In ihrer Blütezeit schmückten Kronleuchter die berühmtesten Gebäude der Welt, allein durch Kerzen erhellt. Jetzt funkeln die Kristalle im elektrischen Licht. Seit dieser Glanzzeit ist die Hängelampe zu einem etwas langweiligen Beleuchtungselement geworden und hat Jahrzehnte in einer trostlosen Designflaute verbracht. In den Sechziger- und Siebzigerjahren wurde die Pendelleuchte mit Zugmechanismus erfunden, die es möglich machte, die Lampenhöhe über dem Esstisch zu verstellen, und es gibt Anzeichen dafür, dass die Hängeleuchte bald ein Come-back feiern wird.

Einbaulampen sind sehr beliebt. Diese Leuchten, ob mit Wolframbirne (meistens mit relativ großen Beschlägen) oder Halogenbirne (mit erheblich eleganteren Beschlägen) haben in fast jeder Umgebung Einzug gehalten. Da sie deckenbündig, gegen Feuchtigkeit versiegelt und vor Stößen geschützt montiert werden können, sind sie eine ideale Beleuchtung für Badezimmer, Küchen und Wohnzimmer, wobei die Flächenstrahler-Ausführung außerdem noch gut ausleuchten kann und Hängeleuchten fast überflüssig machen. Sie sind besonders für Räume

Links: **In Durchgangsbereichen wie Fluren und Korridoren weisen deckenbündige Lampen den Weg. In dieser hochmodernen Wohnung sind die vielen Lampen nicht nur praktisch, sondern auch dekorativ.**

Oben rechts: **Kronleuchter erfreuen sich nach wie vor großer Beliebtheit. Während Puritaner auf echten Kerzen bestehen, geben sich die meisten von uns mit einer elektrischen Ausführung zufrieden.**

Mitte rechts: **Dieser Deckenfluter ist eine Möglichkeit einer zentral angebrachten traditionellen Deckenbeleuchtung.**

Rechts: **Die Eleganz dieses cremefarbenen Flurs mit seinen getäfelten Türen und dem polierten, dunklen Holzfußboden wird betont durch die großen, metalleingefassten gläsernen Lampen. Durch den Glasschirm wirkt das Licht diffus, wodurch der ganze Bereich in sanftes, einladendes Licht getaucht wird.**

Oben links: **Diese Wohnküche wird durch ein elegantes Niedervolt-Schienensystem mit Halogenlampen in Deckenhöhe beleuchtet, ergänzt durch eine Pendelleuchte über dem Esstisch.**

Oben: **Hier wird aus einem Schienensystem ein dekoratives Kunstwerk. Die in Schlangenlinien verlegte Schiene ist mit vielen verstellbaren Niedervolt-Halogenlampen besetzt, die jeden Bereich des Raumes gezielt ausleuchten.**

Links: **Die skandinavische Hängeleuchte ist die ideale Ergänzung zu dieser frischen, modernen Einrichtung.**

mit niedrigen Decken geeignet. Deckenbündige Beschläge werden meist mit modernen innenarchitektonischen Konzepten in Verbindung gebracht, hauptsächlich weil sie sich einfach und schnell in moderne Rigipsdecken einbauen lassen.

Und zu guter Letzt die Schiene. Es gab eine Zeit, in der Schienensysteme aus ziemlich hässlichen Balken bestanden, die an der Decke montiert oder aufgehängt wurden. Ihre Blütezeit hatten sie in den Siebzigerjahren, als kräftige Schienen mit klobigen Spots quer über Zimmerdecken verlegt wurden. Heute können Sie unter raffinierten und eleganten Designs auswählen. Sie bestehen meist aus einem Paar Kabel, die gerade oder in Kurven verlegt werden können, und die Lampen selbst sind klein und geschmackvoll. Das beliebteste Schienensystem ist das der Niedervolt- oder Netzspannungs-Halogenleuchten, bei dem eine beliebige Anzahl von Birnen in ihren reflektierenden Halterungen an der Schiene aufgehängt werden. Wenn es sich um ein Niedervoltsystem handelt, müssen Sie allerdings den dann nötigen, meist schwarzen Transformatorkasten unterbringen.

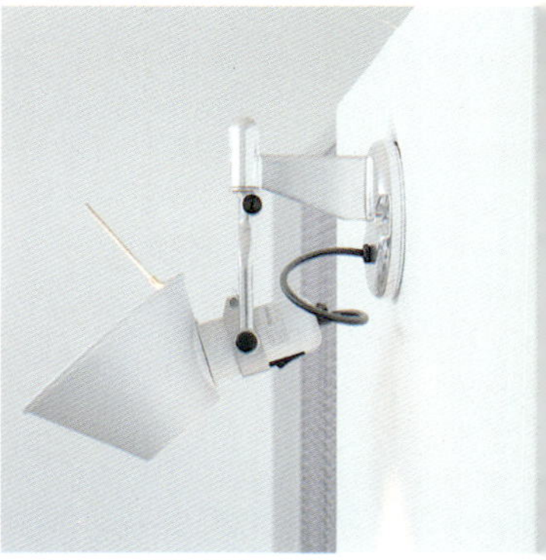

Wandlampen erzeugen meist ein angenehmes Licht. Da die meisten ein dauerhafter Teil Ihres Beleuchtungsdesigns sind, ist es wichtig, dass sie an der richtigen Stelle und in der richtigen Höhe angebracht werden. Es ist eine Frage des gesunden Menschenverstands, sie vor der Innendekoration anzubringen.

In den meisten Räumen wirken Wandlampen am besten, wenn sie paarweise angebracht sind, zum Beispiel zu beiden Seiten eines Kamins oder eines Fensters. Wenn Sie damit ein Bild beleuchten wollen, sollten Sie sicher sein, dass Sie auch längere Zeit mit dem Bild an dieser Stelle glücklich sind. Elektrische Kabel werden unter Putz verlegt, damit sie nicht zu sehen sind. Notieren Sie sich, wo sie verlaufen, damit sie nicht versehentlich getroffen werden, wenn Sie einen Nagel einschlagen, um ein Bild aufzuhängen.

Die Geschäfte bieten Wandlampen in unzähligen Designs an. Von traditionellen Designs bis zu abstrakten, modernen Formen ist alles erhältlich. Bei vielen der zeitgenössischen Modellen wird ein Loch in der Wand ausgehöhlt, in welches das hintere Ende der Leuchte eingesetzt wird, sodass die Kante plan mit der Wand abschließt.

Wandleuchten sind besonders für Wohnzimmer geeignet, werden aber immer häufiger auch in anderen Bereichen des Hauses eingesetzt. Als Beleuchtung von Fluren und Treppen sind sie sehr wirkungsvoll – und sicher. Außerdem sind sie eine schöne zusätzliche Beleuchtung in der Nähe des Esstisches oder sogar im Schlafzimmer. Es lohnt sich deshalb, sich genau zu überlegen, in welcher Höhe die Wandlampen angebracht werden sollen. Erwägen Sie, die Lampen dort etwas niedriger anzubringen als in anderen Räumen, denn im Esszimmer wird hauptsächlich gesessen, während man im Schlafzimmer die meiste Zeit im Liegen verbringt. Niedriger angebrachte Lampen sorgen also für eine sinnvolle Beleuchtung.

Wandlampen

Gegenüber oberste Reihe: **Dekorative Lichtquellen und ungewöhnliche Wandlampen.**

Gegenüber Mitte rechts: **Tiefe Einbaulampen führen durch den Korridor.**

Gegenüber unten links: **Eine Wandlampe mit gelenkigem Arm kann zum Lesen über ein Sofa gezogen oder auch an die Wand zurückbewegt werden, um den Raum auszuleuchten.**

Gegenüber unten rechts: **Links verbreitet eine Wandlampe sanftes warmes Licht; rechts kann eine geschmackvolle moderne Niedervolt-Halogenlampe so ausgerichtet werden, dass das Licht dort hinfällt, wo es benötigt wird.**

Links: **Eine ungewöhnliche Wandlampe rankt wie eine Kletterpflanze an der Wand zwischen den beiden großen Fenstern hoch. Durch den gelben Schirm verbreitet sie ein warmes helles Licht.**

Rechts: **Die Einbaulampen in der Wand geben zusätzliches Licht im Treppenbereich und sind eine willkommene Abwechslung gegenüber den üblichen Hängeleuchten.**

Stehleuchten

In den letzten Jahren hat die Vielfalt an interessanten neuen Designs und innovativen Verwendungsmöglichkeiten für die äußerst vielseitigen Stehleuchten explosionsartig zugenommen.

Stehlampen können ein breites Spektrum von Designideen und Funktionen in sich vereinen. Es gibt hohe, auf der traditionellen Standardlampe basierende Ausführungen, die das Licht von einer Dreiviertelhöhe in eine Ecke oder in der Nähe eines Lesesessels nach unten strahlen. Standardlampen sind eine hübsche Ergänzung zu vielen Beleuchtungskonzepten. Eine andere Version ist der frei stehende Deckenfluter, eine Lampe die den Lichtstrahl nach oben an die Wand oder die Decke wirft, von wo aus er reflektiert wird und ein sanftes, diffuses Licht im Raum verbreitet. Heute gibt es Stehlampen, die nur die halbe Höhe des Raumes erhellen und die hauptsächlich als Leselampen gedacht sind. All diese Lampen sehen gut aus, wenn sie paarweise zum Einsatz kommen. Besonders eindrucksvoll sind sie, wenn sie an beiden Seiten eines großen Sofas platziert werden oder an beiden Seiten einer Tür, eines Fensters oder eines Kamins Wache stehen.

Die andere Hauptkategorie von Stehleuchten leuchtet den unteren Teil des Raumes aus. Diese Lampen sind häufig skulpturähnlich und verbreiten eine wunderbar gedämpfte Atmosphäre. Sie

Ganz links: **Beleuchtung als Skulptur: eine Stehlampe als Lichtsäule im Wellpappdesign.**

Links: **Leselampen sind immer praktisch in der Nähe von Sesseln und Sofas. Bei dieser klassischen Stehlampe kann das Licht beliebig ausgerichtet werden.**

Unten ganz links: **Die Leuchte „Glo-Ball" von Jasper Morrison erzeugt einen warmen Lichtschein im unteren Bereich und ist auch als Tischlampe erhältlich.**

Unten links: **Standardlampen sind in allen Zimmern eine hübsche Ergänzung und wirken besonders attraktiv, wenn sie paarweise eingesetzt werden.**

Oben rechts: **„Arco" ist ein Klassiker der Brüder Castiglioni. Diese weit gebogene skulpturähnliche Lampe ist eine Besonderheit.**

Rechts: **Diese eiförmige Lampe sieht in einer modernen Einrichtung umwerfend aus.**

Rechts: **Diese wild aussehende baumähnliche Standardlampe hat drei Lichtquellen, die sich beliebig ausrichten lassen. Die konischen Lampenschirme geben der Lampe das Aussehen einer großen Pflanze.**

Unten rechts: **Der Deckenfluter steht Wache neben diesem auffälligen Metallregal und leuchtet die Wand im oberen Bereich aus.**

Unten ganz rechts: **Lichtkugeln wirken in jedem Zimmer einfach großartig, sind aber besonders wirkungsvoll in einer modernen Umgebung.**

Unten: **Die abgebildete Stativlampe besitzt einen ungewöhnlichen Stoffschirm.**

können nicht nur ein interessantes Leuchten im Bodenbereich erzeugen, sondern lassen sich auch sehr gut hinter Möbeln wie etwa Sofas platzieren, von wo aus sie das Licht nach oben werfen und den unteren Teil der Wand anstrahlen. Im Bodenbereich eingesetzt lassen sie die Wand von unten nach oben aufleuchten, ohne dabei aufdringlich zu wirken.

Stehleuchten sind sehr vielseitig. Sie müssen nicht fest an einem Ort installiert, sondern können innerhalb des Raumes oder sogar des Hauses versetzt werden. Und selbstverständlich können Sie sie auch mitnehmen, wenn Sie umziehen.

Wie Wandlampen werden Stehlampen meistens mit dem Wohnzimmer assoziiert. Dabei bereichern sie auch in anderen Teilen des Hauses das Beleuchtungsschema. Sowohl die niedrige als auch die hohe Variante sehen großartig im

Schlaf- oder Esszimmer aus. Leistungsfähige, frei stehende Lampen könnten auch Ihr Büro zu Hause interessant gestalten.

Beleuchtung beeinflusst unsere Wahrnehmung von Raum. Stehlampen sind besonders bei größeren Flächen eine große Hilfe. Will man bei einem sehr hohen Raum die Höhe betonen, kann man das mit einem Stand-Deckenfluter tun. Um die gegenteilige Wirkung zu erzielen, also die Decke optisch zu senken, nehmen Sie niedrige Stehlampen und ergänzen sie durch Hängelampen, deren Licht nach unten strahlt. Auch könnten Sie die Decke in einem dunkleren Ton streichen. Um eine Decke höher erscheinen zu lassen, ersetzen Sie alle Hängeleuchten durch deckenbündige Downlights.

Oben ganz links: **Diese absolut bezaubernde Lampe – „Lucellino“ von Ingo Maurer – mit einer Standard-Wolframbirne wird von zwei Flügeln aus echten Gänsefedern flankiert. Der Name ist ein Wortspiel aus dem Italienischen, „luce“ für „Licht“ und „uccellino“ für „kleiner Vogel“.**

Oben links: **Diese facettenreiche Lampe aus Metall und Glas liegt wie ein leuchtender Kristall oder Stern auf der polierten Tischplatte.**

Mitte links: **Hier ist eine auffällige Lichtsäule aus Würfeln an der Wand aufgebaut worden. Einige der Würfel leuchten heller als andere.**

Links: **Frank Lloyd Wrights skulpturähnliche Leuchte „Taliesin“ ähnelt einem Architekturmodell.**

Ganz links: **Senkrechte Lichterketten können unglaublich schön und sehr dekorativ sein. In diesem hohen Raum werden zwei sehr unterschiedliche Designs kombiniert, ein Strang mit runden Schirmen und einer mit Dutzenden von erleuchteten Würfeln.**

Oben: **Tom Dixons Polyethylenmodell „Jack Light" wirkt auf dem Fußboden genauso gut wie auf einem großen Tisch. Es ist in mehreren Farben erhältlich, lässt sich als Sitzkissen verwenden oder zu Türmen aufstapeln.**

Oben Mitte: **Ein Klassiker der Siebziger, die Lava-Lampe, enthält farbige Flüssigkeiten, die sich bei Erwärmung langsam bewegen.**

Oben rechts: **Das Foto zeigt eine kuppelförmige Glasfaser-Lampe, ebenfalls aus den Siebzigern. Ein Bündel aus Glasfasern auf der Mitte der Lampe breitet sich von dort aus zu einer Kuppel aus Lichtpunkten aus.**

Unten links:
Eine vom Jugendstil inspirierte Doppellampe mit blütenkelchförmigen Glasschirmen.

Unten Mitte links:
Diese Tischlampe betont mit ihrem dunklen Holzfuß und dem neutralen zweilagigen, runden Schirm den Ethnostil des Raumes.

Unten Mitte rechts:
Die felsförmige Lampe gibt sanftes Licht zur Ausleuchtung einer Ecke.

Unten rechts:
Mehrere Reihen kleiner, bunter, spitzer Glühbirnen malen ein ungewöhnliches Bild an die Wand.

Dekorative Leuchten

Die Welt der dekorativen Lampen umfasst alle Lampendesigns und ihre Beschläge. Sie erfüllen keinen anderen Zweck, als Ihnen Freude zu machen. Sie haben keine bestimmte praktische Funktion, sondern ihr Zweck ist das Design selbst. (Obwohl viele Beispiele beweisen, dass sie auch unschätzbare Lichtquellen sein können.) Sie zeigen uns, dass künstliches Licht einem Raum eine gewisse Poesie verleihen kann.

Es überrascht daher nicht, dass zu den dekorativen Leuchten eine sehr große Auswahl an Lampen und Beschlägen gehört. Hübsche Tischlampen können das Gesamtbild eines Raumes abrunden und zur Geltung bringen. Andere wie zum Beispiel die klassische Retro-Lavalampe oder die Glasfaser-Lampe müssen allein schon wegen ihres Seltenheitswertes erwähnt werden. Stehleuchten wie Tom Dixons „Jack Light" und sogar Tischleuchten wie Ingo Maurers „Lucellino" (beide hier abgebildet) können faszinierende bildhauerische Kunstwerke in einem Raum sein – sie sind ein- oder ausgeschaltet gleichermaßen schön. Eine außergewöhnliche Lampe kann selbst der schlichtesten Umgebung wahren Zauber verleihen. In jüngster Vergangenheit haben unabhängige Designstudios begonnen, den Markt mit umwerfenden, manchmal sogar höchst eigenartigen Lampen zu versorgen.

Sie sollten beim Kauf einer jeden Lampe darauf achten, dass Sie auch sehen, wie sie eingeschaltet wirkt. Anstatt die sichereren, seriösen Modelle zu wählen, probieren Sie doch auch mal eine charaktervolle Lampe aus. Ein einziger Raum kann nicht allzu viel Exzentrizität verkraften, es sei denn es passt sehr gut zum Thema des Raumes.

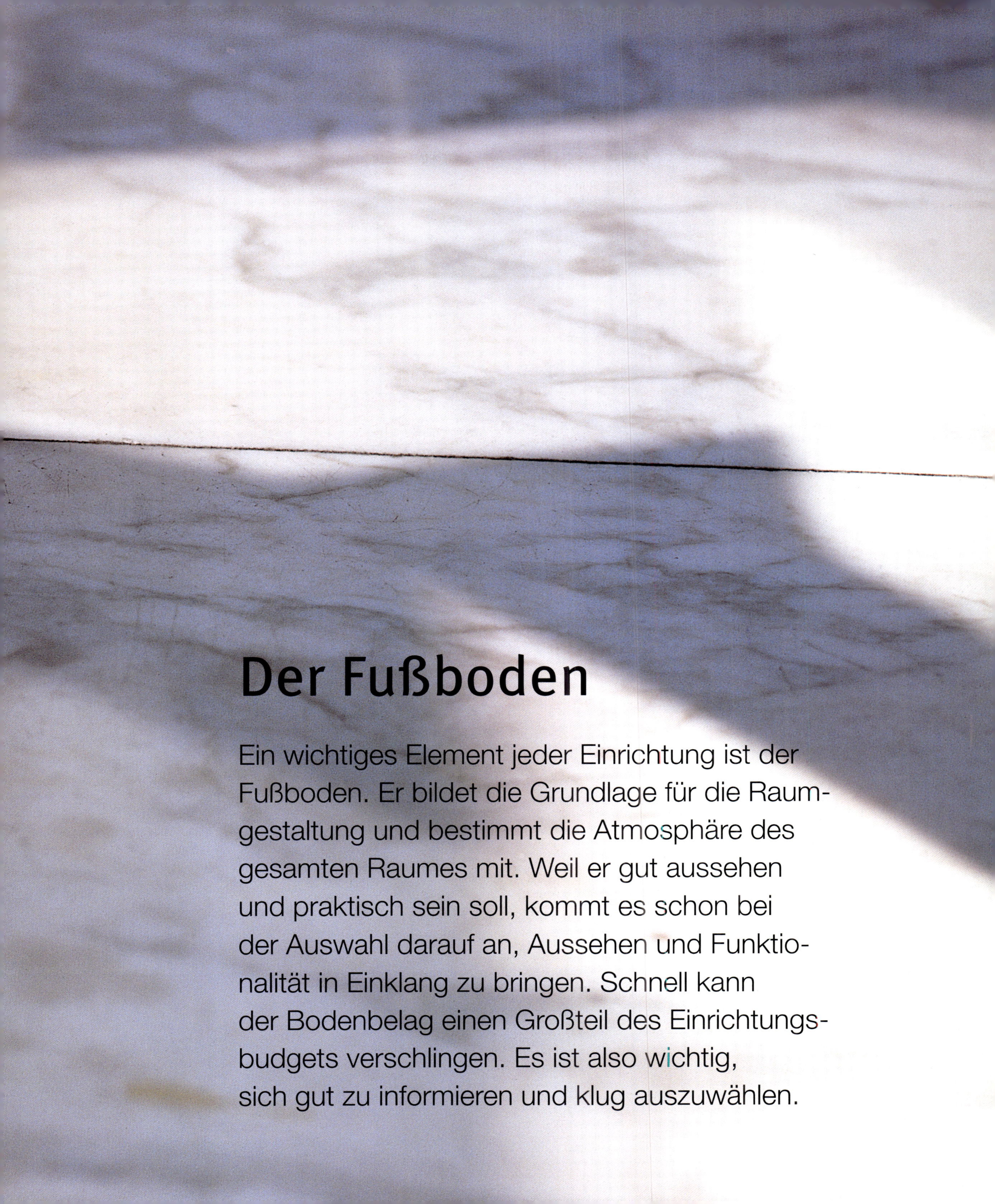

Der Fußboden

Ein wichtiges Element jeder Einrichtung ist der Fußboden. Er bildet die Grundlage für die Raumgestaltung und bestimmt die Atmosphäre des gesamten Raumes mit. Weil er gut aussehen und praktisch sein soll, kommt es schon bei der Auswahl darauf an, Aussehen und Funktionalität in Einklang zu bringen. Schnell kann der Bodenbelag einen Großteil des Einrichtungsbudgets verschlingen. Es ist also wichtig, sich gut zu informieren und klug auszuwählen.

Oben: **Teppiche können Räume definieren. Hier bilden zwei kieselgraue Teppiche die Unterlage für den Esstisch und den Sitzbereich. Der darunter liegende Holzboden mit den dunklen Flecken sorgt für einen Farb- und Materialkontrast.**

Oben links: **Keramikfliesen werden vor allem in stark begangenen Räumen wie Hallen eingesetzt, weil sie sehr strapazierfähig sind. Die Schwelle teilt den mit schwarzen und weißen Keramikfliesen ausgelegten Flur von dem prachtvollen Holzboden.**

Links: **Ein Terrazzoflur. Kleine Steine, Marmor oder bunte Glasstückchen werden in Beton gegossen und dann geschliffen und poliert. So entsteht eine glatte, glänzende Oberfläche.**

Großes Bild: **Den schlichten modernen Möbeln entspricht in diesem Raum der glatte, kurzflorige, steinfarbene Teppich. Die Hauptfarben der Möbel, Stein und Dunkelbraun, wiederholen sich in dem großen Teppich auf dem dunklen Parkettboden.**

Rechts: **Der offen angelegte Raum ist deutlich in einen Lauf- und einen Essbereich unterteilt. Die glänzenden Dielen aus poliertem Holz erhalten durch die massive Eiche einen warmen, honigfarbenen Schimmer. Das feste Holz bietet im Haupt-Laufbereich eine sehr strapazierfähige Oberfläche.**

Oben rechts: **Eine überzeugende Kombination: die gleichmäßig schmalen Bretter des Holzbodens und ein Sisalteppich. Das gebeizte Holz passt gut zu dem Gewebe.**

Mitte rechts: **Variation eines klassischen Musters: Statt der üblichen quadratischen Fliesen wurden rechteckige weiße Bodenfliesen im Kontrast mit kleinen quadratischen schwarzen Fliesen zu einem neuen Muster verlegt.**

Unten rechts: **Um dieses Apartment zu unterteilen, wurden die Hauptwege mit Holz ausgelegt und in den übrigen Räumen weicher Teppich eingefügt.**

Unten: **Die luxuriöse Oberfläche des Leders, die in den Safarisesseln gut zur Wirkung kommt, wird in dem außergewöhnlichen Lederboden wiederholt, der aus gleichmäßigen Quadraten besteht. Leder ist zwar nicht gerade billig, aber ein besonders strapazierfähiges und schönes Material für einen Bodenbelag.**

Basis, Böden & Beläge

Oberflächenbehandlung und Material der Fußböden reichen von schlicht und dezent wie bei glatt poliertem Holz bis hin zu den extravagantesten Mosaiken und wildgemusterten Teppichen. Die Auswahl ist heutzutage riesig.

Die erste Überlegung beim Planen eines neuen Bodenbelags sollte sein, wie die vorhandene Oberfläche beschaffen ist, wie der Raum oder Bereich künftig genutzt werden soll, wie er eingerichtet werden soll und wie groß ihr Budget ist. Auch die Maße des Raumes sollten bedacht werden. Ein Bodenbelag kann das Raumgefühl verändern – lange, rechteckige Steine etwa verlängern einen Raum optisch.

Entscheidend für das Gelingen der Bodengestaltung ist die Unterlage. Sie ist im Idealfall eben und fest. Am besten funktioniert es, wenn man weiß, wie der Untergrund gebaut wurde. Ein fester Betonboden bietet die meisten Möglichkeiten, weil sich darauf fast jeder Belag verlegen lässt. Selbst im oberen Teil eines Gebäudes, z. B. in einem Apartmenthaus oder einem umgebauten Fabrikgebäude, sollte verstärkter Beton die Konstruktion so weit stabilisieren, dass sie das zusätzliche Gewicht schwerer Materialien wie etwa Keramik- oder Steinfliesen tragen kann.

In den meisten Wohnungen jedoch, vor allem in Altbauten, besteht der Unterbau des Bodens aus langen Holzträgern, die mit Dielen aus weichem Holz (meist Pinie) überzogen sind. Diese Konstruktion ist nicht immer stabil genug, um das Gewicht der Steinplatten oder Fliesen zu tragen. Eine Möglichkeit ist hier, die vorhandenen Dielen zu erhalten und zu säubern, wenn sie nicht zu sehr abgenutzt oder von Klempnern und Elektrikern durch darunter befestigte Leitungen strapaziert worden sind. Eine Alternative wäre es, die alten Dielen durch neues Holz zu ersetzen oder einen leichteren Bodenbelag zu wählen, z. B. aus Kork, Vinyl oder Linoleum, Teppichboden oder Naturfasern wie Sisal. Im Erdgeschoss eines Altbaus kann der alte Holzboden gewöhnlich durch Beton ersetzt werden, der dann den Untergrund für Stein oder Keramikfliesen bildet.

Steinböden

Gewöhnlich kommen Steinböden überall dort zum Einsatz, wo sie stark beansprucht werden, wie in Fluren und Korridoren, oder in Nassräumen wie Küche und Badezimmer. Küchenklassiker sind Fliesen und unbehandelte Tonfliesen; Steinfliesen und Enkaustik- oder schwarz-weiße Fliesenmuster findet man häufig in Fluren, während Marmor dem Badezimmer einen Spritzer Luxus verleiht. Stein, vor allem cremefarbener Kalkstein, wird immer beliebter für Essräume, Wohnzimmer oder sogar Schlafzimmer.

Das Geheimnis eines haltbaren, attraktiven Steinbodens liegt darin, von einem festen Untergrund auszugehen und sicherzustellen, dass das Material korrekt verlegt wird. Ein Steinboden ist teuer, deshalb sollte man auch die Kosten für einen Fachmann nicht scheuen. Unerfahrene sollten die Finger davon lassen, besonders wenn die Bodenhöhe ausgeglichen werden muss und die Steine oder Fliesen entsprechend der Raumform zugeschnitten werden sollen.

Bei der Auswahl des Materials sollte man die Einrichtung des Raumes berücksichtigen. Stein, Marmor oder Schiefer gibt es in fast jeder Farbe, wählen Sie sie also passend zu den Farben ihres Raumes. Möchten Sie einen neutralen Belag (hell oder dunkel), einen dezent gemusterten Fußboden oder Marmor mit kräftiger Äderung? Vielleicht passt ein kombiniertes Material am besten. Dazu gehören Terrazzo, aus großen oder kleinen Steinstücken in Zement gesetzt, gegossener Beton, bei dem durch Zusatzstoffe eine glatte, gesprenkelte Oberfläche erreicht werden kann oder Marmorstückchen in Harzguss, die eine gemaserte Oberfläche ergeben. Die letzte Variante (die man z. B. in Autohäusern findet) ist weniger gebräuchlich und wesentlich preiswerter als andere, massive Steinböden.

Alle Steinarten sind etwas porös. Man sollte sich also erkundigen, wie der Boden gegen Flecken und Feuchtigkeit versiegelt werden kann.

Das gilt auch für Keramikfliesen und Ziegel. Es gibt eine riesige Auswahl an Farben, Strukturen, Formen und Größen. Keramik kann genauso fest

Oben: **Quadratische, weiße Fliesen überziehen den Boden dieser Küche im Profistil mit einem gleichmäßigen Gitter. Glasierte Keramikfliesen sind leicht zu reinigen, strapazierfähig und fleckgeschützt.**

Details, im Uhrzeigersinn von oben rechts: **Große weiße Steinfliesen mit schwarzen Rhomben; spanische Terrakottafliesen; grün-gelb-weißer Boden aus Fliesenbruch; Fliesen eines Hofs bilden ein Sternmuster; rutschfeste Fliesen für den Boden eines Duschbads mit Fischmuster; elegante Badezimmerfliesen in Dunkel- und Hellblau.**

Gegenüber oben links: **Die ungewöhnliche Verbindung von Fliesen in Beige und Ziegelrot wirkt in dieser Küche großartig.**

Gegenüber oben rechts: **Die moderne Insel teilt Koch- und Essbereich. Der weiße Marmor setzt sich auf dem Boden und den Stufen fort, die zum Tisch hinunterführen. Beide Seiten bilden ein breites Band aus länglichem, ziegelrotem Pflaster.**

Gegenüber unten links: **Ein toller, verrückter Mosaikeffekt aus verschiedenfarbigem Marmor, der ein abstraktes Muster bildet.**

Gegenüber unten rechts: **Riesige cremefarbene Kalksteinfliesen wurden in diesem Bad verlegt. Durch ihre Größe wirken die Fliesen viel stärker als ihre normalgroßen Verwandten. Der Kalkstein ergänzt den Marmor an der Wand und der Wannenverkleidung/-vertäfelung.**

und langlebig wie Stein sein und wenn sie glasiert ist, ist die Oberfläche fleckgeschützt.

Terrakottafliesen werden aus verschiedenen Arten von Ton hergestellt und haben eine glasierte oder unglasierte Oberfläche. Besonders bei hart gebrannten, rohen Fliesen ist die Oberfläche tief strukturiert und matt und sehr schmutzabweisend. Glasierte Terrakotta hat ähnliche Eigenschaften. Unglasierte Terrakotta ist dagegen weicher und erhält einen matten Überzug, wenn man Leinöl aufbürstet oder sie mit Kalkwachs überzieht. Glänzende Bodenpolitur sorgt für Glanz. Bei gefliesten Böden, vor allem in Küche und Bad, ist bei den Fugen besondere Vorsicht geboten. Oft sind die Fliesen glasiert, aber die Fugen sind porös und nehmen leicht Flecken an; es gibt aber auch wasserfeste Varianten. Zu empfehlen ist außerdem eine Farbe, bei der nicht jeder Fleck gleich zu sehen ist.

Ziegelböden brauchen meistens einen Überzug, weil sie porös sind und noch Monate nach dem Verlegen viel Staub verbreiten. Auch hier können Leinöl oder Wachs als leichte Versiegelung verwendet werden.

Stärkere Behandlungsmethoden sind Glasuren und Versiegelungen auf Polyurethanbasis, die allerdings schnell künstlich aussehen können. In der Regel geben auch die Händler Hinweise zu Überzug und Pflege der Böden.

Gegenüberliegende Seite, oben links: **Dieser elegante Boden aus Gussbeton ist mit gelben Pigmenten eingefärbt und mit Linien aus Kieseln eingelegt, sodass ein einfaches Muster entsteht.**

Gegenüberliegende Seite, oben rechts: **Der gleiche Boden: Das Steinmuster hält Abstand zu den Wänden und bildet so einen „Teppich“ in der Mitte des Raumes.**

Gegenüberliegende Seite, unten: **In warmen Ländern ist ein kühler Stein- oder Keramikboden angenehm. Dieser Altbau hat einfache, hell gekalkte Wände, ausgetretene Terrakottafliesen am Boden und weiß gepolsterte, bequeme Möbel – genau der richtige Ort, um sich von der Sonne zu erholen.**

Details, im Uhrzeigersinn von oben links: **Die glatt schimmernde Oberfläche ausgetretener, rechteckiger Cotswoldfliesen; hier wird die sparsame Einrichtung durch große, hell honigfarbene Steinplatten betont; schwarz-weiß gesprenkelte Terrazzofliesen; ein pfiffiges Fliesenmuster, bei dem kleine Stücke gefärbter Steine in einen Zementboden eingelegt werden.**

Rechts: **Ein dunkel gefliester Boden bildet eine solide Basis für die Einrichtung. Die kräftige Farbe „erdet“ die weißen Wände mit den abstrakten Gemälden und die modernen Möbel.**

Links: **Kleine Terrazzofliesen wurden hier im Kontrast mit dunklen Randsteinen verlegt. Die beiden Farbtöne der gesprenkelten Fliesen finden sich in den gewebten Sitzflächen der Stühle wieder.**

Oben rechts: **Ein Parkett aus altem Hartholz, in großem Fischgrätmuster verlegt. Es verbreitet das Flair amerikanischer Kolonialbauten.**

Mitte rechts: **Die ungewohnte silbrige Oberfläche entsteht durch aufgehelltes Teakholz und wird ergänzt durch silbrigen Polsterstoff und die Jalousien aus Zedernholz.**

Unten rechts: **Tischlerarbeit vom Feinsten. Das wunderschöne, massive Eichenparkett schließt mit einem ungewöhnlichen Rand ab, bei dem die feinen Linien der Einlegearbeiten aus dunklem Hartholz zu sehen sind.**

Oben ganz rechts:
Eleganter Boden aus kleinen, quadratischen Holzfliesen, die in einem Diamantmuster verlegt wurden. Die leichten Abweichungen in der Farbe des Holzes sorgen für einen hübschen Effekt auf dem Boden, der sich durch die ganze Wohnung zieht.

Unten ganz rechts:
Wenn die Qualität alter Dielen gut genug ist, wie in diesem Altbau, können sie abgeschliffen, lackiert und einfach unbedeckt gelassen werden.

Gegenüberliegende Seite:
Eine moderne Einrichtung ganz in Weiß wird durch helle Holzdielen ergänzt. Die helle Oberfläche lässt sich auf verschiedene Weise erzielen, unter anderem durch Tünchen mit verdünnter weißer oder Pastellfarbe vor dem Glasieren oder indem man mit einem Tuch Kalkwachs in die Holzmaserung einreibt.

Holzböden

Holz ist das vielleicht vielseitigste Material für Böden und es passt zu fast jeder Einrichtung. Es wirkt warm und gemütlich, ist strapazierfähig und eigentlich immer schön anzusehen.

In seiner elementarsten Form kommt Holz in Form einfacher Planken oder Dielen zum Einsatz. Zu den neuesten Errungenschaften bei den Holzbelägen zählt das Laminat, bei dem dünne Furniere auf ein Stützbrett mit Nut und Feder geleimt und mit einer transparenten Schutzschicht überzogen werden.

Weil er so vielseitig ist, kann Holzboden überall in der Wohnung verlegt werden, außer vielleicht in Räumen, in denen Kontakt mit Wasser Flecken, Verbiegungen oder Fäulnis verursachen kann.

Wenn Sie sich für einen Holzboden interessieren, berücksichtigen Sie Ihren Einrichtungsstil – abgeschliffene, lasierte Bodenplatten aus altem Kiefernholz sind für eine elegante Einrichtung mit erlesenen Oberflächen und modernen Designermöbeln sicher nicht das Richtige. In diesem Fall wäre ein ganz und gar maschinell behandelter Hartholzboden mit einer glatten, makellosen Oberfläche sicher die bessere Wahl.

Auch der vorhandene Boden ist zu berücksichtigen. Der ideale Untergrund für einen Holzboden ist eine solide, stabile Betonplatte. Normalerweise verlegt man zunächst Latten und befestigt dann quer darüber die Bretter. Auf diese Weise kann die Luft zwischen dem Beton und dem Holz zirkulieren und Fäulnis vermeiden. Außerdem kann man auf einem Betonboden Holzblöcke verwenden, die mit einem geeigneten Klebstoff an der richtigen Stelle befestigt werden können.

Ist bereits ein mit Holz ausgelegter Boden vorhanden, sollte man zunächst prüfen, ob er in einem so guten Zustand ist, dass man ihn erhalten und auffrischen kann. Vielleicht lassen sich beschädigte Bretter reparieren. (Hier ist zu überlegen, ob das Ergebnis den eigenen Vorstellungen entsprechen würde.)

Denken Sie daran, dass alte Kiefernbretter sich häufig nach dem Abschleifen in einem wenig attraktiven Orangeton präsentieren. Dieser kann mit einer dunklen Lasur verdeckt oder überlackiert werden. Ein einfacher Überzug mit Firnis genügt dafür nicht. Laminatboden kann direkt auf dem Untergrund verlegt werden.

Um einen Holzboden zu verlegen, braucht man viel Zeit, Geduld und Geschicklichkeit, doch häufig hängt es von der Oberflächenbehandlung ab, ob der Boden wirklich gut aussieht. Die meisten Laminatböden sind vorbehandelt, sodass man die zusätzliche Arbeit für das Lasieren und Firnissen spart. Bei massiven Holzblöcken und Brettern wird die Oberfläche jedoch normalerweise nach dem Verlegen behandelt. Vergessen Sie nicht, Lasur, Farbe und Firnis an Probestücken aus dem Holzverschnitt zu testen, vor allem wenn Sie noch nicht mit der Technik vertraut sind. Die gleiche Lasur kann auf hellem Eichenholz hübsch aussehen, auf Kiefer oder Birke jedoch einen völlig anderen Effekt hervorrufen. Firnis ist ein guter, vielseitig verwendbarer Lack – er ist fest, strapazierfähig und leicht zu reinigen –, doch er wird mit dem Alter nicht besser. Mit Wachs poliertes Holz wird zwar immer schöner, erfordert aber regelmäßige, zeitaufwändige Pflege.

Wie alle Bodenbeläge ist auch Holz teuer, doch die Preise sind je nach Material sehr unterschiedlich. Auch von Händler zu Händler variieren die Preise, es lohnt also, sich etwas um-

Oben: **Die Dielen in einem Loft nach dem Restaurieren – abgeschliffen, lasiert und gefirnisst. Dellen und Schrammen, die Spuren der Nutzung, erhalten noch etwas von dem industriellen Flair.**

Rechts: **Die gleichmäßigen schmalen Bretter, die lasiert und glänzend gefirnisst sind, lassen den Raum in herrlichem Glanz schimmern.**

Links: **Ganz glatte, fein gefirnisste Bretter – ein ganz neuer Boden. Der hochwertige Belag schafft eine wunderbare dunkle Basis für weiß gestrichene Räume.**

zusehen. Mit etwas Glück findet man sogar etwas Passendes in einem Resteverkauf. Selbst hier sollte man jedoch keine Tiefstpreise erwarten.

Berücksichtigen Sie bei den Gesamtkosten für den Boden auch, wie zeitaufwändig und kompliziert es ist, das Holz zu verlegen und zu lackieren, denn dies kann maßgeblich zu dem Gesamtpreis beitragen. Manche Restemärkte für Baubedarf verkaufen zum Beispiel frisch ausgebaute Holzblöcke, die noch mit einem harzigen, schwarzen, teerähnlichen Klebstoff überzogen sind. Der Preis scheint günstig zu sein, doch es kann Tage dauern, den Kleber abzukratzen und die Blöcke zu reinigen, bevor sie verwendet werden können. Außerdem müssen sie abgeschliffen und lackiert werden, wenn sie verlegt sind, und das schlägt auf der Rechnung auch zu Buche.

Oben: **Breite originale Bodendielen sehen, obwohl abgeschliffen und lasiert, gebraucht aus – ein Kontrast zu eleganten Möbeln.**

Oben rechts: **Dieser ungewöhnliche Boden ist einer von vielen erhältlichen fabrikneuen Bodenbelägen.**

Unten rechts: **Ein Marketerierand, eingelegt aus andersfarbigem Kirschbaumholz in geometrischem Muster.**

Ganz rechts: **Ein Bodenbelag aus schmalen Streifen, elegant und ganz anders als breite Dielen.**

Links oben und unten: **Die neuen hellen Bodenplatten bilden in dieser modern eingerichteten Wohnung einen schlichten, frischen Untergrund. Dunkel kirschrotes Vinyl mit einer rutschfesten Oberfläche bedeckt die Stufen.**

Gegenüberliegende Seite, oben: **In dieser gemütlichen altmodischen Küche wurde der Boden mit einem Karomuster aus blauen und weißen Linoleumplatten ausgelegt. Linoleum ist beliebt, weil es besonders widerstandsfähig ist und größtenteils aus nicht allergenen Stoffen besteht.**

Weiche Beläge und Teppichfliesen

Gegenüber unten links und rechts: **Weiche Bodenplatten sind unglaublich vielseitig und leicht zuzuschneiden. Vinyl und Linoleum (wie hier) wurden früher nur in Bädern und Küchen eingesetzt, sind aber heute überall in der Wohnung zu finden – selbst im Homeoffice. Diese Muster wurden mithilfe der neuesten Linoleum-Schneide-Technik hergestellt. Damit lassen sich Muster mit feinen Details herausarbeiten.**

Je mehr Holz und Steinböden in Mode gekommen sind, desto weiter sind weiche Beläge und Teppiche in den Hintergrund geraten. Doch die Hersteller dieser Bodenbeläge schlagen zurück – mit neuen Produkten in fantastischen Farben und interessanten, unaufdringlichen Mustern.

Zu dieser Art von Bodenbelägen gehören vier Hauptgruppen – Linoleum, Vinyl, Kork und Gummi. Nach einigen Jahrzehnten als modisch überholter Außenseiter wird Linoleum nun wieder als wohnliches, festes und gut aussehendes Material geschätzt, das viele Freunde findet, auch unter Asthmatikern und Allergikern. Linoleum ist ein Mischmaterial aus natürlichen Bestandteilen wie Leinöl, Kalkstein, Kork und Sägespänen. Für viele Asthmatiker und Allergiker gehört Linoleum zu den wenigen Bodenbelägen, die sie vertragen.

Wie Linoleum kann auch Vinyl in Muster geschnitten werden. Es ist am Stück und in Platten erhältlich. Auch Vinyl kann fest oder weich sein. Es ist ein Material auf Plastikbasis, das sich warm anfühlt, stabil und schmutzabweisend ist. Vinyl wird in vielen verschiedenen Stärken angeboten, von ganz dünnem, leicht zu bearbeitendem, preiswertem Belag bis hin zu unglaublich festem, hochwertigem Material zu stolzen Preisen.

Kork erfreute sich in den 1960er- und 1970er-Jahren großer Beliebtheit. Er wird meist in Platten verkauft, entweder mit einem fertigen Überzug aus festem, transparentem PVC, oder naturbelassen, sodass er nach dem Verlegen versiegelt werden muss. Er kann lasiert oder gefirnisst werden, damit die Oberfläche widerstandsfähig wird. Kork ist wohnlich, natürlich und ausdrucksvoll und er lässt sich wirksam als Schallschutz einsetzen.

Schließlich gibt es noch Kautschuk. Als Meterware oder in Platten war das Material in den 1980er-Jahren sehr beliebt, als ihm der Übergang vom kommerziellen Einsatz in Krankenhäusern, Lagerräumen und Fabriken in die Wohnung gelang. Kautschuk ist ein sehr festes Material, fühlt sich warm an, ist sehr geschmeidig, leicht zu verlegen und in einer großen Auswahl an Farben und Strukturen erhältlich.

Das Beste an diesen Materialien ist, dass sie praktisch keine besondere Pflege brauchen und selbst leicht unebene Böden nicht übel nehmen.

Bevor man den Belag verlegt, sollte man eine Unterlage aus Sperrholz oder Spanplatten einbauen. Der weiche Boden kann dann auf diese Oberfläche aufgeklebt werden; dabei sollte nur der vom Hersteller empfohlene Kleber verwendet werden. Normalerweise wird die Folie geradeaus verlegt, wobei je dicker das Material ist, es umso schwerer zu bewegen ist. Wo der Boden eine besondere Form hat oder für Türen und Schränke ausgeschnitten werden muss, sollte man eine Schablone aus Pappe anfertigen. Der Boden sollte dann außerhalb des Raumes zugeschnitten werden.

Links und ganz links: **Strukturierte Böden und Platten wie diese Kautschukware sind für stark frequentierte Bereiche in öffentlichen Gebäuden wie Krankenhäusern oder Warenhäusern entwickelt worden. Ihre außergewöhnliche Haltbarkeit und Strapazierfähigkeit sind auch in einer ganz normalen Küche sehr nützlich. Sie haben daher den Wohnbereich erobert und sind in einer breiten Auswahl interessanter Oberflächen und Farben erhältlich.**

Ein Trick hilft beim exakten Auslegen des Fußbodens mit weichen Platten. Der Raum wird zunächst ausgemessen und genau in der Mitte des Bodens mit einem Kreuz markiert. Um dieses Kreuz herum werden vier Platten in einem Quadrat angeordnet. Von dort aus wird der Boden dann weiter nach außen verlaufend verlegt. Dadurch entstehen gerade Verbindungslinien, die parallel zueinander über den Mittelpunkt des Raumes verlaufen.

Die luxuriösen Vertreter in dieser Kategorie sind Bodenplatten aus Leder. Zunächst erscheinen sie ziemlich teuer, aber Leder ist gemütlich, wohnlich und strapazierfähig und wird, wie Holz, häufig mit der Zeit immer schöner.

Als neueste Variante des Folienbelags hält Metall Einzug in die Wohnungen. Diese ziemlich neue Errungenschaft ist besonders in modernen Einrichtungen beliebt. Auch hier kommt es wie immer darauf an, dass der Boden sorgfältig verlegt wird. Metallboden ist am Stück oder in Platten erhältlich. Wie alle Bodenbeläge setzt er eine massive, ebene Grundlage voraus. Metallboden kann direkt auf einen Betonuntergrund geklebt werden. Bei einem Holzuntergrund empfiehlt es sich, eine Unterlage aus einer Hartholzplatte herzustellen, auf die die Bodenplatten dann geklebt oder geschraubt werden können. Achten Sie immer darauf, dass der Metallboden gegen jede Art von elektrischem Strom isoliert ist.

Unten: **Dieses aufpolierte Apartment in Stil der Sechziger ist durchweg modern eingerichtet. Der Industrielook des hellen Holzes und des Esstisches aus Stahl sowie der Sperrholzstühle wird von den glatten Kautschukplatten auf dem Boden wieder aufgenommen. Vor der großen Glasfront wirkt das strahlende Gelb zusätzlich sonnig.**

Oben rechts: **Ein Lederboden mag unpraktisch erscheinen, doch er ist langlebig und kann mit der Zeit immer schöner werden. Er sollte wie ein Holzboden regelmäßig gereinigt und etwa alle drei bis sechs Monate gewachst und poliert werden.**

Unten rechts: **Ein Schlafzimmer in luxuriösem Leder. Unter nackten Füßen fühlt sich die weiche, matte Oberfläche fantastisch an.**

Links: **In Diele und Korridor ruhen ganz schlichte Wände und viel Holz auf einem neutralen Teppichboden. Er lenkt die Aufmerksamkeit auf die geschickte Raumaufteilung, die Beleuchtung und die ausgestellten Objekte.**

Unten: **Ein heller Holzboden als Hintergrund für den abstrakt gemusterten Teppich. In sorgfältig eingerichteten Räumen mit vorwiegend hellen Farben und glatten Polstern können dynamische Muster auf Läufern und Teppichen zusätzliche Dramatik ins Spiel bringen.**

Rechts: **Diese moderne Einrichtung ganz in Weiß wird nur durch den karierten Überwurf und die Keramiksammlung unterbrochen. Der Hintergrund ist vollkommen weiß – auch der Teppichboden. Ein heller Hintergrund lässt die ausgestellten Objekte besonders hervortreten.**

Unten rechts: **Für eine Einrichtung im Retrostil sucht man immer nach passenden Stücken. Hier verleiht ein Teppich in dezenter Cremefarbe dem Sixties-Wohnzimmer die authentische Note.**

Oben, rechts und links: **Ein Teppichmuster kann einfach nur dekorativ sein wie der Teppich** *(links)* **mit der schwarzen Grafik. Das Muster kann aber auch die Architektur hervorheben und einen Weg andeuten** *(rechts)*.

Links: **Der Ponyfellteppich ist der ganze Stolz dieses weißen Raumes.**

Ganz links: **Das geometrische Muster des getufteten Wollteppichs passt gut zu den modernen Sofas.**

Teppich & Teppichboden

Ein weicher Boden hat zweifellos etwas Warmes und Gemütliches. Die Auswahl ist überwältigend, von feinsten, fest gewebten Wollteppichen über Teppiche mit Stickerei in leuchtenden Edelsteinfarben bis hin zu preiswerten Baumwollläufern und einfachen Flickenteppichen.

Der von Wand zu Wand verlegte Teppichboden, der lange Zeit populär war, verschwand aus dem Blickfeld, als nackte Holzböden und Stein begannen, die Bodenmode zu bestimmen. Nun steht er aber wieder hoch im Kurs. Teppiche haben ihre Beliebtheit niemals eingebüßt, denn es gibt sie in einer riesigen Auswahl an Farben, Formen, Größen und Mustern.

Auch natürliche Bodenbeläge aus Fasergewebe wie Schilf, Sisal, Kokos, Jute und sogar Papier erfreuten sich in früheren Zeiten zunehmender Beliebtheit. Die stabilen, farbneutralen Materialien werden fest verlegt.

Oberste Reihe, von links nach rechts: **Ein Teppich aus grau- und cremefarben gestreiftem Baumwollgewebe sieht zu hellem Naturholz gut aus. – Ein Teppich kann Muster in einen Raum mit glatten Oberflächen bringen. – Strapazierfähig: ein Belag aus Sisal. – Das Muster des rot gestreiften Wollteppichs auf der Treppe wird durch den flach gewebten venezianischen Wollläufer auf dem Hallenboden ergänzt.**

Links: **In diesem sonnigen Raum mit Naturholz und hellen, glatten Polstermöbeln definiert ein hellerer Teppich auf dem neutralen Teppichboden die Sitzecke. Bei der begrenzten Farbpalette genügt schon eine solche kleine Abwandlung in der Oberfläche, um einen Bereich abzugrenzen.**

Oben rechts: **Einen wirklich dramatischen Auftritt haben die breiten Streifen in Rot, Schwarz und Creme. Der Teppich ist aus einer schweren, kurzflorigen Ware und die roten Streifen werden in dem Überwurf über dem Sofa und den Bildern an der Wand wieder aufgegriffen. Der übrige Raum ist, im Kontrast dazu, schlicht eingerichtet.**

Rechts: **Hier werden die Oberflächen mit Bücherstapeln und Kissen betont. Auf dem Holzboden liegt ein Teppich in cremiger Steinfarbe, darüber ein heller grau-grüner Teppich aus schweren, langflorigen Wollquadraten.**

Zu den strapazierfähigsten Belägen gehört Sisal, der als Teppichboden von Wand zu Wand oder als Teppich erhältlich ist.

Bei der Auswahl des Teppichs sollte man Einrichtung und Funktion eines Raumes berücksichtigen. Teppichboden eignet sich für die meisten Räume außer Küchen und vielleicht Badezimmer, denn durch häufige Wasserspritzer kann der Boden faulen. Ein heller Boden sollte Zimmern für Erwachsene vorbehalten bleiben, damit er nicht die unvermeidlichen Spuren klebriger Kinderfinger trägt. Teppiche aus Naturfaser sind, mit Ausnahme von Sisal, ziemlich glatt und daher nicht für Treppen geeignet. Außerdem mögen sie keine Feuchtigkeit. Die neuen Teppiche sehen in jedem Raum des Hauses gut aus. Sie können einem Holzboden Weichheit verleihen und auf Teppichböden aus Wolle oder Naturfaser elegant wirken.

Aufbewahren & Dekorieren

Wenn es Ihnen gelingt, Ordnung zu halten, kann das Ihr Leben verändern. Stellen Sie sich einmal vor – keine fieberhafte Suche nach Gürteln, Büchern oder Mehltüten mehr, Schränke, die innen genauso gut aussehen wie außen. Tatsächlich ist der Übergang vom reinen Aufbewahren zur dekorativen Inszenierung fließend. Mehltüten können in offenen Regalen ebenso gut aussehen wie Bücher. Mit etwas Geduld, Erfahrung und der Bereitschaft, zuvor die eigenen Ansprüche zu klären, lässt sich eine elegante Lösung finden. Ein gut durchdachtes Aufbewahrungssystem kann entscheidend dafür sein, ob ein Haushalt gut organisiert ist oder nicht.

Das Prinzip geschickten Aufbewahrens und Dekorierens besteht darin, unansehnliche oder uninteressante Objekte zu verstecken und die reizvollen von ihrer besten Seite zu zeigen. Das ist gar nicht so leicht hinzukriegen – wobei das Aufbewahren im Allgemeinen schwieriger ist als das Dekorieren. Geschicktes Verstauen bedeutet nicht nur, Dinge zu verbergen, sondern auch, den Stauraum so gut wie möglich auszunutzen und dabei von der Chinasauce bis zu den eleganten Hüten alles im besten Zustand zu erhalten und natürlich auch so, dass es leicht wieder zu finden ist. Von den wenigen Ordnungsfanatikern unter uns einmal abgesehen, können nur sehr wenige Leute ehrlich von sich behaupten, das Problem des Aufbewahrens gelöst zu haben.

Geschicktes Aufbewahren folgt dem Prinzip, Gleich und Gleich zusammenzuhalten (alle Schlüssel an einen Ort, alle Keksdosen, alle Turnschuhe) und alles nach Gebrauch wieder zurückzustellen. So kann eine Speisekammer praktisch und ansehnlich zugleich sein, etwa wenn italienische und chinesische Lebensmittel getrennt voneinander aufbewahrt werden und die Marmeladen nicht bei den Essiggurken stehen. Kleidungsstücke sehen in Schränken und Regalen besser aus, wenn sie nach Farben geordnet sind, etwa von Schwarz nach Weiß, über Dunkelblau, Rosa und Beige. Schuhe sollten nach Absatzhöhe und Verwendung aufgereiht werden, am besten jeweils auf Spannern und auf speziellen Ständern. Das setzt vielleicht etwas Aufwand und einige Ausgaben voraus, doch zu wissen, dass hinter den verschlossenen Türen Ordnung herrscht, ist ein gutes Gefühl. Außerdem spart es Zeit – etwa wenn man beim Aufwachen sofort weiß, wo der schwarze Trench ist, oder entspannt kochen kann, weil alle Zutaten zur Hand sind.

Aufbewahren & Dekorieren – die Grundlagen

Während das Aufbewahren eine recht komplexe Angelegenheit sein kann, gestaltet sich das Dekorieren sehr viel einfacher. Man versucht, einen Raum zu verschönern, indem man Gegen-

Oben ganz rechts: **Aufbewahren und Dekorieren in einem. In den alten Kästen lassen sich gut sperrige Gürtel und Taschen unterbringen.**

Mitte ganz links: **Es gibt viele dekorative Aufbewahrungsmöglichkeiten – selbst für schwierige Gegenstände.**

Unten ganz links: **Gegenstände thematisch präsentiert: Leuchtturm, Schiffsmodell und Laterne erinnern an das Meer.**

Links: **Die besten Aufbewahrungsorte findet man durch Gewohnheit, wie in diesem Regal.**

Rechts: **Häufig kommt eine Dekoration intuitiv zustande. Hier schaffen die Farben Blau und Gold die Verbindung.**

Unten rechts: **Arbeitsbücher stehen in Augenhöhe und tiefer, bibliophile Exemplare stehen weiter oben.**

stände, die einem lieb sind, herzeigt, ob sie nun schön, ungewöhnlich, lustig oder wertvoll sind. Wer bereits einige Erfahrung im Dekorieren hat, arbeitet meist nach dem Gespür. Zu viel Überlegung lässt das Ergebnis nur künstlich wirken. Aber keine Sorge, durch Übung und viel Beobachtung entwickelt sich das Gespür. Sehen Sie sich Einrichtungen in Ihrem Umfeld an, überlegen Sie, was Ihnen gefällt, und versuchen Sie herauszufinden warum. Finden Sie auch heraus, was Sie aufstellen möchten. Dabei sollten Sie nicht zu konventionell vorgehen – eine Pyramide aus Konservendosen kann super aussehen, genau wie Stapel alter Kartons oder Schulbücher. Beide sind nicht teuer und gleichzeitig nützlich. Auch Ihren Stauraum können Sie zur Dekoration nutzen, von den mit Aktenordnern voll gestopften schwarzen und vergoldeten chinesischen Kästen bis hin zu Reihen gleich aussehender Rosenwasserflaschen mit altmodischen Etiketten.

Hier geht es um den Wandschmuck. Obwohl Bilder auch auf Regale gelehnt und Stoffe auf Betten und Stühlen ausgebreitet werden können, lässt sich ein Bild oder eine Stickerei immer noch am besten betrachten und vor Schaden und Abnutzung schützen, indem man es aufhängt.

Bevor Sie sich dem Vergnügen zuwenden, Muster an der Wand zu entwerfen, sollten Sie sicherstellen, dass jedes Motiv im bestmöglichen Zustand erhalten bleibt: also keine direkte Sonne auf zarte Pastells, Aquarelle oder Gobelins; keine

Links: **Wenn Sie ein ganz besonderes Bild besitzen, das nicht unbedingt wertvoll sein muss, präsentieren Sie es schlicht.**

Rechts: **Die Bilder über dem Sideboard im Retrostil wirken gut, weil jedes Motiv einen Bezug zu den Sechzigern hat.**

Ganz rechts: **Auf einem alten Konsolentisch steht chinesisches Porzellan in verschiedenen Formen und Größen, aber immer in einem dunklen Kobaltblau.**

Dekorieren mit Bildern & Textilien

Feuchtigkeit, die in Ölgemälde auf dem Kaminsims zieht oder hinter undurchdringlichem Plastik Fäulnis verursacht; keine morschen Bänder oder wackeligen Nägel, die abbrechen und die Bilder fallen lassen könnten.

Dann geht es darum, sich zu überlegen, was sie zusammenstellen möchten, wie viel Licht auf ein Objekt fallen soll (schlechte Bilder können in einer schummrigen Ecke gut aussehen) und ob die Bilder in großen oder kleinen Gruppen oder einzeln aufgehängt werden sollen. Bilder können mit Stoffen kombiniert werden – etwa ein edler alter Damast hinter einem Alten Meister (oder einer Reproduktion) – doch in der Regel verwendet man beide besser getrennt.

Beim Anordnen einer Bilderserie – in gleichem Format, mit ähnlichen Motiven – ist es am besten, wenn man sie mit passenden Rahmen versieht und ein paar Zentimeter auseinander hängt. Jedes Bild hat ein bestimmtes Muster und die Gruppe bildet ein weiteres Muster. Unterschiedliche Formen und Größen erfordern unterschiedliche Rahmen, doch auch diese sollten etwas gemeinsam haben. Glatte Aluminiumrahmen wirken neben prunkvoll vergoldeten weniger gut. Bilder müssen nicht zu einer Periode oder Stilrichtung gehören, sollten aber einen Berührungspunkt haben: Schwarz-Weiß-Radierungen würden gut passen, ebenso wie eilig hingeworfene Kohleskizzen – gleichgültig ob aus dem 18. oder 21. Jahrhundert.

Bevor die Bilder aufgehängt werden, sollte man auf dem Boden etwas mit der Anordnung

Oben: **Blumen über Blumen: Ein floraler Wandbehang und Schuhe mit Rosenmuster, davor ein hellrosa Stuhl.**

Oben links: **Schwarzweißfotos wurden ähnlich gerahmt über einen orientalischen Schrank mit vielen Schnitzereien gehängt. Durch die schlichten Fotos kommt die aufwändige Schnitzerei des Schranks gut zur Geltung.**

Großes Bild: **Eine bewusst schlichte Einrichtung: weiße Wände und Sisalboden, um die Form der Objekte und der Metallskulptur zu betonen.**

experimentieren. So werden Fehler deutlich, die man später sehen würde – falsche Farbkombinationen, unpassende Themen, die Tatsache, dass der Platz an der Wand nicht reicht. Außerdem lässt sich für jedes Bild noch der vorgesehene Platz anpassen und feststellen, ob das beste Bild in der Gruppe genügend zur Geltung kommt. Wenn Sie zum Beispiel einen echten Piranesi und acht billige Kopien haben, dann sollten Sie darauf achten, dass das Echte im Mittelpunkt steht.

Nach dem Augenmaß zu hängen ist besser als mit der Wasserwaage. Die Wände bilden keine perfekten rechten Winkel und besonders alte Wände widersetzen sich häufig dem stärksten Drill, sodass hier die Methode mit Wasserwaage und Lineal niemals funktionieren kann. Wichtiger ist die Gesamtwirkung.

Ganz links: **Eine Sammlung schöner alter Schuhe, sorgfältig nach Farben sortiert.**

Links: **Die Form der Holzkegel erinnert an Algen und Wasserpflanzen. Sie stehen auf einem Schrank im gleichen Farbton.**

Mitte links: **Hier steht die Sicherheit im Vordergrund: Jedes dieser wertvollen Stücke hat einen eigenen Platz in einem Glaswürfel. Die gesamte Ausstellung bildet eine Objektwand.**

Rechts: **In die Wand wurden Nischen eingetieft, um bestimmte Objekte auszustellen; nur dann zur Nachahmung empfohlen, wenn Sie sich in Ihrer Auswahl ganz sicher sind.**

Unten links: **Pfeifen Sie auf Konventionen und stellen Sie alte Messer und Gabeln in schwarze Rahmen. Hier kosten die Rahmen vermutlich mehr als das Besteck.**

Unten: **Ein niedriger indischer Tisch ist die geeignete Folie für eine Gruppe dunkler, interessanter Formen. Das Gesamtbild wird von den Töpfen im Hintergrund auf den kompakten Schränken wieder aufgenommen.**

Objekte ausstellen

Oberste Regel beim Ausstellen von Objekten ist, sie niemals als Nippes zu betrachten. Nippes, das sind die vielen kleinen Dinge, die man laufend geschenkt bekommt und eigentlich lieber dem Mülleimer übergeben würde. Objekte dagegen sind Stücke, die man liebt und schätzt, vielleicht auch in jeder Form sammelt und die zumindest eines gemeinsam haben: Sie entsprechen Ihrem persönlichen Geschmack. Seien Sie ehrlich und werfen Sie den blauen Vogel aus Kopenhagen von Ihrer Tante hinaus und machen Sie das beste aus Ihren Lieblingsstücken.

Denken Sie bei der Überlegung, wie weit Sie mit Ihrer Ausstellung gehen sollten, daran, dass Sie gelegentlich neue Teile kaufen und alte ausrangieren. Jedes wirklich teure Regalsystem, Beleuchtung und Ständer sollten anpassungsfähig sein. Indem Sie jedem Stück ringsherum viel Raum gönnen, kann es am besten zur Geltung kommen, denn so zeigt jeder schöne Topf, jede Skulptur und jede Muschel eine interessante Silhouette. Sie können überlegen, ob diese Form durch eine Hintergrundbeleuchtung hervorgehoben werden oder Muster und Oberfläche durch seitliche oder schräge Beleuchtung in den Mittelpunkt gestellt werden sollen. Auch ist zu entscheiden, ob das Objekt besser aussieht, wenn es allein steht oder ob es als Teil einer Gruppe ähnlicher Stücke besser zur Geltung kommt.

Eine weitere Überlegung sollte der Zerbrechlichkeit und dem Wert eines jeden Stücks gelten. Sie werden niemals etwas von Ihrem Tang-Pferd haben, wenn Sie bei seinem Anblick jedes Mal fürchten, es könnte vom Kaminsims fallen. Richten Sie stattdessen lieber sichere Schränke mit Glastüren oder tiefe Regale ein, die das Stück schützen. Wenn Sie Kinder haben oder häufig von Kindern besucht werden, brauchen Sie zur Sicherheit vielleicht verschließbare Türen.

Die besten Deko-Stücke sind allerdings nicht immer die wertvollsten. Eine Schüssel mit Mah-Jongg-Steinen, eine Reihe Gläser mit getrockneten Chilibohnen, ein Haufen vom Meer ausgewaschene Glasscherben – all das ist schön anzusehen, genauso wie in kleinen Kästen aufgereihte Getreidekörner oder alte Knöpfe, die noch auf die Karten genäht sind.

Oben und links: **Die farbigen Vasen zu arrangieren erfordert Geschick und Disziplin, damit ihre Farbtöne die Farbtupfer des Raumes werden. Die Vasen** *(Bild oben)* **haben ähnliche Formen und sind in Herbstfarben gehalten. Getrennt davon stehen die flachen Schalen darunter. Die Dreiergruppe** *(links)* **erinnert in der Form an Zwiebeln und ist zitrusfarbig.**

Bücher aufstellen

Oben links: **Zu große Regale kann man mit einem Bild füllen. Ein Bild sollte aber nicht vor einem Regal hängen.**

Oben: **Bei Büchern in vielen verschiedenen Farben schaffen ab und zu Ordner in nur einer Farbe Geschlossenheit. Hier haben sie die Farbe der Bürostühle.**

Links: **In einer Arbeitsbibliothek braucht man auch geschlossene Fächer für Unterlagen, Hefte und Zeitschriften, außerdem eine verstellbare Leiter, um die oberen Regale zu erreichen.**

Großes Bild: **Die würfelförmigen Fächer bieten Halt. Die Bücher kippen nicht um. Das Gelb der Regale wird von den Polstern aufgegriffen.**

Gegenüber ganz rechts: **Der ganz in Weiß gehaltene Raum bringt die hellen Bücher ins Blickfeld. Hellbraune Archivkisten und Kunstgegenstände heben die Farben zusätzlich hervor.**

Bücher sind dazu da, um gelesen zu werden, und eine Büchersammlung ist dazu da, dass man alle Bücher um sich hat, jedes an seinem Platz, vorausgesetzt, Sie haben das Glück, genügend Raum für eine Bibliothek zu haben. Beim Aufstellen von Büchern geht daher Gehalt vor Gestalt.

Nach diesem Prinzip – denn nichts ist schließlich plumper und nichts sagender als eine Bibliothek voller Bücher, die nur nach dem Aussehen gesammelt werden – gibt es verschiedene Möglichkeiten, die Bücher von ihrer besten Seite zu zeigen. Eine Möglichkeit ist, alle Bücher von einem guten Buchbinder in einer Farbe in Leinen binden und den Einband mit Goldbuchstaben versehen zu lassen. Das ist natürlich unheimlich teuer. Man kann auch nur diejenigen Bücher restaurieren lassen, die schon fast auseinander fallen, und ebenfalls passende Einbände wählen. Eine dritte Möglichkeit wäre, die Bücher in feste Schutzumschläge aus beliebiger Pappe oder festem Papier einzuschlagen (z. B. gibt es ein geeignetes Isoliermaterial in dunklem Türkis, das Bauleute verwenden). Viertens schließlich kann man Bücher kaufen, die ähnlich gebunden sind, und sie jeweils nebeneinander stellen. Alte Buchclubausgaben, Sammlungen von Reprints eignen sich dafür, ebenso Lexika, Auktionskataloge oder

Zeitschriften. Diese Blöcke bilden das Rückgrat der Regale. Nicht alle Bücher sehen gleich aus und sollen es auch nicht, aber ein paar ähnliche hier und da sehen gut aus und wirken solide.

Wenn Sie ungefähr wissen, was in den Regalen stehen soll – kleine Taschenbücher, Bildbände, Infobroschüren –, bemessen Sie Höhe und Tiefe entsprechend, denn die Bücher wirken am besten, wenn sie genau in die Regale passen. Über den Büchern sollten noch etwa 10 cm als Spielraum für den Zeigefinger frei bleiben. Wenn Sie viele große Bücher mit weichem Rücken haben, sollten die Regale nicht so lang sein, auch wenn dann weniger Bücher hineinpassen. Stufen Sie dann die Regalhöhe entsprechend ab, sodass die größten Bücher unten und die kürzesten oben sind, wobei das oberste Regal groß genug für Taschenbücher sein sollte. Für Bücher in einem besonders langen Format brauchen Sie vielleicht eine Verlängerung an der Vorderseite. Auch wenn die meisten Bücher in offenen Regalen gut aussehen, gibt es vielleicht doch einige, die sehr dünn oder weich sind, oder Eselsohren haben. Sie lassen sich hinter Türen verstecken oder können sogar in Ordner geheftet werden. An anderen Stellen, an denen noch Platz ist, können zwischen den Büchern Bilder oder Fotos angelehnt oder Skulpturen und schwere Objekte wie Fossilien, Steine oder alte Messinggewichte eingestreut werden.

Oben: **Trotz scheinbarer Unordnung ein ruhiges Gesamtbild: In den Küchenregalen stehen Gegenstände in nur wenigen Farben – Weiß, Ocker, Beige.**

Links: **Aufgestapelte Würfel zeigen hier moderne Glasobjekte. In den anderen sind Bücher und Schallplatten untergebracht.**

Rechts: **In dem Regal wird mit Schwarz ein einheitlicher Eindruck geschaffen: schwarze Buchrücken und Schubladenknöpfe; eine dunkle Vase im Mittelpunkt.**

Gegenüber: **Spielzeug, vor allem das heiß geliebte, abgenutzte, hat einen eigenen Reiz. Hier ist es ordentlich in einfache weiße Regale eingeräumt.**

Regale

Regale eignen sich zum Aufbewahren und Dekorieren und lassen sich am besten nutzen, wenn man beides verbindet. Allerdings sollten dabei die Objekte der Blickfang sein.

Regale sollten sich nicht in den Vordergrund drängen. Sie sollten sorgfältig und fachmännisch gearbeitet sein und genau auf ihren Zweck hin eingerichtet, jedoch nicht aufdringlich oder so ausgestaltet, dass sie wichtiger werden als das, was darinsteht. Je mehr Regale genutzt werden, um darin etwas auszustellen – etwa bestimmte Sammlungen –, umso mehr sollten sie dafür eingerichtet sein. Umgekehrt sollten sie umso einfacher sein, je mehr sie dafür genutzt werden, Küchengeräte, Schachteln, Pulloverstapel oder Gartengeräte zu beherbergen.

Idealerweise sollten Regale nur so tief sein, dass die Gegenstände in nur einer Schicht hineinpassen. Allerdings ist das fast nie der Fall, doch ideal wäre es, wenn alle Tomatendosen in Regalen aufgereiht wären, die genau so tief sind wie die Dosen, und man nie wieder in den dunklen Ecken eines Schranks herumwühlen müsste. Gleichzeitig würden die aufgereihten Tomatendosen extravagant nach Andy Warhol aussehen und wären so selbst zu Objekten geworden.

Auch banalste Gegenstände werden attraktiv, wenn sie richtig gruppiert sind. Riesige Töpfe und Pfannen aus Aluminium machen auf einem weißen Regal eine gute Figur, genau wie Spielzeug. Stapel passender Archivkästen können ebenso gut aussehen wie eine Skulptur, und Sammlungen blau-weißer Teller für den täglichen Gebrauch können eine Anrichte genauso schmücken wie altes Staffordshire-Porzellan.

Die Regale sollten die Sammlung zusätzlich abrunden. Für Keramik aus dem 18. Jahrhundert sollte es also eine eingebaute Anrichte sein, die zu dieser Zeit passt; in einer modernen Küche sollte alles versteckt sein, bis auf wenige Regale mit Küchengeräten aus Stahl. Eine Landhausküche zeigt alles her und es stehen überall geflochtene Weidenkörbe, Brottöpfe und Früchteschalen auf den Regalen.

Links: **Dosen, Packungen und Tüten sollten am besten von allen Seiten einsehbar sein. Eine ideale Lösung ist dieses clevere System aus Metallgestellen in Schiebetüren.**

Großes Bild: **Der Kleiderschrank eines gut organisierten Herrn bietet Raum zum Aufhängen der Krawatten und Anzüge und offene Regale für die Hemden. Außerdem gibt es tiefe Schubladen und einen Spiegel.**

Unten, ganz rechts:
Eine ältere Stereoanlage kann in interessanten Schränken untergebracht werden.

Unten links: **Heute sehen Stereoanlagen attraktiver aus. Hier steht sie auf Böden hinter Schiebetüren und kann je nach dem versteckt oder gezeigt werden.**

Unten rechts: **Große, massive Schränke kann man (fast) verschwinden lassen, indem man sie in der Farbe der Wände des Raumes streicht.**

Gegenüber, unten links:
Reihenweise praktische Schubladen, hier mit kleinen, aber auffälligen Griffen im Shaker-Stil. Sie sind in den gleichen Farben gestrichen wie die Tür.

Gegenüber, rechts:
In diesem Schlafzimmer besteht die ganze Wand aus Schränken, die genau mit der Wand abschließen. Oben kann man seltener gebrauchtes Gepäck, Hüte und Ähnliches verstauen.

Gegenüber, ganz rechts:
Die Reihe von Schränken mit eingebauten Regalen steht über den Schubladen für spezielle Teile in allen Formen und Größen.

Schränke & Schubladen

Bei den meisten von uns würde eine kleine Lawine zum Vorschein kommen, wenn man uns bitten würde, die Schränke zu öffnen. Alle Dinge, die hineingestopft wurden, um die Illusion eines aufgeräumten Zimmers zu schaffen, würden sich vor uns ergießen. Im Idealfall dagegen würde der stolze Besitzer beim Öffnen der Türen einen rauschenden Applaus erhalten.

Ordnung ist machbar und erstrebenswert, auch wenn wir immer mal wieder einen Rückfall erleiden. Der Trick liegt darin, alle Mittel zu nutzen, die pfiffige Designer entwickeln, um so unterschiedlich geformte Teile wie Schuhe, Hüte, Fischpfannen und Pokémonkarten zu verstauen. Blättern Sie in Katalogen, und investieren Sie in Sockentrenner und Gestelle zum Aufhängen von Bratpfannen, denn das hilft Zeit und Nerven zu sparen.

Schränke und Schubladen sind nicht nur dazu entworfen worden, um Sperriges, Ramponiertes und Hässliches darin zu verbergen; sie sollen Schmutz und Staub fern halten, Motten und Essensgerüche aussperren und Bücher, Schallplatten und Sojasauce griffbereit halten. Ein wichtiger

Nebeneffekt ist, dass sie glatte Wände mit ihren Hölzern, Griffen und Vertäfelungen interessanter und abwechslungsreicher machen. Außerdem bieten sie eine Isolierung gegenüber Kälte und Lärm. Sicher können Schränke einen Raum verkleinern, aber wenn das Durcheinander ebenfalls reduziert wird, fällt dies gar nicht mehr so auf.

Schränke sollten zum Stil eines Raumes passen. Minimalisten möchten vielleicht, dass die Türen zu den Wänden passen und keine Griffe haben, während in klassisch eingerichteten Zimmern ein riesiger, frei stehender Mahagoni-Kleiderschrank, komplett mit kampfergetäfelten Schubladen, gut aussehen kann. Räume im Landhausstil können den Weg der Shaker einschlagen oder Einbauschränke aus alten Brettertüren verwenden. Für stark beanspruchte Bereiche dagegen wie Werkstätten, Badezimmer und Küchen sind glatte Metallschränke praktisch.

Aufbewahren ohne Möbel

In Katalogen für Bürobedarf findet man oft erstaunlich hilfreiche, möbellose Aufbewahrungshilfen. Archivboxen zum Selberbauen aus fester Pappe sind sehr günstig zu haben und ausgezeichnet geeignet, um darin Hemden und Pullover aufzubewahren oder Kinderspielzeug und Zeitungsausschnitte, ebenso wie richtige Archive und Unterlagen. Wählen Sie solide, gut aussehende Exemplare, achten Sie darauf, dass sie gleich aussehen und stapeln Sie sie hoch auf. Nostalgische Blechdosen sehen noch besser aus und sind ebenfalls nicht teuer.

Körbe sind eine weitere ausgezeichnete Möglichkeit, und es gibt Korbflechter, die Körbe exakt nach Ihren Maßen flechten. Günstiger sind natürlich fertige Körbe – vor allem aus östlichen Ländern –, die Sie ebenfalls in passender Größe für Ihre Regale finden können (wenn Sie nicht die Regale den Körben anpassen möchten). Körbe haben gegenüber Schubladen noch einen weiteren Vorteil: Man kann sie herausziehen, um zu sehen, was auf der Rückseite herausschaut.

Wer von Natur aus ordentlich ist, kann kleine Rollwagen unter die Arbeitsfläche schieben – vom Urtyp des Rollwagens aus den 1920er-Jahren aus dunklem Eichenholz bis hin zu modernen aus Stahl und Aluminium sowie Modellen fürs Büro mit vielen Fächern. Im Büro sind Rollwagen eine ausgezeichnete Hilfe. Nach Feierabend kann man alles, woran man gerade arbeitet, darin stapeln und den Wagen unter ein Regal rollen.

Flachere Kästen und Körbe sind ideal, wenn man wenig Platz hat: Man kann sie unters Bett schieben oder in Schränken unter der Treppe stapeln und sorgfältig mit Schildern beschriften.

Man kann die Unterlagen von abgeschlossenen Projekten hineinpacken und sie – wiederum gut beschriftet – auf dem Dachboden oder in der Garage säuberlich auftürmen. Wenn Sie wichtige Papiere einfach wegwerfen, werden Sie es sicher irgendwann bereuen.

In Zeiten voll gestopfter Häuser ist Platz ein wertvolles Gut. Haben Sie vielleicht Gegenstände, die Sie verstauen möchten, und leer stehende Möbel? Keine Schubladen und Schränke, sondern dekorative Kisten und elegante Schachteln. Sie können mit Fundstücken vom Trödelmarkt gefüllt werden wie alten Decken, nostalgischen Stoffen, die auf ihren Einsatz warten, und ausgesuchten Fotos und Negativen.

Auch Koffer liegen nach dem Urlaub meist ohne Inhalt herum. Warum sollte man sie also nicht das ganze Jahr über nutzen? In modernen Koffern lassen sich Kleidungsstücke, Kulturbeutel oder Schuhe unterbringen. Die Koffer kann man unsichtbar auf dem Boden der Schränke aufstapeln. Die alten Koffer allerdings – die mit Messingschloss und Griffen, die auf dem Gepäckträger transportiert werden müssen – werden sichtbar präsentiert.

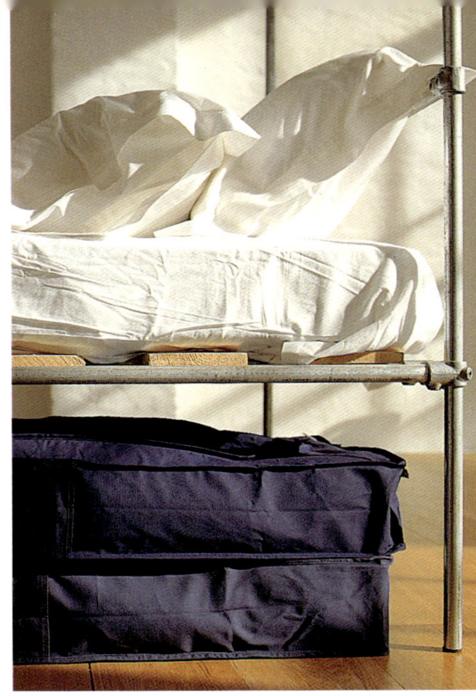

Oben rechts: **Moderne Kästen und attraktive Taschen wurden speziell dafür entworfen, um den Raum unter dem Bett zu nutzen.**

Unten rechts: **Widerstandsfähige Pappe oder leichtes Sperrholz kann zu neutralen und erstaunlich festen Schubladen und Kästen verarbeitet werden. Sie sind billig und stapelbar.**

Großes Bild: **Alte Kisten ansteigend gestapelt – eine moderne Methode, um vom Foto bis zum Pullover alles zu verstauen. Suchen Sie sich welche mit bunten alten Schildern heraus, auch wenn sie etwas verbeult sind.**

Gegenüber oben: **Körbe sind eine hübsche Alternative zu Schubladen. Sie können genau wie Regalbretter für ein bestimmtes Maß angefertigt werden. Frei stehende Körbe sind anpassungsfähiger als die üblichen Schubladen.**

Gegenüber links unten: **Passendes Geschirr, Gewürze und Küchengeräte sehen hübsch gestapelt auf offenen Stahlregalen gut aus. So werden Alltagsdinge zum Deko-Element und sind gleichzeitig ordentlich aufbewahrt.**

Gegenüber unten rechts: **Körbe sind äußerst vielseitig. Sie passen ebenso gut unters Bett wie in die Küche oder sind auf dem Boden gestapelt schön anzusehen. Man kann sie für Unterlagen im Büro genauso gut nutzen wie für Gemüse oder Handtücher.**

Fensterdekorationen

Die Fenster sind eines der wichtigsten architektonischen Ausdrucksmittel überhaupt, egal ob Sie von außen oder von innen darauf schauen. Deshalb ist es von großer Bedeutung, sie richtig „auszustatten“. Die Auswahl an Stilrichtungen ist riesengroß. Sie reicht von authentischen 18.-Jahrhundert-Vorhängen mit all ihren Verzierungen bis zu minimalistischen lichtdurchlässigen Rollos. Doch mit dem Blick fürs Detail und einer klaren Vorstellung wird es nicht schwer sein, Ihre Fenster ins rechte Licht zu rücken.

Richtlinien für die Gestaltung von Fenstern

Fenster sind der meistbeachtete Teil eines Raumes. Da sie tagsüber die wichtigste Lichtquelle bilden, wandert das Auge zuerst dorthin. Wenn das Arrangement stimmt, ist es nicht schwer, auch den Rest des Zimmers zu gestalten.

Zuallererst sollten Sie sich entscheiden, ob Sie den unveränderlichen Stil Ihres Fensters untermauern oder ob Sie dessen Form, Rahmen und Verglasung irgendwie verdecken bzw. dem Fenster einen fremden Stil geben möchten. Wenn Sie beispielsweise ein großes, schönes georgianisches Fenster Ihr Eigen nennen, dessen Ausblick nicht gerade erbaulich ist, können Sie es dabei belassen oder versuchen, die Aussicht zu verstecken.

Am besten ist es sicherlich, das Fenster einfach so zu lassen, wie es ist. Dann können Sie kaum irgendwelche Epochen- oder Designfehler machen. Wenn dies nicht sinnvoll erscheint, versuchen Sie so wohlwollend wie nur möglich eine andere Lösung zu finden. Eine Jalousie wirkt dabei besser als der Kasbah-Teppich, da Jalousien zu georgianischen Fenstern passen, Marokkaner jedoch weniger.

Sodann sollten Sie überlegen, wie Sie Ihr Fenster für die Nacht „ankleiden" möchten. Wer weiß, ob er beobachtet wird, so ohne etwas vor dem Fenster? Mit Fensterläden können Sie sich glücklich schätzen, Sie brauchen keine Vorhänge, die architektonische Merkmale nur schmälern würden. Besitzen Sie keine Läden und das Fenster ist besonders schön anzusehen, eignen sich einfache Rollos. Bei Tag verschwinden sie und bei Nacht verdecken Sie das Fensterglas. Eine andere Lösung, die zu jedem Stil passt (wie auch Rollos), wären Vorhänge aus einfacher weißer Baumwolle oder Leinen. Keine Blende, keine kunstvollen Vorhänge, sondern ein dünnes Stück Stoff, das zur Nacht vorgezogen wird.

Sollte das Fenster irgendwie unansehnlich sein oder Sie möchten es gemütlich, dann sind Vorhänge die bessere Option. Die Fensterfront kann mit voluminösen Vorhängen verschleiert werden. Auch andere hässliche Details können damit gemindert werden und der Vorhang ist dann wichtiger als das Fenster. Gleichermaßen geeignet sind zwei Vorhänge: ein Aufsehen erregender, der das Fenster umgibt und einer dahinter, der nachts zugezogen werden kann.

Wenn Sie sich mit der Gestaltung von Fensterarrangements beschäftigen, bieten sich die Lösungen fast von allein an. Wägen Sie das Pro und Kontra ab, entscheiden Sie, was für Sie ideal ist, kopieren Sie die Ideen anderer – und dann fügen Sie diesem Mix Ihren eigenen Stil hinzu.

Im Uhrzeigersinn von links: **Vorhänge aus dünnem Voile, Ton in Ton mit Wänden und Fußboden, verschleiern eine hässliche Aussicht oder Fensterrahmen. Das Licht wird gedämpft.**

Schwere Vorhänge in einer kräftigen Farbe lenken das Auge von einer langweiligen Aussicht ab.

Die tiefen Fenster gewinnen mit einem dreifachen Arrangement: Läden und Jalousien reduzieren Licht und Lärm von draußen, ein einzelner aufregender Vorhang und ein Spiegel dazwischen.

Die weiße Jalousie gibt den Blick auf den Garten frei. Die perfekte Lösung für einen heißen Tag.

Ein halb heruntergezogenes Rollo dämpft das Licht im Zimmer und verdeckt das Fenster dahinter. Der dunkle Rahmen verleiht dem Ganzen einen modern geometrischen Touch.

Rollos können dick oder dünn sein – je nach Bedarf. Hier reduziert ein Faltenrollo den Lärm von draußen. Ein rosa Vorhang gibt dem Ganzen etwas Weiches.

Drei herrliche Fenster bis zum Boden: Sie gewinnen noch durch die weißen Möbel und den umgebenden Raum. Die Rollos, auf unterschiedliche Länge herabgezogen, betonen die Form der Fenster, ebenso die Buchregale dazwischen.

Rechts: **Die drei hübschen Bogenfenster werden weder durch Vorhänge noch durch Rollos behindert. Der weiche Glanz der Läden verleiht ihnen besondere Attraktivität.**

Im Uhrzeigersinn von gegenüber oben links: **Zum Sprossenfenster passt das kräftige Karomuster der Vorhänge.**

Hier ist alles – von der Position der Möbel bis zum nackten Fenster – auf die Aussicht ausgelegt.

Die einfachen Vorhänge aus schottischem Leinen sind für das verbleite Fenster ideal. Das Karomuster und die Rauten des Fensters bilden einen schönen Kontrast.

Das Zimmer ist im amerikanischen Kolonialstil eingerichtet. Die Fenster sind in einem dunkleren Ton gestrichen als die Wände.

Wenn Vorhänge unpraktisch sind, z. B. im dampfenden Bad, eignen sich Läden.

Fensterbänke mit Kissen sind perfekt für Fenster mit schöner Aussicht.

Der Bogen vor dem großen Fenster fungiert wie ein zweiter Vorhang in einem Theaterstück.

Das Fenster bildet praktisch ein Kopfteil für das Bett, das wegen der schönen Aussicht eine Nebenrolle spielt.

Große Fensterflächen können ungemütlich wirken. Hier bieten lichtdurchlässige Rollos eine Lösung.

Fensterstile

Form und Material der Fenster spielen eine wichtige Rolle – egal ob Sie von außer oder innen betrachtet werden. In der Vergangenheit wurde der Stil des Fensters von den Glaskosten, der vorherrschenden Technologie, dem Bedürfnis nach Wärme oder Kälte und den zur Verfügung stehenden Materialien bestimmt.

Merkwürdigerweise optierten die Länder mit extrem hohen oder niedrigen Temperaturen für sehr kleine Fenster. In den Tropen waren Fenster durchbohrt und abgeschirmt, um die Hitze abzuwehren und eine Brise hereinzulassen, während sie im hohen Norden sowohl innen als auch außen mit Fensterläden verschlossen wurden, um die Wärme im Raum zu halten.

Heute in Zeiten von Zentralheizung und Klimaanlage ist es möglich, riesige Glasflächen einzubauen, die eine schöne Aussicht zulassen. Aber im Winter brauchen wir den Trost von schweren Vorhängen und Läden und im Sommer Jalousien oder Voile-Vorhänge zum Schutz vor der Sonne. Große Fensterflächen können zudem bei extremen klimatischen Bedingungen sehr unangenehm sein.

Kleine Fenster dagegen müssen optisch vergrößert werden. Am besten ist dies durch eine schöne Aussicht zu gewährleisten. Achten Sie darauf, dass genügend Licht durch die Fenster in den Raum fällt. Vorhänge, Rollos und Ornamente sollten die Fenster nicht verdecken. Streichen Sie Fensterbank und Umgebung in möglichst hellen Farbtönen, um das hereinkommende Licht zu betonen. In mediterranen Gefilden brauchen Sie für Sommer und Winter unterschiedliche Vorhänge: Heiße Sommer verlangen leichte Voiles, die kälteren Winter rechtfertigen schwere Stoffe, die vor Durchzug schützen.

Sind die Formen Ihrer Fenster interessant oder elegant, verkleiden Sie sie nicht unnötig mit überladenen Vorhängen oder Stoffen. Die meisten von uns haben ziemlich langweilige rechteckige Fenster oder – noch schlimmer – hässliche Exemplare. Sollten Sie zu den Glücklichen gehören, die runde Bögen, gotische Spitzen, an Corbusier erinnernde Fenster mit Metallrahmen, Stein-Stabwerk oder Shaker-Scheiben besitzen, herzlichen Glückwunsch! Das heißt: die Ausstattung des Fensters der Fensterform unterordnen.

Vorhänge

Die Fensterdekoration ist genauso eine Modefrage wie die Länge von Röcken oder die Aufmachung von Hüten. Der einzige Unterschied besteht darin, dass die Mode nicht ganz so schnell wechselt. Sie können die Trends ignorieren, doch das erfordert die Bereitschaft, es zu akzeptieren, bis es wieder modern wird.

Heutzutage werden Vorhänge eher „heruntergespielt". Viele der hier gezeigten Beispiele sind ungemustert und von heller Farbe. Die meisten sind lichtdurchlässig genug, um das Tageslicht hereinzulassen, und dünn genug, um sich im Wind zu blähen. Die Anregung für diesen Trend kam aus Schweden. Dort schätzt man leichte Vorhangstoffe. Schon auf Zeichnungen schwedischer Innenausstatter aus dem 19. Jahrhundert sieht man Vorhänge, die so dünn waren, dass reichlich Tageslicht ins Zimmer fallen konnte. Für die Nacht gab es Fensterläden.

Allerdings sind lichtdurchlässige Vorhänge in Schlafzimmern, wo es dunkel sein sollte, nicht die ideale Lösung. Doch sie können mit Rollos kombiniert werden und behalten auch dann noch ihre feine Zerbrechlichkeit. Alternativ kann man zwei Vorhänge anbringen – einen inneren, leicht und luftig, und einen äußeren, schwer und verdunkelnd (oder vice versa). An anderer Stelle im Haus bedarf es weniger Vielschichtigkeit. Die hauchdünnen Fensterdekorationen können den ganzen Tag über zugelassen bleiben, wenn die Aussicht nicht besonders und Ruhe wichtig ist, oder zum Teil beiseite gezogen werden und nur so viel Ausblick freigeben, wie man möchte.

Auch wenn der Trend in Richtung einfach und verblasst geht, ist es möglich, den Vorhängen etwas Farbe zu gönnen. Reines Weiß ist schön, vor allem in einem ganz in Weiß gehaltenen oder in einem dunkleren Grauton gestrichenen Raum. Das bildet schöne Kontraste zu Primärfarben und schwarzen Farbtupfern. Neutrale Farben können aber auch ins Creme gehen und damit einen wärmeren Effekt erzielen. Auch ein hübsches Limo-

Ganz links: **Der Vorhang im Schwedenstil ist weich, blass, transparent und bläht sich leicht im Wind.**

Links: **Die Vorhänge wurden aus kontrastierendem hauchdünnem Stoff in vertikalen Streifen genäht. Sie sind eine Augenweide. Das geringe Gewicht lässt den Stoff im Wind flattern.**

Oben: **Die lichtdurchlässigen Vorhänge schirmen ab, lassen aber noch ausreichend Licht ins Badezimmer. Alles andere trägt blasse Farben.**

Oben: **Vorhänge müssen nicht das ganze Fenster verdecken. Diese lassen den oberen Teil des Fensters frei. So entsteht der Eindruck, dass nur ein Teil der verglasten Wand wirklich Fenster ist. Reinweiße sparsame Vorhänge bedecken zwei schmale Seitenfenster. Das mittlere Fenster gibt den Blick in den Garten frei.**

Oben rechts: **Schlicht und vor allem waschbar sind diese Küchenvorhänge, die leider hin und wieder schmutzig werden. Der halbwegs lichtdurchlässige Stoff bildet einen unaufdringlichen Hintergrund und schirmt den Raum vor Passanten ab. Er lässt sich leicht auf einer versteckten Schiene öffnen und schließen.**

Rechts: **Die Fenster in französischem Stil lassen sich weit öffnen, um den Blick auf Balkon oder Garten freizugeben. Die Vorhänge lassen sich vor das Fenster ziehen, auch wenn es geöffnet ist.**

Gegenüber oben links: **Durch dieses großzügige Fenster fällt Tageslicht auf eine exotische alte Laterne und betont deren Farben und Linien. Ihre schmückende Form passt hervorragend zum Balkongitter.**

Gegenüber rechts: **In den 1980er-Jahren wären diese Vorhänge glänzend, besetzt und bunt gewesen. Heute wirkt die faltenreiche Ausstattung romantisch. Der schlichte naturweiße Stoff unterstützt den Touch vom „Zimmer für den möblierten Herrn“.**

Ganz oben: **Ausdrucksstarke, riesige bogenförmige Verzierungen aus dunklem Stoff zieren den Rand des Vorhangs, der so Form und Gestalt erhält. Zugleich wird der Blick auf die Fenster und die Aussicht gelenkt.**

Oben: **Das Wohnzimmer hoch über der Stadt im 1930er-Jahre-Stil bezieht seinen Reiz aus hellem Holz, Leder, Stoffen und Wänden. Die Vorhänge hängen unter einer integrierten Blende und lassen viel Licht in den Raum.**

Oben rechts: **Fenster im Stil des 18. Jahrhunderts passen auch zum modernen Stil. Diese wurden äußerst einfach dekoriert. Die zurückhaltende Ausstattung macht Fenster und Aussicht zum Brennpunkt.**

Gegenüber unten links: **Der Designer dieser feinen, limonengrünen Vorhänge hat sich dafür entschieden, den Stoff bis auf den Boden fallen zu lassen. Die luftigen Gardinen sind unten geknotet. So fallen sie schöner.**

nengrün oder altes Rosenpink harmonieren mit Weiß und Grau. Dieser Stil zeichnet sich durch seine Schlichtheit aus, deshalb sollten Sie Zubehör wie Blenden und Stangen auf ein Minimum beschränken. Schwarzes Eisen, polierter Stahl und angestrichene Metallstäbe sind eine schöne Sache, genauso wie Blenden, die Haken, Schienen und anderes verdecken und die Farbe der Wände tragen.

Kein Grund zur Verzweiflung, wenn Sie Muster mögen. Sie sind nicht gänzlich verschwunden, allerdings werden sie zurückhaltender eingesetzt. Streifen, Schachmuster, Häkchen oder selbst gemalte Muster sind noch immer in, sofern sie dem einfachen Stil des 21. Jahrhunderts entsprechen und entsprechend eingesetzt werden. Gingham z. B. ist nicht auf den Country-Stil beschränkt – stellen Sie sich ihn in voller Länge an Stadthausfenstern des 18. Jahrhunderts vor – dahinter ein einfacher dazu passender Stoff. Städtischen Damast sieht man in Landhäusern und Toile gibt es in übersteigerter Form – mit stark vergrößerten Mustern. Der traditionelle Landhausstil lebt weiter: mit modernem gebleichtem Chintz, um wertvoll, oder verwaschen,

um alt zu wirken. Authentische Fensterdekorationen sind immer akzeptabel, und Chintz kann mit hübsch gemusterten Baumwollstoffen mit winzigem Blümchendesign gefüttert sein – genau wie im 18. Jahrhundert.

Authentizität besitzt jedoch weniger Ausstrahlungskraft als früher. Einst hätten Puristen sich die Haare einzeln herausgezogen, wenn Sie es gewagt hätten, Ihr historisches Fenster mit etwas zu schmücken, das nicht dazupasst. Heute ist praktisch alles erlaubt. In der Konsequenz nutzt man deshalb alle Arten von unkonventionellen Stoffen. Das ist kein Problem mehr: Je einfacher die Verarbeitung eines Stoffes ist, desto unkonventioneller darf er sein. Wagen Sie allerdings nicht beides zusammen – ver-

blasste Leopardenhaut ist ganz nett, nicht aber mit Rüschen. Designer halten mittlerweile Ausschau nach Kreuzungen zwischen modischen Bekleidungsstoffen und Teppichen, Kissen und Vorhängen. Meterweise Herrenanzüge – grauer Flanell, Kreise und schlimmster Nadelstreifen –, und sogar Reitertrikot ergeben schöne Vorhänge, da das Tuch einfach, fest und fließend ist, wenn man es in großen Längen aufhängt. (Versuchen Sie dies nur nicht bei Landhausfenstern.) Designer lieben auch Tattersall-Karo, Viyella-Hemdenstoff und Denim. Kaschmir und Seide kann sehr kostspielig sein, aber Sariseide mit schönen Stickereien können Sie bisweilen im Urlaub günstig erstehen, genauso wie günstige Batik-Baumwolle. Praktisch jedes Kaufhaus – ob zu Hause oder anderswo – bietet billige Stoffe an.

Die beste Möglichkeit, etwas zu entdecken, besteht darin, im Ausland die Fenster, Vorhänge und Kleidung der anderen Leute genau anzusehen. In Indien werden Sie auf duftige und leuchtende Seide stoßen, in Schweden auf Streifen und Karos in feinen Abtönungen, während Italien dürftiges Weiß mit applizierten Streifen für verglaste Schranktüren bereithält. Westafrika hat stilisierte Porträts von bedeutenden Politikern im Angebot und die USA sind ganz groß, was Flaggen angeht. Was Sie hier und da sehen, finden Sie meist auch auf Märkten und in Geschäften.

Schließlich können Sie mit Grips und Nadel ans Werk gehen. Einfache Stoffe werden in übergroße Karos und Streifen geschnitten, gesteppt oder an den Ecken mit Langettenstich mit kontrastierenden Farben genäht. Eher fantasielose Materialien wie Geschirrtücher, Küchentücher aus Leinen, Segeltuch oder Frotteestoff bilden zusammengenäht einen passenden Mix. Zierkanten werden oben oder unten, an den Ecken oder sogar in der Mitte hinzugefügt. Der Stoff kann zusätzlich umrandet werden, indem man Kette oder Einschlagfaden beseitigt oder mit passenden oder kontrastierenden Motiven appliziert. Feines Tuch kann horizontal oder vertikal gefaltet oder mit einer Biese besetzt werden, um dunklere Absätze gegen das Licht zu bekommen, oder es kann auf halber Höhe ans Fenster gehängt oder oben gefaltet werden, um eine Blende zu schaffen.

Oben: **Der Mustermix sorgt für Gewicht und Pracht. Der Vorhangstoff ergänzt die französischen Stühle.**

Links: **In diesem französisch inspirierten Wohnzimmer wiederholt sich das Tapetenmuster in der Vorhangkante. Die Vorhänge selbst sind allerdings schlicht.**

Gegenüber unten links: **In diesem Schlafzimmer schwächt die gestreifte Wand den Eindruck der schweren Karos ab. Eine Blende bringt Form in das Ganze.**

Links: **Obwohl es hier diverse Muster gibt, hält sich das Ganze durch die begrenzte Farbwahl in Grenzen. Die Vorhänge sind ein entscheidendes Element – die Streifen sind bestimmender als die anderen Muster.**

Oben rechts: **Alte Vorhänge oder Handarbeiten können Fenster oder Türen aufwerten. Reicht der Stoff in der Breite nicht aus, kann man das Ganze mit einem zweiten Vorhang oder einem Rollo auffüllen.**

Rechts: **Ein theatralisches Fenster: Die dunklen Vorhänge können so angehoben werden, dass Fenster und Rahmen freigegeben werden. Die hellere Rückseite der Vorhänge ist ein schöner Kontrast.**

Unten Mitte: **Ein schöner Mix aus Geranien und rot kariertem Gingham.**

Unten rechts: **Sogar die Gardinenstangen passen zu dieser dezent rosafarbenen Ausstattung.**

Oben links: **Riesige Fensterflächen können mit schlichten Rollos gezähmt werden. Einige sind heruntergezogen, sodass nur wenige Glasbereiche sichtbar sind.**

Ganz links: **Viele Stoffe eignen sich für Faltrollos. Hier ist ausdrucksstarker Paisley in zur Einrichtung passenden Farben auf verschiedene Längen herabgelassen.**

Rollos

Vergessen Sie Rüschenrollos. Sie gehören in eine Zeit, die lange schon vorbei ist. In dasselbe schwarze Loch sollten Sie auch alle Rollos werfen, die am Saum irgendwelche Kinkerlitzchen haben, Rollos, die nicht aus Vorhangstoff bestehen, und – sofern nicht gerade Retro-Kitsch – alle Plastikjalousien. Trotz des großen Ausmistens gibt es noch viele Rollos und Markisen, die nicht nur nützlich sind und gut aussehen, sondern auch schick sind. Der Trend geht in Richtung Einfachheit – der Minimalismus wurde schließlich angenommen und angepasst –, Verschleierung und wenige Muster.

Rollos und Markisen sollten besser professionell angefertigt werden. Denken Sie gar nicht erst daran, Ihr eigenes Springrollo zu basteln, es sei denn, Sie wollen Ihr Leben damit verbringen, es immer wieder mit der Hand aufzuwickeln, oder Sie geben sich damit zufrieden, dass es auf Halbmast oder – wo auch immer es gerade Stopp machen will –, hängt. Richtig angefertigt sind hoch gezogene Rollos und Markisen unauffällig, sie können am Fenster befestigt werden und rauben kein Licht. Auf diese Weise sind sie gut für dunkle Räume geeignet, wo jeder Lichtstrahl willkommen ist. Auch wenn Sie es neutral haben möchten, sind Rollos sinnvoll. Springrollos in Weiß oder Naturweiß, die zu den Farben des Raums passen, oder Rollos in einem schweren dunklen Material sind völlig unauffällig. Keine Bindfäden, Falten, Schleifen oder irgendetwas Baumelndes. Nur ein Stück Material. Vor einigen Jahren war es modern, Rollos in Rechtecke mit lustigen Szenen oder falschen Farbglasscheiben hineinzusetzen. Werfen Sie diese ebenfalls in den Abfalleimer der Geschichte.

Faltrollos sind ein bisschen leichter anzufertigen und leichter zu retten, wenn etwas schief läuft. Aber für all diese Schnüre und Bindfäden, die sicherstellen, dass ein Rollo hoch- und in den gewünschten Falten auch wieder heruntergeht, braucht es so etwas wie ein kleines mathematisches Genie. Vielleicht steckt hier die Idee für einen guten Job.

Oben: **Diese Faltrollos bestehen aus einem neutralen Stoff, erhalten aber Gestalt durch rote Ränder. Das breitere Rollo hat eine rote Einfassung einige Zentimeter vom Rand weg. Dadurch erscheinen die drei verschieden breiten Rollos einheitlicher.**

Links: **Weiche Stoffe passen zu Raffrollos. Diesem Esszimmer geben sie eine etwas lässigere Note.**

Oben: **Raffrollos können auch Lärm fern halten. Sie können „gepolstert" werden und sperren so Luftzug und Geräusche aus. Das Weiß in Weiß von Rollo und Kissen betont den Komfort.**

Links: **Die Rollos haben umgenähte Säume, dadurch entstehen Rahmen an den Kanten. Ihre Schlichtheit hebt das Kunsthandwerk darunter hervor.**

Faltrollos sind ein gutes Stück von der Einfachheit entfernt. Wenn der Stoff lichtdurchlässig ist, erhöhen die Falten die Farbintensität; ist er undurchsichtig, sind die Linien der Falten angenehm sichtbar. Sie sehen eher wie Rollos aus und sie verdrängen etwas mehr Licht, weil sie im oberen Teil des Fensters hängen. Sie lassen jedoch Muster (übergroße sehen allerdings schrecklich aus) und kontrastierenden Stoff als Belag zu. Und im Gegensatz zu Springrollos können Faltrollos fast aus jedem Stoff hergestellt werden.

Falt- oder Raffrollos sind darüber hinaus geeignet, Lärm abzuhalten, da sie gefüttert, mit einer Einlage versehen, gepolstert oder sogar gesteppt werden können. Doch nicht nur das. Man kann die Rollos mit Kontrastsäumen versehen, Streifen von kontrastierendem Stoff am Faltenende einnähen oder unregelmäßige Bambusstangen an der Rückseite anbringen, um eine interessante Silhouette zu erzeugen.

Während Jalousien aus Kunststoff definitiv zu den 1950er-Jahren gehören, gehören Leistenrollos aus unterschiedlichen Naturfasern in die heutige Zeit. Dazu gehören Holzjalousien – manchmal finden sie auch Anwendung als Schranktüren – und exotische Lattenversionen aus orientalischem Gras, gespaltenem Bambus und Rattan. Diese Modelle funktionieren gut, wenn man sie sorgfältig montiert, da sie über die raffinierteren Variationen natürlicher Stiele und Stängel verfügen. Sie können uneben, befleckt oder geädert in feinen Braun- und Beigetönen sein.

Der einzige Vorbehalt besteht darin, dass derartige Rollos sehr orientalisch wirken. Sie passen also gut in ein orientalisches Ambiente, etwa in ein Loft-Apartment, das karg mit chinesischen Möbeln ausgestattet ist, oder in einen Wintergarten mit exotischen Orchideen. Sogar in ein französisches Landhaus könnten sie passen, sofern die Stoffe provenzalischer Art sind (sie werden meist aus Indien importiert) oder in ein schlichtes modernes Haus, das der Holzmaserung und dem Glanz von Metall gewidmet ist, aber sie passen nicht in jedes x-beliebige Zimmer.

Mit Holzjalousien ist es nicht so kompliziert. Sie werden in beträchtlichem Ausmaß im Süden der USA und in der Karibik verwendet und eignen sich vor allem für warme Klimazonen.

Gegenüber unten links: **Sehr dünnes Schilfrohr bildet ein entzückend strukturiertes Rollo, leicht genug, um sich im Wind zu bewegen.**

Gegenüber unten rechts: **Diese ungewöhnlichen Rollos aus rauem Hanf lassen Licht durch, sind aber kräftig genug für das ständige Auf und Ab. Die Kanten sind in Weiß gehalten. Hochgezogen wird das Ganze von einer einzigen zentralen Schnur und einem Flaschenzug. Die Rollos harmonieren gut mit den getäfelten Wänden.**

Gegenüber oben: **Springrollos aus einem Stoff, der nur einen Ton dunkler als Wände und Tisch ist, sind halb hochgezogen, um etwas Licht hereinzulassen und möglicherweise etwas Hässliches dahinter zu verbergen.**

Ganz oben links: **Dieses hohe Fenster rahmen Kunststoffblenden ein, die Fensterläden nachahmen. Sie sind lichtdurchlässig genug, um in der Sonne zu leuchten.**

Oben links: **Einfache weiße Jalousien sind vorteilhaft für schmale Fenster. Die dunklen Lamellenspalten betonen die schwarzen Muster der Kissen und der Lampe.**

Oben: **Der Vorteil von Jalousien liegt darin, dass sie die Hitze des grellen Sonnenlichts abwehren. Wenn sie geschlossen sind, kommt noch etwas Licht in reizvollen Streifen herein.**

Rechts: **Weiße Jalousien bilden Muster an den Wänden und auf ihren Lamellen. Sie spenden jedoch weniger Schatten als die Jalousie im Foto darüber.**

Verzierungen

Es ist eine schöne Beschäftigung, alte Verzierungen und dergleichen für Vorhänge auf Floh- und Trödelmärkten und in Antiquitätenläden zu erstehen. Trödelmärkte in Frankreich sind hier besonders ergiebig, da die Franzosen ein besonderes Faible dafür entwickelt haben, Vorhänge, Rollos und andere Stoffe zu dekorieren.

Raffbügel aus vergoldetem Zinn, Messing oder Eisen sind allgemeine Blickfänge und eignen sich hervorragend, um schwere Stilvorhänge zu bändigen, und gestanzte Messingteile können in Blenden gesteckt werden. Die Fülle der Besatzartikel ist immens groß. Leidenschaftliche Sammler werden auf den Märkten ebenso alte, geschwungene Blenden aus gesteppten Toile de Jouy entdecken, die eigentlich für 4-Pfosten-Betten konzipiert wurden, aber genauso gut als Blenden fungieren können.

Französische Fabrikkanten stellen mittlerweile Besatzartikel und Vorhangdekorationen aus Metall her und beliefern damit die ganze Welt. Das hat natürlich andere Produzenten auf den Plan gerufen. Heutzutage findet man überall die gesamte Palette von farbenfrohen Bommeln, Troddeln, Goldfransen und bestickten Einfassungen, die Vorhänge aller Art erst vollständig machen, daneben kleine Messingklammern, Ringe für hölzerne oder metallene Gardinenstangen im viktorianischen Stil sowie verschnörkelte Eisenraffbügel und Stangen.

Diese Seite: **Eine theatralische Fensterdekoration. Im Kontrast zu den leuchtend weißen Simsen bilden die Vorhänge und Rollos eine Einfassung für jedes Fenster. Diese werden zudem voneinander abgetrennt. Der Vorhangstoff versteckt den Raum zwischen den Fenstern und die Behänge der Rollos ahmen die Geometrie der Verglasung nach (die sich in den Streifen der Tischdecke wiederfindet). Die Vorhänge sind sehr üppig und fallen auf den Boden. Dies macht den kargen Effekt der Fensterausstattung weicher.**

Gegenüber, großes Foto: **Das sehr feminine Fenster kombiniert weiche Farben und Lichtdurchlässigkeit mit einer dekorierten Blende. Die Schlichtheit des Fensters und der Blick in den Garten bewahren das Arrangement vor allzu viel Niedlichkeit.**

Details, im Uhrzeigersinn von oben links: **Aus der Distanz sieht dieser leichte Vorhang wie Musselin aus, in Wirklichkeit handelt es sich um Kunstfaser. Dekorative dunkle Bügel halten ihn zusammen.**

Die Troddeln des mit Fransen besetzten Vorhangs sind über der Stange festgebunden. Die Vorhänge sollten daher nicht zu oft auf- und zugezogen werden. Das Tageslicht zeigt die Struktur des Stoffes.

Diese prächtige Dekoration verbindet ein gemaltes Deckendetail über dem Sims mit schweren Satinvorhängen an vergoldeten Holzringen auf einer vergoldeten Stange.

Das kräftige rote Muster und die Bommeln ergeben eine ausdrucksstarke Blende.

Raffrollos wirken gleichermaßen förmlich und lässig. Dieses Exemplar ist mit seinem reichen grauen Seidenstoff eher förmlich und kontrastiert mit der andersfarbigen Rückseite.

Zerbrechlich aussehendes Netzmaterial bildet hier ein Streifenrollo. Eine tiefe „unwirkliche" Franse gehört zu Vorhängen aus demselben Material, die vor dem Rollo hängen.

Ganz oben: **Geschwungene Eisen-Raffbügel passen zu einfachen Stoffen, als Kontrast oder unterstreichend.**

Oben: **Die Rüschenblende aus Vorhangstoff ist mittlerweile veraltet. Wesentlich gepflegter sieht es aus, den Vorhangstoff an einer Unterlage zu befestigen – ohne irgendwelche Falten. Sie können natürlich auch die Kanten verzieren, um den Rand klar zu definieren.**

All diese Dinge haben nur den Zweck, die Tatsache zu verschleiern, dass Vorhänge und Rollos nun einmal am bzw. über dem Fenster hängen und sich „benehmen" müssen, sobald sie auf den Boden fallen. Die Rüschen und Haken oben am Vorhang, all diese weißen Bänder und Schnüre – sie müssen irgendwie versteckt werden, und ganz ehrlich, die alte Faltenblende im passenden Stoff ist schon ein sehr alter Hut.

Dekorationen sollten in jedem Fall zum Ausstattungskonzept passen. Dann wirken Eisenstangen und Raffbügel in alten Häusern mit kleinen Fenstern und in modernen, in denen die Ornamente auf ein Minimum reduziert sind. Vergoldete Blenden und Raffbügel sorgen für Pracht – obwohl sie sowohl modern als auch klassisch sein können –, während Stoffdekorationen praktisch zu allem passen, außer zu Landhäusern. Seidentroddeln und Bommeln gehören am ehesten in klassisch gehaltene Räume, die mit Antiquitäten gefüllt sind, während Sackleinen- und Samtarten besser in moderne Wohnungen passen. Das heißt nicht, dass Sie nicht gegen die Konvention vorgehen können – stellen Sie sich den brillanten Mix aus farbigen Bobbeln à la Damien Hirst auf einem modernen Rollo vor oder Stangen aus poliertem Stahl in einer mittelalterlichen Halle. Beides kann gut funktionieren, wenn Sie mit Bedacht vorgehen.

Die Arbeit mit Stoffen lässt sich gut mit dem Herausputzen und Anziehen vergleichen. Sie bringt besonderen Spaß, da Sie Ihre ganze Fantasie einbringen können. Räume können sich durch unterschiedliche Accessoires völlig verändern – so lassen sich Sommer- und Winterzimmer kreieren –, während der kluge Einsatz von Farben und Kontrasten Highlights betont und nicht so Tolles verschleiert. Wenn Möbel das Designkonzept untermauern, sorgen Kissen, Polster und Bezüge für den modischen Touch.

Accessoires

Der richtige Einsatz von Accessoires

Selten werden Accessoires in einem Haus völlig ignoriert. Und wenn es so wäre, dann wäre das Haus arm dran. Wir alle waren schon einmal in einem jener minimalistischen Restaurants, in denen Wände und Böden betoniert sind und die Tische aus Metall bestehen. Was ist das Ergebnis? Eine brutale Kakophonie, da die Klangwellen der lauten Konversation auf harte Oberflächen aufprallen und widerhallen. Wie das reich verzierte Interieur des Wiener Opernhauses beweist, sorgen große Flächen matten Stoffes für eine ausgezeichnete Akustik.

Polster, Kissen und Bezüge sind zudem die anpassungsfähigsten, am häufigsten veränderbaren und variabelsten Elemente in einem Dekorationskonzept. Wenn Sie einen einfachen weißen Würfel vor sich haben, können Sie mit Stoffen – Gingham, französischem Toile, Samtbrokat oder nebelhaftem Voile – ohne weiteres den Stil ändern. Alles ist möglich, vom englischen Landhaus- bis zum provenzalischen Stil, von Palazzo bis zum schwedischen Gustavianismus. Ebenso können Sie mit sich beißenden Farben, überschwänglichen und ungeeigneten Mustern und einer wilden Zusammenstellung von Strukturen sogar aus einem perfekt proportionierten Raum mit den schönsten Möbelstücken einen völlig überschütteten Raum machen.

Es ist wichtig, es nicht so weit zu treiben, dass Cleverness mehr in den Vordergrund gerät als das Zimmer. Die stürmischen 1980er-Jahre sind ein grässliches Beispiel dafür, was passieren kann, wenn zu viel Geld mit zu viel Design zusammentrifft. Meterweise wurde verzierter Stoff um Gardinenstangen gedreht und gewunden und wie ein Lavastrom ergoss sich das Ganze auf den Boden. Die Ränder waren mit Bommeln versehen, verziert und gerafft – ein absolut überreizter Stil.

Mode, sogar im Interieur, ist eine launische Bestie, und man kann sicher davon ausgehen, dass nach der heutigen kargen und neutralen Ausstattung irgendwann einmal wieder ein überladener Stil das Sagen hat. Wenn Sie Ihre Vorhänge aus den Achtzigern immer noch lieben und dabei die Nerven behalten, können Sie die Meinung vertreten, 40 Jahre lang ein entzückendes authentisches Interieur zu besitzen. Aber Sie müssen davon ausgehen, jede Menge Kichern dafür zu ernten.

Wie auch Designerkleidung benötigt ein gut durchdachtes, wie auch immer neutral gestaltetes Interieur Farbtupfer, Struktur und sogar Überspanntheit, um erfreulich zu

Unten: **Bei den Resten und in alten Musterbüchern kann man geeignete Stoffe finden. Die Decke aus weichem Tweed in Braun, Beige und Grau wurde aus Quadraten genäht und mit einer Samtkante versehen. Die Kissen wurden – nicht besonders ökonomisch – mit Kaschmir bezogen. Ihre neutralen Töne ergänzen die natürliche Färbung des Tweeds und des Kamins in perfekter Weise.**

Oben: **Kluge Ideen entspringen häufig der Notwendigkeit. Designer suchen teure Stofffetzen und strecken sie, um damit Applikationen zu machen. Dieses Kissen ist mit glänzender und in Gold bestickter Sariseide bezogen, die mit einem breiten mittleren Band in Schwarz kontrastiert. Das Ganze wurde geschickt vor einem neutralen Seidenkissen drapiert.**

Oben: **Im neutralen Wohnraum, wo eigentlich jeder Farbton einfarbig ist und Schwarz, Dunkelbraun, Beige und Weiß vorherrschen, sind die Kissen die einzigen Farbtupfer. Der Effekt überrascht.**

Oben rechts: **Der Salon erstrahlt in Rot und Gold. Das einzige Muster findet sich in Kissen und Vorhang. Ihre Farben verknüpfen die unterschiedlichen Töne des Raums miteinander.**

Rechts: **Fernöstliche Muster und raue Seide sind sehr schick und ihre subtilen Farben sind ein echter Gewinn.**

wirken. Die neuen dekorationsarmen Vorhänge, die durch ihre Schlichtheit wesentlich billiger geworden sind, können für Sommer und Winter gewechselt werden, sogar der gesamte Raum kann entsprechend der Saison umgestaltet werden. Der Winter schreit nach Wolle, Tweed oder Samt; der Sommer fühlt sich mit leichtem Leinen, Seide oder Baumwolle wohl.

Entsprechend sind Bezüge, Überwürfe und Kissen unendlich variabel. Stellen Sie sich vor, Ihre Wintervorhänge seien aus grauem Flanell und Ihre Sommerversion aus französischem cremefarbenen Leinen. Im Winter können klobige Tweedkissen mit etwas Grau zwischen den bunten Fäden auf graue Kaschmirüberwürfe gelegt werden, während das französische Leinen mit leuchtenden grün-weißen Ginghambezügen und lose arrangierten blattgemusterten Baumwollkissen vervollständigt wird. Und wenn Sie das Ganze langweilt, können Sie Ihr graues Flanellkonzept mit knallrosa Samt aufpeppen und im Sommer vergoldete indische Seide in Ihr Dekorationsschema einbinden.

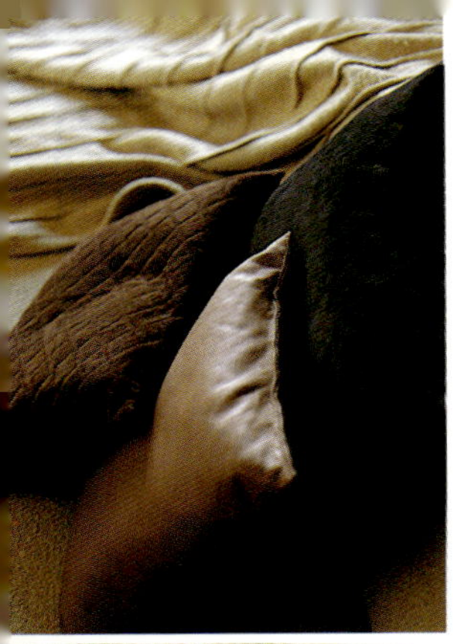

Oben und unten links: **Kissen, Bezüge und Polster haben nicht nur etwas mit Farbe und Stoff zu tun, auch Struktur und Oberfläche müssen stimmen. Diese Detailfotos zeigen, wie neutrale Töne miteinander einen Kontrast bilden können, nur weil die unterschiedlichen Oberflächen anders auf Licht reagieren. Wildleder und Leder sind ein perfektes Beispiel dafür: Wildleder mit seiner gebürsteten matten Oberfläche hält sich zurück und vermittelt Komfort, während Leder glänzend, schön und härter wirkt. Neutrale Stoffe wie Seide, glänzender Satin und matter Samt können mit Leder und Wildleder kombiniert werden.**

Der Baumwollstoff *(oben links)* **ist ein Druck aus modernen, neutral gehaltenen Quadraten, während die leuchtend angemalte Wand** *(oben rechts)* **einen tollen Hintergrund für die purpur-pinkfarbenen Kissen liefert. Der Stuhl im Leopardenmuster** *(links)* **würde gut in eine traditionelle Umgebung passen.**

Links: **Was macht dieses Zimmer so eindrucksvoll? Es ist die Idee, ein Sofa mit zartem Blumenchintz mit einem anderen zu kombinieren, das Leder und Samt zeigt. Hier funktioniert der Mix. Das liegt daran, dass Wände, Boden, Geländer und Möbel weiß sind. Hinzu kommt, dass der dunkle Farbton des Sofas auf den Schwarzweißfotos wieder aufgenommen wird. Auch führen die Kissen auf dem dunklen Sofa wieder zum Chintzsofa zurück. Das Zimmer wurde von jemandem eingerichtet, der ein geübtes Auge hat.**

Unten: **Wer ein Zimmer derartig mit Stoffen ausstaffiert, hat Spaß daran, sich und anderes zu verkleiden. Dabei ist das Ganze nur eine Variation einer einzigen Farbe. Das Interessante sind die unterschiedlichen Strukturen. Die geometrischen Linien von Dielen und Esstisch führen das Auge des Betrachters zu dem ausschweifend applizierten hafermehl- und cremefarbigen Überwurf, der durch ausgesuchte Kissen besonders betont wird. Sogar die Position der Kristallkugeln ist beabsichtigt, um das Ganze zu reflektieren.**

Stoffe

Die Auswahl der Stoffe für ein Zimmer ist nicht einfach. Sehen Sie sich exklusive Magazine an, in denen noble Häuser zum Verkauf angeboten werden, um die vielen Fallstricke zu erkennen. Wohnzimmer sind mit Chintz, Orientteppichen und kunstvollen Kissen überladen; Esszimmerstühle sind wie Milchmädchen ausstaffiert und überall sind die Vorhänge zu kurz, zu grotesk oder bereit für eine Gartenparty.

Wenn Sie wissen, welchen Stoff Sie verwenden wollen, ist es gut, das ganze Outfit anzupacken. Würden Sie etwa Hut, Tasche und Handschuhe tragen, die nicht zusammenpassen? Nein, das würden Sie nicht. Also kombinieren Sie Ihre Vorhänge nicht mit der Tapete und den Kissen. Würden Sie eine mit Rosen bedruckte Baumwolle zu einem China-Touch mit Gingham verwenden? Dann müssten Sie schon reichlich Erfahrung darin haben, was zusammengestellt werden kann und was zueinander passt.

Wenn Sie sich an die Kissen, Polster und Bezüge eines Zimmers heranwagen – Sie können dies vor oder nach der Auswahl der Möbel tun –, liegt das Geheimnis in der Schlichtheit und Ruhe. Vorher müssen Sie entscheiden, wie der Raum genutzt werden soll – wird er das ganze Jahr über bewohnt, morgens und abends genutzt oder nur in einer bestimmten Jahreszeit – Fragen, die zuerst einmal beantwortet werden wollen. Schlichtheit meint, Muster unter Kontrolle zu halten – nicht mehr als zwei Stoffe, es sei denn, Sie sind ein Experte, und nicht zu dramatisch. Möchten Sie Muster mischen, ordnen Sie diese einem Thema zu. Das kann die Stoffart sein – Gingham, Say oder Toile – oder eine Farbe. Batikstoffe in Indigo aus Afrika passen schön zu Denim oder schwedischen Marinestreifen. Haben Sie Zweifel, schauen Sie sich an, was Designer tun und übernehmen Sie ihre Ideen für Ihr Zuhause.

Ruhige Stoffe meint nicht überzogen. Wenn Sie sich für einen weißen Chintz entscheiden, der mit purpurfarbenen Fuchsien und grünen Blättern bedeckt ist, sollten Sie den Rest des Raumes in einfachem Weiß, Purpurrot und grünen Farb-

Ganz oben: **Das Geheimnis liegt in der Schlichtheit. Man sollte sich an eine begrenzte Farbpalette halten und bei Mustern Disziplin wahren. Die gemusterten Sesselkissen bilden den Mittelpunkt vor dem ansonsten eher zurückhaltenden Hintergrund.**

Oben: **Wenn Sie nur eine einzige Farbe verwenden, können Sie auch Muster mischen. Verschiedene Karos, Streifen und einfache Rot-Weiß-Stoffe wurden mit nur einem Blumenmuster kombiniert. Der Rest des Zimmers – sogar Stuhl und Büchereinbände – sind einfach weiß.**

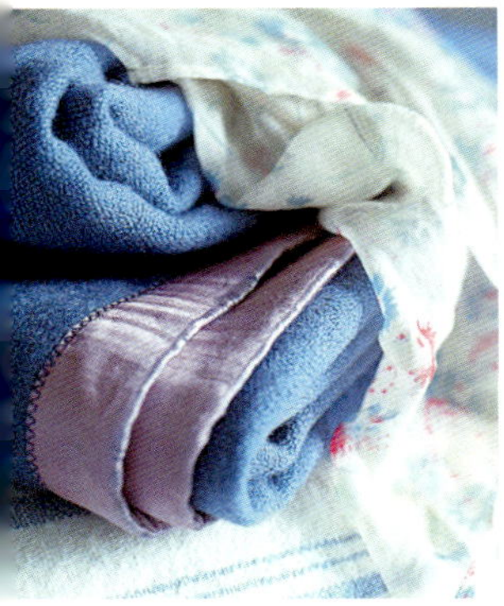

Ganz oben: **Wenn Sie wenige Farben verwenden, können Sie verschiedene Gewebe mischen – hier ein Ledersofa, Samtkissen und ein Mohair- und Satinüberwurf. Alle sind in Braun- und Cremeabstufungen und variieren von glänzend bis matt.**

Oben links: **Wolldecken haben oft einen Satinsaum – auch eine Idee für selbst genähte Überwürfe und Kissen.**

Oben rechts: **Wenn Sie Kissen mit Seide beziehen, sollten die Möbel einen Wollbezug haben. Das hat auch den Vorteil, dass die Kissen nicht rutschen.**

Ganz oben rechts: **Ein feminines Schema in nur einer Farbe. Das Weibliche entsteht durch die Strukturen: ein goldener Sari und Samtkissen.**

tupfern gestalten. Es wäre sonst zu gekünstelt. Sie können aber auch die Fuchsienform herausnehmen und mit ihr in unterschiedlichen Tönen und Strukturen spielen.

Lassen Sie nicht nur bei der Auswahl von Stoffen Vorsicht walten. Kissen, Polster und Bezüge müssen nicht immer aus Möbelstoffen angefertigt werden. Merkwürdigerweise ist es oft günstiger und auch effektiver, Kleiderstoffe zu kaufen. Grauer Flanell beispielsweise sieht, verarbeitet zu einem langen Vorhang, vor alten Fenstern umwerfend aus, da er so fließend herabhängt. Er passt aber auch zu Kissen und Stuhlbezügen. Tweed ist ein Männerstoff. Er kann recht teuer sein, aber er hält besonders gut und ist reich an subtilen Farbabstufungen, die von anderen Objekten im Raum wieder aufgenommen werden können. Afrikanische Stoffe von Märkten auf der ganzen Welt gibt es – farbig auch – in zurückhaltenden Kombinationen. Bei einigen von ihnen muss man allerdings lauthals lachen – das können Sie aber auch von vielen Kissen sagen. Alte Kleidung ist ebenfalls eine wunderbare Quelle: vom charakterreichen alten französischen Leinen – oft mit gestickten Monogrammen – bis hin zu Wandteppich- und Stickereifetzen, die man in einer Collage verwenden kann.

Oben: **In dem dezenten Raum hat nur die Pelzimitation ein Muster. Sie zieht das Auge an.**

Links: **Die strukturierten Kissen sind aus Wollgarn. Das Polster ist mit einem farblosen honigbraunen Filz überzogen.**

Rechts: **In dem schlichten Schlafzimmer fällt der Blick nur auf den gestickten Überwurf.**

Bei der Auswahl der Stoffe sollten Sie einzelne Räume nicht isoliert betrachten. Menschen laufen von einem ins andere Zimmer, also sollte eine gewisse Kontinuität vorhanden sein. Das heißt nun aber nicht, dass Sie nicht in einem einzigen Haus vom Florentiner Damast aus dem 16. Jahrhundert zum 1990er-Plastik wechseln können, allerdings sollten Sie eine Form von visueller Warnung anbringen. Um es noch einmal zu betonen: Es sind die Komplementärfarben, die das Ganze steuern, genauso wie ein konstantes Thema – Rosen durch die Jahrhunderte, Say, Karos und Schottenstoff.

Ganz oben rechts: **Alte Fundstücke bedecken das Bett: Spitze, Leinen und prächtig verziertes Tuch, aber alles aus einer Farbpalette.**

Mitte rechts: **Indigo und Weiß passen immer, auch mit solchen Mustern wie hier. Für Ordnung sorgen das in Weiß gehaltene Kopfteil und Wände in einem sanften Blauton.**

Oben: **Überwürfe können die Betonungen in einem Raum verändern. Der alte Sessel hat einen schlichten, leichten Behang, über der Lehne hängt eine Wolldecke – einen Ton dunkler. Dunkler sind die Kissen auf dem Fensterplatz. Dieses Sommerschema könnte für den Winter umgestaltet werden.**

Oben rechts: **Naturweiße lose Bezüge reduzieren die Wuchtigkeit dieses großen Sofas. Der blasse Stoff erhöht gleichzeitig den Lichtanteil im Raum.**

Rechts: **Hässliche braune Holzmöbel gewinnen, wenn sie mit weißer Farbe angestrichen und die Linien hervorgehoben werden. Der kleine Tisch und der große Sitz vermitteln ein schwedisches Feeling, das durch die Kissen aus Gingham in einem gustavianischen Grünton mit Braun noch verstärkt wird.**

Ganz links: **Das Matratzenstreifenmuster ergibt schöne Kissen und Vorhänge. Die Rückenkissen sind an das legere Sitzmöbel angebunden.**

Mitte links: **Beim Kauf von Möbeln sollten Sie mehr auf die Form als auf die Polster achten. Hässliche Bezüge können Sie wie hier in zartes Leinen einpacken. Allerdings sollte der Stoff einfach sein.**

Oben: **Details – z. B. wie Vorhänge aufgehängt und Kissen auf Stühlen befestigt sind – sind wichtig. Diese Stühle haben Kissen mit langen Bändern, über Kreuz am Stuhlbein festgebunden.**

Links: **Klobige Sessel oder Sofas sind einladender, wenn sie mit Chintz eingekleidet werden. Blasse oder abgenutzte Blumenbaumwolle kann man auch neu kaufen.**

Lose Überwürfe

Ein loser Überwurf ist nicht nur praktisch, er sieht auch gut aus. Das Geheimnis liegt darin, einen Stoff zu finden, der mit den Kurven und Ecken eines Sofas oder Stuhls umgehen kann. Schlichte Stoffe sind hervorragend, aber auch Blümchen- oder zurückhaltende Naturstoffe sind geeignet. Geometrisches kann Probleme bereiten – allerdings sind Streifen und Karos im Allgemeinen kein Problem. Vermeiden Sie alles, was zu neu oder aufdringlich aussieht – viele Sessel und Sofas sind nicht besonders schön und sollten besser diskret bezogen werden, als sie in ein schreiendes Blumenmeer zu tauchen.

Haben Sie den Stoff ausgesucht (in einem Raum müssen nicht alle Sessel zusammenpassen – tatsächlich ist es besser, wenn dies nicht der Fall ist), bestimmen Sie die Art des Bezuges. Gerüschte Petticoats sind unmodern (und hässlich), deshalb sollten Sie sich für einen schlichten Volant und ein Minimum an Aufhebens entscheiden. Ecken können paspeliert werden, um ihnen Form und Ausdruck zu geben. Das funktioniert mit vielen Chintzstoffen und geometrischen Mustern. Schlichte Stoffe sehen selten mit kontrastierenden Paspelierungen gut aus.

Kissenbezüge sind auch eine Form von losem Überwurf und extrem anpassungsfähig. Sie sind zudem kostengünstig und einfach selbst herzustellen. In einigen Räumen, in denen sich weniger Kissen und Bezüge befinden, kann eine Variation der Kissenbezüge das Gesamtdekor verändern. Man kann die Kissen zum Beispiel je nach Jahreszeit wechseln. Winterkissen müssen etwas Kuscheliges haben und aus schweren Stoffen bestehen wie Tweed, Kordsamt, Samt und Kaschmir, dem gemütlichsten Stoff überhaupt. Die Farben sollten sich an der Jahreszeit orientieren: Warme Herbstfarben sind Braun und Rost, Scharlachrot und Karminrot. Der Sommer dagegen hält Saristoffe, Gingham, Matratzenstoff und altes französisches Leinen bereit. Blüten- und Blumenmuster sind dann kein Problem, genauso wie Karos, Matratzenstreifen und maritime Farben.

Kissen & Accessoires

Was Sie am schnellsten in einem Raum verändern können, sind die Accessoires, die Sie zum Schluss zufügen. Der heutige Stil verwendet jede Menge Stoff, auch für Pflanzen, Blumen, Gemälde und Tischdecken. Sie können also Stoff für realistische Seidenblumen wie Orchideen oder Blumenschalen, etwa dunkelrote Lilien, verwenden. Auch moderne Wandteppiche in leuchtenden abstrakten Mustern sind so en vogue wie die Einfälle, ein besonderes altes Kleidungsstück oder ein chinesisches Kostüm an die Wand zu hängen. Wenn Sie über große Wandflächen verfügen, suchen Sie eine geeigneten Platz für diese feinen bestickten Roben – es gibt sie in leuchtenden und exotischen Farben, und nicht zuletzt besitzen sie einen Wert.

Modernes Leben ist – wesentlich prosaischer – auf die Wolldecke gekommen. Von Kaschmir bis zu synthetischem Fleece, gestricktem Aran und Seidenschottenstoff – kein Stoffdesigner hat diese Möglichkeiten ausgelassen. Gleichzeitig mit den Decken kam tiefe luxuriöse Alpacawolle für das Kuscheln im Winter auf, glänzende, noble Pelzimitate, walisische Decken in leuchtenden Farben und kontrastierenden Stichen und helle Schottenstoff-Webarten, die angenehm auf den Schultern liegen.

Wenn Ihnen die Kosten zu hoch sind, müssen Sie keinen Designerschick kaufen. Die auf Märkten erworbenen alten Decken, Plaids und Reisedecken können aufgewertet werden, wenn man eine breite passende oder kontrastierende Kante zufügt oder applizierte Muster aus einem anderen Stück Stoff aufnäht. Nähen Sie alte verblasste Vorhänge auf einfachen, passenden Hintergrundstoff, um das Ganze zu verstärken. Kaufen Sie Pelzimitate im Fabrikverkauf und nähen Sie Filz auf die Rückseite.

Decken erfüllen mehrere Absichten: Sie verändern die Atmosphäre eines Raums sofort; sie verstecken hässliche Möbel oder etwas daneben geratene Polster; sie mildern die harten Linien von Betten und Sofas und sie geben einem förmlichen Raum eine lässige Note. Werfen Sie auch

Oben links: **Tweed ist wohl der geeignetste Stoff für Möbel, da die vielen Muster, Strukturen und Farben harmonieren. Hier wurde den Decken durch kontrastierende Einfassungen Gewicht verliehen.**

Unten links: **Übertreiben Sie es nicht mit Strukturen. Sehen Sie, wie dieser mit Straußenhaut bezogene Würfel in einem neutralen Wohnzimmer zum Mittelpunkt wird. Er ist so aufgestellt, dass er vom Lichteinfall profitiert.**

Oben und Mitte rechts: **Das hübsche Grün eines dünnen Saristoffes – mit einem schmalen Pinkstreifen – bildet einen Kontrast zu weichem Leder, Samt und Baumwolle. Pflanzen betonen die Farbe des Zimmers.**

Unten: **Bei der Suche nach Stoff für Accessoires sollten Sie überlegen, was der Raum bereits bietet. Hier ist es ein schmaler blauer Streifen im Fenster. Vermeiden Sie Übertreibungen – ein einziges paspeliertes Kissen gibt dem Ganzen die richtige Note.**

Oben links: **Schonbezüge schützen gelagerte Möbel. Aber warum sollte man Stühle nicht in durchsichtige Bezüge kleiden, um nur die Linien – nicht aber das Alter – zu zeigen?**

Oben rechts: **In dem naturweißen Wohnzimmer mit zwei Wildlederwürfeln sind Strukturen wichtig. Sessel und Sofa sind aus leicht angerauter Baumwolle.**

Links: **Diese Tischdecke wurde aus Leinwand hergestellt. Appliziert wurden lebhafte Blütenblätter und Kanten.**

Decken über Sofas und leichte Stühle und legen Sie sie auf Beistelltische und Esstische. Auch übereinander gelegt wie Pullover oder ordentlich gefaltet über der Sessellehne sehen sie gut aus.

Auf die Decken können Sie Kissen legen. Sie sollten mit Daunen oder Federn gefüllt sein – nicht ganz voll gestopft, wenn Sie den weichen Look lieber mögen. Sie können Kissen in allen möglichen Größen verwenden, von der Nackenrolle bis zum Taschentuch – so lang wie rund, quadratisch oder rechteckig. Keine Dreiecke, Sechsecke oder Sterne, bitte. Der Stoff für die Kissen sollte genauso gründlich ausgesucht werden wie alles andere, allerdings sind Kissen – wie die Krawatten im Outfit des Mannes – der Mode unterworfen, aber auch eine Chance, um einen Stimmungswechsel anzuzeigen oder die formelle Ausstrahlung des restlichen Raums zu durchbrechen. Wenn Sie Ihr Konzept gefunden haben, sollten Sie das auch zeigen.

Wie große Sofas profitieren auch Betten von der Macht der Kissen – vor allem Gästebetten, die manchmal schrecklich aussehen. Ihr Bett macht einen guten Eindruck, wenn Sie es jeden Morgen genauso gründlich zurechtmachen wie sich selbst und am Abend wieder „entkleiden“. So bleibt Ihr Bett den ganzen Tag über ein Zufluchtsort, eine Stätte, an die Sie sich zurückziehen können, wenn irgendetwas mal nicht so gut läuft.

Da Stoffe die Akustik verbessern, sollten Sie davon reichlich in den Räumen verwenden, in denen es bequem sein soll. Neben Schlafzimmern gehören dazu auch Wohn-, Bade- und Kinderzimmer. In Badezimmern sollten bündelweise flauschige Handtücher liegen und solche Dinge wie Kulturbeutel, Make-up-Schachteln und Waschlappen, am besten in Weiß mit sanften Farbtupfern: Grau, Beige, Stein und Dunkelbraun sind sehr beruhigend.

Kinderzimmer dagegen blühen mit leuchtenden Primärtönen auf. Allerdings sollten Sie das Schema unter Kontrolle halten, indem Sie nur eine Farbe verwenden – Scharlachrot, Denimblau, Zitronengelb – und diese in Kontrast zu

Links: **Das Schlafzimmer im tropischen Stil hat keinerlei Verzierungen bis auf den Deckenventilator und das Moskitonetz. Volant und Boden passen zu den Wänden. Decken und ein Stapel Kissen in unterschiedlichen Pinktönen sind die einzigen Farben.**

Oben rechts: **Subtile Mischungen aus natürlichen Farben – Muschelschale, Granit, Creme, Draht und Stroh – sind in unserem umweltbewussten Zeitalter überaus modern. Und alle passen zusammen – wie auch in der Natur.**

Unten rechts: **Anstelle von Bildern können interessante Stoffe gute Wandbehänge abgeben und – wie in diesem Schlafzimmer – gut in ein Farbschema eingebunden werden. Der Wandbehang sollte allerdings den Anspruch haben, mehr als nur ein Stück Stoff zu sein. Hier wird das mit einer Schmuckkante erreicht.**

Ganz rechts: **Stoffe eignen sich nicht nur für Wandbehänge, sie können als Rahmen für Bilder, Fotos oder Drucke dienen. Dieser Baumwoll-Wandbehang in zwei Tönen mit dem einfarbigen Bild in der Mitte passt zur Satin-Bettdecke, zu den Federn, zum Lampenschirm und sogar zu den aufgeräumten Akten.**

Schwarz, Weiß oder neutralem Stein setzen. Versuchen Sie Spielzeug, Taschen und Schachteln, Stuhlkissen und Wäschebeutel nur in Abstufungen von Scharlachrot in Kombination mit Stein zu gestalten. Erwachsene und Kinder werden diesen klasse Effekt zu würdigen wissen.

Wohnzimmer können wesentlich mehr Accessoires vertragen. Auch hier gilt: Suchen Sie eine Farbe aus und spielen Sie mit ihr. Lackrot, Schokoladenbraun und Blattgrün können in Dutzenden von Abstufungen, Strukturen und Stoffen gemischt und mit echtem Chinalack, Ebenholzstücken und Blattpflanzen kombiniert werden.

Accessoires sind für das Thema eines Zimmers entscheidend. Beispiel Schottenstoff: Sie möchten in Ihrem Esszimmer einen schottischen Effekt erzielen, ohne mit Schottenkaro-Vorhängen und Teppichen zu übertreiben. Verwenden Sie den Stoff als Tischdecke und für die Servietten. Wenn Sie mögen, betonen Sie das schottische Element, indem Sie Messer mit Horngriffen und Bilder mit schottischen Burgen hinzufügen.

Bezugsquellen

DIVERSE

Bergmann – Natürlich Wohnen

Haferbachstraße 9–15
32791 Lage-Kachtenhausen
Tel.: (05232) 97 41 0
Fax: (05232) 97 43 55
Mail:
info@bergmann-moebel.de

Form Exclusiv

Poppenbeck 72
48329 Havixbeck
Tel.: (02507) 98 57 0
Fax: (02507) 98 57 60
Mail: info@form-exclusiv.de

Grüne Erde GmbH

Innstraße 51
84353 Simbach
Tel.: (08571) 9 10 30
Fax: (08571) 6 38 3

Habitat Deutschland

Berliner Alle 15
40212 Düsseldorf
Tel.: (0211) 86 50 90
Mail: info@habitat.net

IKEA

Am Wandersdamm 2–4
65719 Hofheim
Tel.: (06122) 20 95
Fax: (06122) 15 38 4

KARE Design OHG

Zeppelinstraße 16
85748 Garching-Hochbrück
Tel.: (089) 3 20 82-0
Fax: (089) 3 20 82-188
Mail: info@kare.de

Möbel-Edition-GmbH

Hoher Baum Weg 20
72202 Nagold
Tel.: (07452) 6 10 19
Fax: (07452) 59 29
Mail: info@formsache.com

Roset Möbel GmbH

Industriestraße 51
79194 Gundelfingen/
Freiburg
Tel.: (0761) 59 20 90
Fax: (0761) 58 15 18
Mail: info@ligne-roset.de

KÜCHEN & ESSZIMMER

ALNO AG

88629 Pfullendorf
Tel.: (07552) 21 0
Fax: (07552) 21 37 89
Mail: mail@alno.de

Bulthaup Küchen

Rissener Straße 105
22880 Wedel
Tel.: (04103) 93 43 20
Fax: (04103) 93 43 93
Mail:
info@bulthaup-kuechen.de

Cremers Haus der Küchen

Hormfeld 16
41748 Viersen
Tel.: (02162) 2 11 88
Fax: (02162) 1 25 90

Deelmann Möbel GmbH

Ramsdorferstraße
46354 Südlohn
Tel.: (02862) 9 80 60
Fax: (02862) 9 80 65 0
Mail: post@deelmann.de

Die Neue Küche GmbH

Baaderstraße 7
80469 München
Tel.: (089) 29 00 29-0
Fax: (089) 29 00 29-29

Dreier Küchensysteme GmbH

Hörlbacherstraße 20
93326 Abensberg
Tel.: (09443) 707-0
Fax: (09443) 707-199

Küchen Dross & Schaffer GmbH

Brienner Straße 12–14
80333 München
Tel.: (089) 2 86 08 0
Fax: (089) 2 86 08 20

Miele & Cie. GmbH & Co.

Carl-Miele-Straße 29
33332 Gütersloh
Tel.: (05241) 89 0
Fax: (05241) 89 20 90
Mail: info@miele.de

Musterhaus Küchen Deutschland GmbH & Co.

Im Gefierth 9a
63268 Dreieich
Tel.: (06103) 391 0
Fax: (06103) 391 119
Mail:
info@musterhauskuechen.de

Poggenpohl Möbelwerke GmbH

Poggenpohlstraße 1
32051 Herford
Tel.: (05221) 381 0
Fax: (05221) 381 321
Mail: info@poggenpohl.de

WOHNZIMMER

American Homestyles

Postfach 1202
77761 Schiltach
Tel.: (07836) 3 36
Fax: (07836) 13 56
Mail: info@american home.de

Anno Möbel

Grabenstraße 3
53359 Rheinbach
Tel.: (02226) 14 72 2
Fax: (02226) 14 66 7

Arkade Inneneinrichtungen GmbH

Mäuerchen 4
42103 Wuppertal
Tel.: (0202) 45 68 68
Fax: (0202) 45 67 90

Kokon Lifestylehaus

Lenbachplatz 3
80333 München
Tel.: (089) 552 51 40
Mail: info@kokon.com

Leolux Möbelfabrik

Elbestraße 39
47800 Krefeld
Tel.: (02151) 94 36 0
Mail: info@leolux.com

Möller Design GmbH & Co. KG

Residenzstraße 16
32657 Lemgo
Tel.: (05261) 9 85 95
Fax: (05261) 8 92 18
Mail: info@moeller-design.de

Octopus

Lehmweg 10 c
20251 Hamburg
Tel.: (040) 42 01 100
Fax: (040) 42 01 200
Mail: info@octopus.de

Raumgestalt GmbH

Dorfstraße 17
79872 Bernau
Tel.: (07675) 92 98 99 3
Fax: (07675) 92 98 99 9
Mail: info@raumgestalt.net

Rolf Benz AG & Co KG

Haiterbacherstraße 104
72202 Nagold
Tel.: (07452) 601 0
Fax: (07452) 601 282

Wohnkultur 66

Sternstraße 66
20357 Hamburg
Tel.: (040) 43 60 02
Mail: contact@wohn
kultur66.de

SCHLAFZIMMER

Aqua Royal

Bundesallee 192
10717 Berlin
Tel.: (030) 21 33 32 5
Fax: (030) 21 47 88 51

Breckle GmbH

Lange Lage 6–8
37154 Northeim
Tel.: (05551) 60 97 0
Fax: (05551) 60 97 60

Billerbeck

Postfach 220246
42372 Wuppertal
Tel.: (0202) 26 70 0
Fax: (0202) 26 70 40

Dunlop Tech GmbH

Birkenhainer Straße 77
63450 Hanau
Tel.: (02274) 92 29 0
Fax: (02274) 92 29 38
Mail: infodunlopillo.de

Form in Form Recticel Schlafkomfort GmbH

Postfach 60 01 05
44841 Bochum
Tel.: (02327) 945 3 35
Fax: (02327) 945 3 34

Gutekunst GmbH & Co.

Kapfstraße 4–10
72221 Haitersbach-Oberschwandorf
Tel.: (07456) 93 93 0
Fax: (07456) 93 93 80
Mail: info@gutekunst.de

Nolte Möbel GmbH

Konrad Nolte Straße 20
76726 Germersheim
Tel.: (07274) 51 0
Fax: (07274) 51 210
Mail:
info@nolte-germersheim.de

BADEZIMMER

A&S Bäder GmbH & Co.

Max-Eyth-Straße 9
71735 Eberdingen-Hochdorf
Tel.: (07042) 878 0
Fax: (07042) 878 900
Mail: info@aunds.de

Bad-Line

Querstraße 22
14656 Brieselang
Tel.: (033232) 3 55 16
Fax: (033232) 3 55 26

Bamberger GmbH & Co. KG

Friedensdorf
Postfach 1163
35228 Dautphetal
Tel.: (06466) 9 21 0
Fax: (06466) 9 21 163

Bette GmbH & Co. KG

Heinrich-Bette-Straße 1
33129 Delbrück
Tel.: (5250) 5 11 0
Fax: (5250) 5 11 130
Mail: info@bette.de

Casawell Service Gruppe Gustav Wellmann GmbH & Co. KG

Bustedter Weg 16
32130 Enger
Tel.: (05223) 165-0
Fax: (05223) 165-51621

EMCO Bad GmbH & Co KG

Breslauer Straße 34–38
49808 Lingen
Tel.: (0591) 91 40 0
Fax: (0591) 91 40 83
Mail: bad@emco.de

OASE Bäderdesign

Steinbeisstraße 14
73660 Urbach
Tel.: (07181) 86 00 0
Fax: (07181) 86 00 024
Mail:
urbach@oase-baederdesign.de

Villeroy & Boch

Postfach 1120
66688 Mettlach
Tel.: (06864) 810
Mail: info.k@villeroy-boch.com

ARBEITSZIMMER

Flötotto GmbH

Senner Straße 32
33335 Gütersloh
Tel.: (05209) 5 91 02
Fax: (05209) 5 91-270
Mail: info@floetotto.de

Hülsta-Werke Hüls GmbH & Co. KG

Gerhart-Hauptmann-Straße 43–49
48703 Stadtlohn
Tel.: (02563) 86 0
Fax: (02563) 86 14 17
Mail: huelsta@huelsta.de

Incasa Natur. Holz. Möbel. GmbH

Auf der Frankenburg 11
32838 Steinheim/Westfalen
Tel.: (05233) 94 12 25
Fax: (05233) 94 12 90

Kettler Möbel GmbH

Neheimer Straße 10
59469 Ense-Höingen
Tel.: (02938) 8 06 0
Fax: (02938) 8 06 51
Mail: vertrieb@kettler.de

KINDER- UND JUGENDZIMMER

Orsetto-Kindermöbel GmbH

Maximilianstraße 38
80539 München
Tel.: (089) 22 80 02 61
Fax: (089) 22 80 02 62
Mail: info@orsetto.de

Das Kinderzimmer

Kurfürstenstraße 55
80801 München
Tel.: (089) 27 16 80 0
Fax: (089) 27 16 80 1

Vibel Kindermöbel

Berliner Allee 23
40212 Düsseldorf
Tel.: (0211) 83 69 96 0
Fax: (0211) 83 69 96 7

Möbelgalerie und Art und Design

Regensburger Straße 44–46
90478 Nürnberg
Tel.: (0911) 53 08 83 8
Fax: (0911) 53 08 83 9

Heinrich Geuther Kindermöbel

Angerstraße 1
96268 Mitwitz-Steinach
Tel.: (09266) 8 01 33
Fax: (09268) 8 01 11
Mail: cosack@geuther.de

Wellemöbel GmbH

Wollmarktstraße 121
33098 Paderborn
Tel.: (05251) 8 83 0
Fax: (05251) 8 83 585

FARBEN

Alpina Farben Vertriebs GmbH & Co KG

Roßdörfer Straße 50
64372 Ober-Ramstadt
Tel.: (06154) 71 0
Fax: (06154) 71 632
Mail: info@alpina-farben.de

Auro Naturfarben

Alte Frankfurter Straße 211
38122 Braunschweig
Tel.: (0531) 28 14 10
Mail: info@auro.de

Caparol Farben Lacke GmbH

Roßdörfer Straße 50
64372 Ober-Ramstadt
Tel.: (06154) 71 0
Fax: (06154) 71 13 91

Dulux Farben ICI Paints Deco GmbH

Itterpark 2–4
40724 Hilden
Tel.: (02103) 2 05 80 0
Fax: (02103) 2 05 86 3

Sto AG

Zentrale und Verwaltung
Ehrenbachstraße 1
D-79780 Stühlingen
Tel.: (07744) 57 0
Fax: (07744) 57 2178
Mail: infoservice@stoeu.com

LAMPEN

Anta Leuchten

Osterbrooksweg 59
22869 Schenefeld
Tel.: (040) 839 10 37 + 38
Fax: (040) 830 25 15
Mail: info@anta.de

Berliner Messinglampen GmbH

Alt-Moabit 63
10555 Berlin
Tel.: (030) 3 99 50 36 0
Fax: (030) 3 92 19 18

Artemide GmbH

Hans-Böckler Straße 2
58730 Fröndenberg
Tel.: (02373) 975 0
Fax: (02372) 975 224

Interiorforum

Alexander Woidtke
Am Meerkamp 23
40667 Meerbusch
Tel.: (02132) 7 69 72 0
Fax: (02132) 7 69 72 1
Mail: service@interiorforum.de

Licht & Concept

Elpke 109
33605 Bielefeld
Tel.: (0521) 2 09 28 26

Licht + Form GmbH

Gautinger Straße 59 a
82152 Krailing
Tel.: (089) 8 95 16 20
Fax: (089) 8 57 38 10

Lichtleistung Ludewig

Westenhellweg 103
44137 Dortmund
Tel.: (0231) 16 26 83
Fax: (0231) 16 23 87
mail: info@lichtleistung.de

Milano Möbel und Leuchten

Königstraße 41
70173 Stuttgart
Tel.: (0711) 29 29 29
Fax: (0711) 29 33 83

Wohnlicht

In der Grande Galerie
Nürnberger Straße 24–26
91052 Erlangen
Tel.: (09131) 20 15 58
Fax: (09131) 20 16 78
Mail: Info@wohnlicht.de

FUSSBODENBELÄGE

ARO Heimtextilien GmbH & Co. KG

Schleifweg 45–53
90409 Nürnberg
Tel.: (0911) 36 55 0
Fax: (0911) 36 44 91

Dekowe Schürholz Teppichfabrik GmbH

Marienstraße 51–53
46284 Dorsten
Tel.: (02362) 6 00 10
Fax: (02362) 6 85 89

Fantasy Carpet

Zeisigstraße 15
33378 Rheda-Wiedenbrück
Tel.: (0180) 5 32 68 27
Fax: (0180) 5 32 68 28
Mail:
info@fantasy-carpet.de

Home Sweet Home GmbH

Postfach 2014
67210 Frankenthal
Tel.: (06233) 28 01 0
Fax: (06233) 23 90 41 6

JAB Anstoetz Teppiche

Dammhaider Straße 67
32052 Herford
Tel.: (05221) 7 74 0
Fax: (05221) 7 74 52

Kork- und Laminatwelt

Europastraße 15
72622 Nürtingen
Tel.: (07022) 3 36 55
Fax: (07022) 3 93 39

SCHRÄNKE & REGALE

AMCO GmbH

Amco-Straße 1–6
37619 Kirchbrak
Tel.: (05533) 4 04 0
Fax: (05533) 4 04 30

Cabinet Schranksysteme

Zum Schlicksacker 13
50170 Kerpen-Buir
Tel.: (02275) 92 03 60
Fax: (02275) 92 03 65

Peter Dany GmbH

Franz-Joseph-Strauß-Ring 4
80539 München
Tel.: (089) 21 93 93 89
Fax: (089) 21 93 93 59

Fischer Schranksysteme

Westenhellweg 138
44137 Dortmund
Tel.: (0231) 1 60 36 0
Fax: (0231) 1 65 50 20

Paschen & Companie GmbH & Co. KG

Stromberger Straße 27
59329 Wadersloh
Tel.: (02523) 28 0
Fax: (02523) 10 91

Fensterdekorationen Hubert Blome GmbH

Im Karweg 3
59846 Sundern
Tel.: (02933) 8 46 0
Fax: (02933) 8 46 100
Mail: info@blome.net

Nimbus/Rosso GmbH

Sieglestraße 41
70469 Stuttgart
Tel.: (0711) 63 30 14 40
Fax: (0711) 63 30 14 14
Mail: info@rosso-objekte.com

Raumkonzept

Gerhard Hendrischk BdH
Gottschedstraße 4
13357 Berlin
Tel.: (030) 347 047 48
Fax: (030) 347 047 49
Mail: info@raumkonzept.de

ACCESSOIRES

Alessi Deutschland GmbH

Große Elbstraße 68
22767 Hamburg
Tel.: (040) 38 60 00 0
Fax: (040) 38 60 00 38

Alfi Zitzmann GmbH

Ernst-Abbe-Straße 14
97877 Wertheim
Tel.: (0 93 42) 877-0
Fax: (0 93 42) 877-160
Mail: contact@alfi.de

Ars Habitandi

Postfach 1140
95100 Selb
Tel.: (09237) 89 06 74
Mail: post@ars-habitandi.de

Franzen KG

Königsallee 42
40212 Düsseldorf
Tel.: (0211) 1 30 78 0
Fax: (0211) 1 30 78 90
Mail: info@franzen.de

Heinrich Heine GmbH

76115 Karlsruhe
Tel.: (0180) 52 26 6
Fax: (0180) 55 24 524
Mail: service@heine.de

Laura Ashley GmbH

Neuer Wall 39
20354 Hamburg
Tel.: (040) 37 11 73
Fax: (040) 37 42 647

Leopold Vienna

Fischbachstraße 10
90552 Röthenbach
Tel.: (0911) 9 50 49 0
Fax: (0911) 9 50 49 22
Mail: info@leopold-vienna.com

Manufactum Hoof & Partner KG

Hiberniastraße 5
45731 Waltrop
Tel.: (02309) 93 90 50
Fax. (02309) 93 98 50
Mail: info@manufactum.de

Snowdonia Classics

Oetztalerstraße 7
81373 München
Tel.: (089) 74 31 24 0
Fax: (089) 74 31 24 25
Mail: carolin@snowdonia.com

Bildnachweis

ERKLÄRUNG: ***o***=oben, ***u***=unten, ***m***=Mitte, ***l***=links, ***r***=rechts, *Ph*=Photograph.

1 *Ph* Andrew Wood/Shell Beach, Californisches Zuhause von Chuck & Evelyn Plemons; **2–3** *Ph* Chris Everard/Apartment in London entworfen von Littman Goddard Hoggarth, Innenbeleuchtung Skandium; **4** *Ph* Polly Wreford/Courtney Brennans Apartment in New York entworfen von Ken Foreman; **6–7** *Ph* Polly Wreford/Mary Foleys Haus in Connecticut; **8–9** *Ph* Chris Everard/Reuben Barretts Apartment in London, Innenbeleuchtung Coexistence; **10*l*** *Ph* James Merrell; **10–11** *Ph* James Merrell/Gabriele Sanders Apartment in New York; **11*o*** *Ph* Tom Leighton/Decke und Kerze, Interiors Bis; **11*u*** *Ph* Andrew Wood/Haus nahe Antwerpen entworfen von Claire Bataille & Paul Ibens; **12*l*** *Ph* Tom Leighton/Roger & Fay Oates Haus in Herefordshire, The Long Barn, Eastnor, Ledbury, Herefordshire HR8 1EL (01531 632718); **12–13** *Ph* Andrew Wood/Bernie de Le Cuonas Zuhause in Windsor; **13*o*** *Ph* James Merrell/Haus in Sydney entworfen von Larcombe & Soloman; **13*u*** *Ph* Andrew Wood/Haus nahe Antwerpen entworfen von Claire Bataille & Paul Ibens; **14*ol*** *Ph* Catherine Gratwicke/Kimball Mayer & Meghan Hughes Apartment in New York entworfen von L. A. Morgan, Zeichnungen von Erin Parrish; **14*or*** *Ph* James Merrell; **14*u*** *Ph* David Montgomery/Sheila Scholes Haus nahe Cambridge; **15*ol*** *Ph* Chris Everard/Sugarman–Behun Haus auf Long Island; **15*or*** *Ph* Andrew Wood/Roger & Suzy Blacks Apartment in London entworfen von Johnson Naylor; **15*ml* & *ul*** *Ph* Andrew Wood/Bernie de Le Cuonas Haus in Windsor; **15*mr*** *Ph* Chris Everard/Haus in Hampstead, London entworfen von Orefelt Associates; **15*ur*** *Ph* Chris Everard/Haus in London von Seth Stein; **16*ol*** *Ph* Alan Williams/Apartment des Architekten Voon Wong in London; **16*or*** *Ph* Andrew Wood/Alastair Hendy und John Clinchs Apartment in London entworfen von Alastair Hendy; **16*ul*** *Ph* Chris Everard/Jonathan Wilsons Apartment in London, Innenbeleuchtung SCP; **16*ur*** *Ph* Alan Williams/Jennifer & Geoffrey Symonds Apartment in New York entworfen von Jennifer Post Design; **17** *Ph* David Montgomery/Carlton Gardens Apartment in London entworfen von Claire Nelson von Nelson Design; **18*ol*** *Ph* James Merrell/Dominique Lubar für IPL Interiors; **18*or*** *Ph* Alan Williams/Privates Apartment in West London entworfen von Hugh Broughton Architects; **18*ul*** *Ph* James Merrell/Rose Grays Wohnung in London entworfen von Hester Gray; **19*ol*** *Ph* Alan Williams/Apartment für Richard Oyarzarbal von Urban Research Laboratory, London; **19*or*** *Ph* Alan Williams/Apartment des Architekten Voon Wong in London; **19*ul*** *Ph* Alan Williams/Alannah Westons Haus in London entworfen von Stickland Coombe Architecture; **19*ur*** *Ph* Ray Main/Apartment in London entworfen von Circus Architects; **20*ol*** *Ph* Tom Leighton/Haus in London entworfen von Charles Rutherfoord; **20*om*** *Ph* Chris Everard/Paul Brazier & Diane Levers Haus in London entworfen von Carden & Cunietti; **20*or*** *Ph* Chris Everard/Calvin Tsao & Zack McKowns Apartment in New York entworfen von Tsao und McKown; **20*u*** *Ph* Alan Williams/Alannah Westons Haus in London entworfen von Stickland Coombe Architecture; **21*ol*** *Ph* Chris Everard/Mark Weinsteins Apartment in New York entworfen von Lloyd Schwan; **21*or*** *Ph* Alan Williams/Selworthy Apartment in London entworfen von Gordana Mandic und Peter Tyler von Buildburo; **21*u*** *Ph* Andrew Wood/Alastair Hendy und John Clinchs Apartment in London entworfen von Alastair Hendy; **22*ol*** *Ph* Christopher Drake/Nelly Guyots Haus in Ramatuelle, Frankreich, eingerichtet von Nelly Guyot; **22*or*** *Ph* Christopher Drake/Haus der Designerin Barbara Davis in New York; **22*ml*** *Ph* Fritz von der Schulenburg/Robert Kinnaman & Brian Ramaekers Haus in Wainscott; **22*mr*** *Ph* Simon Upton; **22*ul*** *Ph* Christopher Drake/Ali Sharlands Zuhause in Gloucestershire; **22*ur*** *Ph* Tom Leighton; **24*o*** *Ph* Christopher Drake/Haus der Designerin Barbara Davis in New York; **24*u*** *Ph* Alan Williams/Haus der Familie Arbuthnott nahe Cirencester entworfen von Nicholas Arbuthnott, Stoffe entworfen von Vanessa Arbuthnott; **25*ol*** *Ph* Simon Upton; **25*or*** *Ph* Tom Leighton; **25*ul*** *Ph* Christopher Drake/Enrica Stabiles Haus in Brunello; **25*ur*** *Ph* Jan Baldwin/Elena Colombos Landhaus an der Ostküste von Long Island; **26*o*** *Ph* Simon Upton; **26*m*** *Ph* David Montgomery/Haus in Connecticut entworfen von Lynn Morgan Design; **26*ul*** *Ph* Christopher Drake/Haus der Designerin Barbara Davis in New York; **26*ur*** *Ph* Christopher Drake/Renovierung & Inneneinrichtung entworfen von Chicchi Meroni Fassio, Parnassus; **27*o*** *Ph* Simon Upton; **27*or*** *Ph* Christopher Drake/Enrica Stabiles Haus in Mailand; **27*mr*** *Ph* Christopher Drake/entworfen von Lorraine Kirke; **27*ur*** *Ph* Tom Leighton; **28*o*** *Ph* Chris Everard/Bob & Maureen Macris Apartment auf der Fifth Avenue in New York entworfen von Sage Wimer Coombe Architects; **28*ul*** *Ph* Andrew Wood/Norma Hollands Haus in London; **28*ur*** *Ph* Chris Everard/Londoner Apartment von The Sheppard Day Design Partnership; **29*ol*** *Ph* Chris Everard/Apartment in Mailand entworfen von Daniela Micol Wajskol, Innendekoration, Zeichnungen von Cristina Ballini Antiquario, Mailand; **29*or*** *Ph* Alan Williams/Stanley und Nancy Grossmans Apartment in New York entworfen von Jennifer Post Design; **29*ur*** *Ph* Tom Leighton/Keith Varty & Alan Cleavers Apartment in London entworfen von Jonathan Reed/Reed Boyd; **30*ol*** *Ph* Ray Main/Apartment in New York entworfen von Laura Bohn Design Associates Inc., Licht von Lightforms; **30*or*** *Ph* Ray Main/Jonathan Reeds Apartment in London, Beleuchtung entworfen von Sally Storey, Design Director von John Cullen Lighting; **30*ul*** *Ph* Andrew Wood/Chelsea Loft Apartment in New York, entworfen von The Moderns; **30*ur*** *Ph* Andrew Wood/Apartment in London entworfen von James Gorst; **31*ol*** *Ph* Ray Main/Haus in Pennsylvania entworfen von Jeffrey Bilhuber; **31*or*** *Ph* Ray Main/Gai Harris Apartment in London entworfen von François Gilles und Dominique Lubar, IPL Interiors; **31*ml*** *Ph* Ray Main; **31*mr*** *Ph* Chris Everard/Florence Buchanan, Steve Harrison & Octavia Spelmans Haus in Tribeca, New York, entworfen von Sage Wimer Coombe Architects; **31*u*** *Ph* Andrew Wood/Media Executive Haus in Los Angeles, Architekt: Stephen Slan, Erbauer: Russell Simpson, Originalarchitekt: Carl Maston ca. 1945; **32*o*** *Ph* Polly Wreford/Mary Foleys Haus in Connecticut; **32*m*** *Ph* Ray Main/Jonathan Reeds Apartment in London, Beleuchtung entworfen von Sally Storey, Design Director von John Cullen Lighting; **32*u*** *Ph* Alan Williams/Stanley und Nancy Grossmans Apartment in New York entworfen von Jennifer Post Design; **33*ol*** *Ph* Tom Leighton/Keith Varty & Alan Cleavers Apartment in London entworfen von Jonathan Reed/Reed Boyd; **33*om*** *Ph* David Montgomery/Annabel Astors Haus in London ist komplett mit Möbeln und Accessoires ausgestattet, die exklusiv für ihren OKA Direct Mail Order Catalogue entworfen wurden; **33*or*** *Ph* David Montgomery/Haus in South London entworfen von Todhunter Earle Interiors; **33*mr*** *Ph* David Montgomery/Carlton Gardens Apartment in London entworfen von Claire Nelson bei Nelson Design; **33*u*** *Ph* Chris Everard/Innendesignerin Ann Boyds Apartment in London; **34*o*** *Ph* Verity Welstead/Lulu Guinness Haus in London; **34*u*** *Ph* Andrew Wood/Apartment von Michel Hurst & Robert Swope, Besitzer von Full House NYC; **35*o*** *Ph* David Montgomery/Sabina Fay Braxtons Apartment in Paris; **35*u*** *Ph* Fritz von der Schulenburg/Michael & Ruth Burkes Haus in Mississippi entworfen von Vicente Wolf von Vicente Wolf Associates; **36*ol*** *Ph* Chris Everard/Gentucca Binis Apartment in Mailand; **36*or*** *Ph* Polly Wreford/Ros Fairmans Haus in London; **36*u*** *Ph* Ray Main/Jonathan Leitersdorfs Apartment in New York entworfen von Jonathan Leitersdorf/Just Design Ltd; **37*o*** *Ph* Polly Wreford/The Sawmills Studio; **37*ul*** *Ph* Polly Wreford/Ros Fairmans Haus in London; **37*ur*** *Ph* Chris Everard/Gentucca Binis Apartment in Mailand; **38–39** *Ph* Andrew Wood/John Cheims Apartment in New York; **39*ol*** *Ph* Chris Everard/Gentucca Binis Apartment in Mailand; **39*or*** *Ph* Polly Wreford/Ros Fairmans Haus in London; **39*u*** *Ph* Polly Wreford/Carol Reids Apartment in Paris; **40–41** *Ph* Chris Everard/Apartment in London entworfen von Littman Goddard Hoggarth, Innenbeleuchtung Skandium; **42–43** *Ph* Andrew Wood; **44*ol* & *ur*** *Ph* Andrew Wood/Phillip Low, New York; **44*r*** *Ph* Andrew Wood/Kurt Brendenbecks Apartment bei Barbican, London; **45** *Ph* James Merrell/Sophie Sarins Wohnung in London; **46** *Ph* James Merrell; **47*ol*, *ml* & *or*** *Ph* James Merrell/Felix Bonniers Apartment in Paris; **47*ul* & *ur*** *Ph* James Merrell/Christine Walsh & Ian Bartletts Haus in London entworfen von Jack Ingham von Bookworks; **48*o*** *Ph* James Merrell/entworfen von Interni Interior Design Consultancy; **48*u*** *Ph* James Merrell/Douglas & Dorothy Hamiltons Apartment in New York; **49*ol* & *or*** *Ph* Fritz von der Schulenburg/Haus in Pennsylvania entworfen von Laura Bohn Design Associates; **49*u*** *Ph* James Merrell; **50*u*** *Ph* James Merrell/Haus in London entworfen von François Gilles und Dominique Lubar, IPL Interiors; **50*ol* & 50–51** *Ph* Andrew Wood/Norma Hollands Haus in London; **51** *Ph* Andrew Wood/Gabriele Sanders Apartment in New York; **52** *Ph* James Merrell/Grant Ford & Jane Baileys Haus in London/Küche von Rhode Design; **53*l* & *or*** *Ph* James Merrell/Nigel Rowes Haus in Middlesex/Küche von Crabtree Kitchens; **53*u*** *Ph* Henry Bourne/Haus in London entworfen von McDowell & Benedetti; **54*ol* & *ul*** *Ph* James Merrell/Charles Morris Mount & Harold Gordons Haus auf Long Island entworfen von Charles Morris Mount; **54*r*** *Ph* Andrew Wood/Loft von Peggy & Steven Learner entworfen von Steven Learner Studio; **54*ur*** *Ph* Andrew Wood/Haus in London entworfen von Guy Stansfeld; **54–55** *Ph* Ray Main/Alastair Gordon & Barbara de Vries Haus nahe Princeton entworfen von Smith-Miller + Hawkinson Architects; **55*ul* & *ur*** *Ph* James Merrell/John Alexander & Fiona Waterstreets Loft in New York entworfen von Lorraine Kirke; **56*ul* & *om*** *Ph* Christopher Drake/Renovierung & Innendesign von Chicchi Meroni Fassio, Parnassus; **56*um*** *Ph* Christopher Drake/Enrica Stabiles Haus in Mailand; **56*r*** *Ph* Henry Bourne; **57*ol*** *Ph* Henry Bourne; **57*or*** *Ph* James Merrell/Barrows Haus in Surrey entworfen von den Architekten Marshall Haines + Barrow/Küche von Chalon; **57*ul* & *ur*** *Ph* James Merrell/Sally Butlers Haus in London; **58*ol* & *or*** *Ph* James Merrell/Ash-Haus in London entworfen von Ash Sakula Architects; **58*ul*** *Ph* James Merrell/Etienne und Mary Millners Haus in London; **58*ur*** *Ph* Polly Wreford/Ann Shores Haus in London; **59*ul*** *Ph* James Merrell; **59*or*** *Ph* Christopher Drake/Melanie Thorntons Haus in Gloucestershire;

59mr *Ph* Fritz von der Schulenburg/Bunny Williams Haus in Connecticut; **59ur** *Ph* James Merrell/Haus in London entworfen von François Gilles und Dominique Lubar, IPL Interiors; **60–61** *Ph* Andrew Wood/Robert Kimseys Apartment in London entworfen von Gavin Jackson; **62** *Ph* Andrew Wood/Bernie de Le Cuonas Zuhause in Windsor; **63o** *Ph* Andrew Wood/Aude Cardinales Haus bei Paris; **63ul** *Ph* Chris Everard/Apartment in New York entworfen von Gabellini Associates; **63ur** *Ph* Tom Leighton; **64–65** *Ph* Andrew Wood/Rosa Dean & Ed Baden-Powells Apartment in London entworfen von Urban Salon; **66o** *Ph* James Merrell; **66u** *Ph* Chris Everard/Mark Weinsteins Apartment in New York entworfen von Lloyd Schwan; **67o** *Ph* Simon Upton/Barefoot Elegance; **67u** *Ph* Andrew Wood/Andrew Nobles Apartment in London entworfen von Nico Rensch Architeam; **68l** *Ph* Andrew Wood/Brian Johnsons Apartment in London entworfen von Johnson Naylor; **68–69** *Ph* Andrew Wood/Roger & Suzy Blacks Apartment in London entworfen von Johnson Naylor; **69ol & r** *Ph* Chris Everard/Eric de Quekers Apartment in Antwerpen; **70o & 70–71** *Ph* Andrew Wood/Apartment in Bath entworfen von Briffa Phillips Architects; **70ml, ul & ur** *Ph* Andrew Wood/Jamie Falla & Lynn Grahams Haus in London; **71o & u** *Ph* Andrew Wood/Han Fengs Apartment in New York entworfen von Han Feng; **72** *Ph* Andrew Wood/Brian Johnsons Apartment in London entworfen von Johnson Naylor; **73o** *Ph* Alan Williams/Gail & Barry Stephens Haus in London; **73m** *Ph* James Merrell; **73u** *Ph* Chris Everard/François Muraccioles Apartment in Paris; **74o** *Ph* Henry Bourne/Frédéric Mérchiches Apartment in Paris; **74u** *Ph* Alan Williams/Margot Feldmans Haus in New York entworfen von Patricia Seidman von Mullman Seidman Architects; **74–75** *Ph* Ray Main/Vicente Wolfs Haus auf Long Island, Beleuchtung entworfen von Vicente Wolf; **76ul** *Ph* Alan Williams/Haus der Designerin Barbara Davis in New York; **76or** *Ph* Chris Everard/Apartment in New York entworfen von Steven Learner; **76ur** *Ph* James Merrell; **76–77** *Ph* Ray Main/Julie Priscas Haus in der Normandie; **77o** *Ph* Alan Williams/Miv Wattss Haus in Norfolk; **77u** *Ph* Chris Everard/Apartment in Mailand entworfen von Nicoletta Marazza; **78–79** *Ph* Tom Leighton; **80** *Ph* Andrew Wood/Nicki de Metzs Wohnung in London entworfen von de Metz Architects; **81o** *Ph* Andrew Wood/Michael Benevento–Orange Group; **81u** *Ph* Henry Bourne; **82ol & ul** *Ph* Andrew Wood/Apartment in London entworfen von Littman Goddard Hogarth Architects; **82or** *Ph* Andrew Wood/Johanne Riss Haus in Brüssel; **82–83 & 83ol** *Ph* Andrew Wood/Brian Johnsons Apartment in London entworfen von Johnson Naylor; **83or** *Ph* Alan Williams/Haus der Familie Arbuthnott nahe Cirencester entworfen von Nicholas Arbuthnott, Stoffe entworfen von Vanessa Arbuthnott; **83u** *Ph* Chris Everard/Apartment des Sheppard Day Design Partnership in London; **84ol** *Ph* Jan Baldwin/Fern Mallis Haus in Southampton, Long Island; **84ul** *Ph* Alan Williams/Stanley und Nancy Grossmans Apartment in New York entworfen von Jennifer Post Design; **84or** *Ph* Andrew Wood/Johanne Riss Haus in Brüssel; **84–85** *Ph* Jan Baldwin/Robert & Gabrielle Reeves Haus in Clareville entworfen von Stutchbury & Pape Architecture + Landscape Architecture; **85ol & om** *Ph* Catherine Gratwicke/Sandsteinhaus in New York von Bonnie Young, Direktor Global Sourcing und Inspiration bei Donna Karan International, gestyled von Gaby Karan; **85or** *Ph* Henry Bourne; **86** *Ph* Catherine Gratwicke/Bryan Purcell, New Yorker Künstler; **87ol** *Ph* Chris Everard/Apartment in New York entworfen von Gabellini Associates; **87or** *Ph* Fritz von der Schulenburg/Irene & Giorgio Silvagnis Haus in der Provence; **87ul** *Ph* Fritz von der Schulenburg/Frank Faulkners Loft in New York; **87ur** *Ph* Chris Everard/Apartment in New York entworfen von Steven Learner; **88ol** *Ph* Polly Wreford/Glenn Carwithen & Sue Millers Haus in London; **88ol** *Ph* Jan Baldwin/Camp Kent entworfen von Alexandra Champalimaud; **88ul** *Ph* Chris Everard/Eric de Quekers Apartment in Antwerpen; **88ur** *Ph* Andrew Wood/Century; **89ol** *Ph* Ray Main/Londoner Apartment entworfen von Ben Kelly Design; **89ul** *Ph* Andrew Wood/Philip & Barbara Silvers Haus in Idaho entworfen von Mark Pynn A.I.A. von McMillen Pynn Architecture L.L.P.; **89r** *Ph* Andrew Wood/Jo Shane, John Cooper & Familien Apartment, in New York; **90l** *Ph* Polly Wreford/Glenn Carwithen & Sue Millers Haus in London; **90om & or** *Ph* Andrew Wood/Andrew Nobles Apartment in London entworfen von Nico Rensch Architeam; **90m** *Ph* Polly Wreford/Zuhause von 27.12 Design Ltd, Chelsea, NYC; **90u** *Ph* Tom Leighton/Loft in London entworfen von Robert Dye Associates; **91or** *Ph* Christopher Drake/Josephine Ryans Haus in London; **91ul & ur** *Ph* James Merrell; **92–93** *Ph* Andrew Wood; **94** *Ph* Polly Wreford/Kimberly Watsons Haus in London; **94–95o** *Ph* Chris Everard/Apartment von Sheppard Day Design Partnership in London; **94–95u** *Ph* Andrew Wood/Melwani-Haus entworfen von Bedmar & Shi Designers in Singapore; **95** *Ph* Chris Everard/Hilton McConnicos Haus nahe Paris; **96ol** *Ph* Christopher Drake/Ali Sharlands Haus in Gloucestershire; **96m & or** *Ph* Chris Everard/Haus in Highbury, London entworfen von Dale Loth Architects; **96–97** *Ph* Andrew Wood/Haus nahe Antwerpen entworfen von Bataille & Ibens; **97ol** *Ph* Chris Everard/Sugarman–Behun Haus auf Long Island; **97or** *Ph* Fritz von der Schulenburg/Frédéric Méchiches Apartment in Paris; **97ul** *Ph* Chris Everard/Emma & Neils Haus in London, Wanddesign von Garth Carter; **97ur** *Ph* Andrew Wood/Roger & Fay Oates Haus in Herefordshire, The Long Barn, Eastnor, Ledbury, Herefordshire HR8 1EL; **98** *Ph* Chris Everard/Richard Oyarzarbals Apartment in London entworfen von Jeff Kirby von Urban Research Laboratory; **99ol & or** *Ph* Chris Everard/Fred Wadsworths Wohnung in London entworfen von Littman Goddard Hogarth; **99m** *Ph* Andrew Wood/Apartment in London entworfen von Littman Goddard Hogarth Architects; **99u** *Ph* Chris Everard/Designer Alan Tanksleys Apartment in Manhattan; **100** *Ph* James Morris/Loftapartment in London entworfen von Simon Conder Associates; **101ol** *Ph* Chris Everard/One New Inn Square, privates Esszimmer und Zuhause von David Vanderhook; **101om & ol** *Ph* Chris Everard/Apartment in Paris entworfen von Bruno Tanquerel; **101ul** *Ph* Simon Upton; **101ur** *Ph* Chris Everard/Freddie Daniells Apartment in London entworfen von Brookes Stacey Randall; **102ol** *Ph* Andrew Wood/Haus in London entworfen von Bowles & Linares; **102or** *Ph* Chris Everard/One New Inn Square, privates Esszimmer und Zuhause von David Vanderhook; **102ul** *Ph* Chris Everard/Richard Hopkins Apartment in London entworfen von HM2; **102ur** *Ph* Andrew Wood/Haus nahe Antwerpen entworfen von Bataille & Ibens; **103ol** *Ph* Chris Everard/Apartment des Architekten Nigel Smith in London; **103or & ur** *Ph* Simon Upton; **103ul** *Ph* Chris Everard/Stephen Schultes Loftapartment in London; **104ol** *Ph* Andrew Wood/Alastair Hendy und John Clinchs Apartment in London entworfen von Alastair Hendy; **104ml** *Ph* Chris Everard/Haus in Hampstead, London, entworfen von Orefelt Associates; **104ul** *Ph* Chris Everard/Haus in Highbury, London entworfen von Dale Loth Architects; **104or** *Ph* Chris Everard/Tiffany Ogdens Haus in London entworfen von Andy Martin von Fin Architects & Designers; **104ur** *Ph* Tom Leighton/Haus in London entworfen von Charles Rutherfoord, 51 The Chase, London SW4 0NP; **105ol** *Ph* Chris Everard/Richard Oyarzarbals Apartment in London entworfen von Jeff Kirby von Urban Research Laboratory; **105ul** *Ph* Chris Everard/Paul Brazier & Diane Levers Haus in London entworfen von Carden & Cunietti; **105or** *Ph* Chris Everard/Gomez/Murphy Loft, London entworfen von Urban Salon Ltd; **105ur** *Ph* Chris Everard/Suzanne Slesin & Michael Steinbergs Apartment in New York entworfen von Jean-Louis Ménard; **106l** *Ph* Alan Williams/Gail & Barry Stephens Haus in London; **106or** *Ph* Andrew Wood/Haus nahe Antwerpen entworfen von Bataille & ibens; **106ur & 107ml** *Ph* Andrew Wood/Haus in London entworfen von Guy Stansfeld; **107ol** *Ph* Chris Everard/Apartment in New York entworfen von Steven Learner; **107ul & m** *Ph* Chris Everard/Calvin Tsao & Zack McKowns Apartment in New York entworfen von Tsao & McKown; **107r** *Ph* Andrew Wood/Dawna & Jerry Walters Haus in London; **108–109** *Ph* Andrew Wood; **110ol** *Ph* Andrew Wood/Chelsea Studio in New York City entworfen von Marino + Giolito; **110or** *Ph* Andrew Wood/Heidi Kingstones Apartment in London; **110ul & ur** *Ph* Andrew Wood/Kurt Bredenbecks Apartment bei Barbican, London; **111ol** *Ph* Andrew Wood/Gabriele Sanders Apartment in New York; **111or** *Ph* Catherine Gratwicke; **111ul** *Ph* Catherine Gratwicke/Frances Robinson & Eamonn McMahons Haus in London; **111um** *Ph* Polly Wreford/Clare Nashs Haus in London; **111ur** *Ph* Ray Main/Kenneth Hirsts Apartment in New York; **112ol** *Ph* Ray Main/Thierry Watoreks Haus nahe Paris; **112or** *Ph* Ray Main/Century; **112u** *Ph* James Morris/Joan Barnetts Haus in West Hollywood, entworfen von William R Hefner A.I.A., Innendesign von Sandy Davidson Design; **113ul** *Ph* Chris Everard/Bob & Maureen Macris Apartment auf der Fifth Avenue in New York entworfen von Sage Wimer Coombe Architects; **113or & ur** *Ph* Andrew Wood/Jo Shane, John Cooper & FamilienApartment in New York; **114ol** *Ph* Andrew Wood/Ian Bartlett & Christine Washs Haus in London; **114ul & or** *Ph* Andrew Wood; **115u** *Ph* Andrew Wood/Century; **115o** *Ph* Andrew Wood/Phillip Low, New York; **116–117** *Ph* Debi Treloar/Eben & Nica Coopers Schlafzimmer, Spielzimmer; **118ol & u** *Ph* Debi Treloar/Belén Moneo & Jeff Brocks Apartment in New York entworfen von Moneo Brock Studio; **118or** *Ph* Debi Treloar/Vincent & Frieda Plasschaerts Haus in Brügge, Belgien; **118m** *Ph* Debi Treloar/Ab Rogers & Sophie Braimbridges Haus in London entworfen von Richard Rogers für seine Mutter. Möbeldesign von KRD – Kitchen Rogers Design; **118–119** *Ph* Debi Treloar/Michele Johnsons Haus in London entworfen von Nico Rensch Architeam; **120ol** *Ph* Debi Treloar/Ab Rogers & Sophie Braimbridges Haus, London, entworfen von Richard Rogers für seine Mutter. Möbeldesign von KRD – Kitchen Rogers Design; **120o** *Ph* Debi Treloar/entworfen von Sage Wimer Coombe Architects New York; **120ur** *Ph* Debi Treloar/Sophie Eadies Haus in London; **121 ol** *Ph* Debi Treloar/Rudi, Melissa & Archie Thackrys Haus in London; **121** *Ph* Debi Treloar/Vincent & Frieda Plasschaerts Haus in Brügge, Belgien; **121ul** *Ph* Debi Treloar/Victoria Andreaes Haus in London; **121ur** *Ph* Debi Treloar/Apartment in London, von Malin Iovino Design; **122 & 123ol** *Ph* Debi Treloar/Zuhause von Boyes in London entworfen von Circus Architects; **123ml & m** *Ph* Debi Treloar/Zwirners Loft in New York; **123mr** *Ph* Debi Treloar/Ben Johns & Deb Waterman Johns Haus in Georgetown; **123u** *Ph* Christopher Drake/Enrica Stabiles Haus in Brunello; **124ol & ul** *Ph* Debi Treloar/Sudi Pigotts Haus in London; **124um** *Ph* Debi Treloar/Julia & David O'Driscolls Haus in

London; **124or** *Ph* Debi Treloar/Zwirner Loft in New York; **124ur** *Ph* Debi Treloar/Victoria Andreaes Haus in London; **125ol** *Ph* Debi Treloar/Elizabeth Alford & Michael Youngs Loft in New York; **125ul** *Ph* Debi Treloar/Suzanne & Christopher Sharps Haus in London; **125or & ur** *Ph* Debi Treloar/Sera Hersham-Loftus Haus in London; **126ol** *Ph* Christopher Drake/Melanie Thorntons Haus in Gloucestershire; **126ml** *Ph* Debi Treloar/Suzanne & Christopher Sharps Haus in London; **126ul** *Ph* Debi Treloar/Sue & Lars-Christian Brasks Haus in London entworfen von Susie Atkinson; **126mo & mu** *Ph* Debi Treloar/Ben Johns & Deb Waterman Johns Haus in Georgetown; **126ur, 126–127 & 127ul** *Ph* Debi Treloar/Eben & Nica Coopers Schlafzimmer, Spielzimmer; **127ur** *Ph* Debi Treloar/Victoria Andreaes Haus in London; **128–129** *Ph* Tom Leighton; **130ol** *Ph* Christopher Drake/Zuhause der Designerin Barbara Davis in New York; **130ml** *Ph* Polly Wreford/Sheila Scholes & Gunter Schmidts Haus in Cambridgeshire; **130ul** *Ph* Simon Upton; **130ur** *Ph* Christopher Drake/entworfen von Lorraine Kirke; **131ol** *Ph* Chris Everard/Bob & Maureen Macris Apartment auf der Fifth Avenue in New York entworfen von Sage Wimer Coombe Architects; **131or** *Ph* Chris Everard/Apartment in Mailand entworfen von Nicoletta Marazza; **131ul** *Ph* Andrew Wood/Heidi Kingstones Apartment in London; **131ur** *Ph* Christopher Drake/Zuhause der Designerin Barbara Davis in New York; **132l** *Ph* James Merrell; **132or** *Ph* Ray Main/Marina & Peter Hills Scheune in West Sussex entworfen von Marina Hill, Peter James Construction Management, Chichester, The West Sussex Antique Timber Company, Wisborough Green und Joanna Jefferson Architects; **132ur** *Ph* Simon Upton/Barefoot Elegance; **133ol** *Ph* Simon Upton; **133ul** *Ph* Andrew Wood/Vanessa & Robert Fairers Studio in London entworfen von Woolf Architects; **133or & ur** *Ph* Andrew Wood/Patricia Ijazs Haus in London entworfen von Jonathan Woolf von Woolf Architects; **134–135** *Ph* Chris Everard/Jonathan Wilsons Apartment in London, Innenbeleuchtung SCP; **136–137** *Ph* Alan Williams; **138o** *Ph* James Merrell/Milly de Cabrols Apartment in Paris; **138ul** *Ph* Simon Upton; **138ur** *Ph* James Merrell; **138–139** *Ph* Alan Williams/Warner Johnsons Apartment in New York entworfen von Edward Cabot von Cabot Design Ltd; **139o** *Ph* Tom Leighton; **140o** *Ph* Alan Williams/Donata Sartorios Apartment in Mailand; **140u** *Ph* Alan Willams/Géraldine Prieurs Apartment in Paris, ein Innendesigner fasziniert von Farben; **140–141 & 141o** *Ph* James Merrell; **141u** *Ph* Andrew Wood/Aude Cardinales Haus nahe Paris; **142** *Ph* Polly Wreford/Clare Nashs Haus in London; **142–143** *Ph* Chris Everard/Apartment in Antwerpen entworfen von Claire Bataille & Paul Ibens; **143ul & or** *Ph* Alan Williams/Stanley und Nancy Grossmans Apartment in New York entworfen von Jennifer Post Design; **143mr & ur** *Ph* Tom Leighton; **144l** *Ph* James Merrell; **144r** *Ph* Alan Williams/Gail & Barry Stephens Haus in London; **145o** *Ph* Andrew Wood/Haus in London entworfen von Bowles & Linares; **145u** *Ph* Tom Leighton/Bett, Bettbezüge & Tisch Interiors Bis; Holzzylinder David Champion; **146** *Ph* Tom Leighton/Farben Farrow & Ball: Bodeb Mouse's Back Bodenfarbe Nr.40, Regal Green Smoke Nr.47 und Inneneinrichtung Red Fox Nr. 48, Wände und Holz String Nr.8, Decke Off White Nr.3; **147ol** *Ph* Alan Williams/Haus der Familie Arbuthnott nahe Cirencester entworfen von Nicholas Arbuthnott, Stoffe entworfen von Vanessa Arbuthnott; **147ul & or** *Ph* Simon Upton; **147ur** *Ph* Alan Williams/Alannah Westons Haus in London entworfen von Stickland Coombe Architecture; **148ol** *Ph* Christopher Drake/Marisa Cavallis Zuhause in Mailand; **148or** *Ph* James Merrell/Sally Butlers Haus in London; **148u** *Ph* Alan Williams/New York Apartment entworfen von Bruce Bierman; **149l** *Ph* Christopher Drake/Juan Corbellas Apartment in London entworfen von HM2, Richard Webb mit Andrew Hanson; **149r** *Ph* James Merrell/Apartment in Paris entworfen von Hervé Vermesch; **150o** *Ph* Alan Williams/Haus der Familie Arbuthnott nahe Cirencester entworfen von Nicholas Arbuthnott, Stoffe entworfen von Vanessa Arbuthnott; **150u** *Ph* Simon Upton; **151o** *Ph* Christopher Drake/Juan Corbellas Apartment in London entworfen von HM2, Richard Webb mit Andrew Hanson; **151u** *Ph* Alan Williams/Lindsay Taylors Apartment in Glasgow; **152ol** *Ph* Simon Upton; **152ul** *Ph* Alan Williams/Innendesigner und Managing Director der Société Yves Halard, Michelle Halards Apartment in Paris; **152ur** *Ph* Andrew Wood/Neil Binghams Haus in Blackheath, London; **152–153** *Ph* Alan Williams/Apartment für Richard Oyarzarbal von Urban Research Laboratory, London; **153ul** *Ph* Chris Everard/Haus in London entworfen von Dale Loth Architects; **153ur** *Ph* Alan Williams/Selworthy Apartment in London entworfen von Gordana Mandic und Peter Tyler bei Buildburo (www.buildburo.co.uk); **154–155** *Ph* Ray Main; **156** *Ph* Ray Main/Mark Jennings Apartment in New York entworfen von Asfour Guzy; **157o** *Ph* Andrew Wood/Apartment in The San Remo auf der Upper West Side von Manhattan, entworfen von John L. Stewart und Michael D'Arcy of SIT; **157m** *Ph* Ray Main/Gai Harris Apartment in London entworfen von François Gilles und Dominique Lubar, IPL Interiors; **157u** *Ph* Ray Main/John Howells Loft in London entworfen von Circus Architects; **158u** *Ph* Ray Main/Vicente Wolfs Haus auf Long Island, Beleuchtung entworfen von Vicente Wolf; **158mr** *Ph* Ray Main/Greg Yales Haus in Southampton, New York; **158ur** *Ph* Ray Main/Nello Renaults Loft in Paris; **158–159** *Ph* Ray Main/Apartment in New York entworfen von Laura Bohn Design Associates, Inc.; **159ul** *Ph* Andrew Wood/Jane Collins von Sixty 6 in Marylebone High Street, Zuhause in London; **159or** *Ph* Ray Main/Lee F. Mindels Apartment in New York, Beleuchtung entworfen von Johnson Schwinghammer; **159ur** *Ph* Ray Main/Greg Yales Haus in Southampton, New York; **160o** *Ph* Chris Everard/Simon Crookalls Apartment in London entworfen von Urban Salon, Innenbeleuchtung London Lighting; **160u** *Ph* Andrew Wood/Heidi Kingstones Apartment in London; **161l** *Ph* Ray Main/Loft in London entworfen von Nico Rensch; **161or** *Ph* Ray Main/Malin Iovinos Apartment in London; **161ur** *Ph* Ray Main/Andrea Luria & Zachary Feuers Haus in Los Angeles entworfen von Studio Works, Robert Mangurian & Mary-Ann Ray; **162ol** *Ph* Ray Main/Apartment in New York entworfen von Laura Bohn Design Associates, Inc.; **162ml** *Ph* Ray Main/Haus in Pennsylvania entworfen von Jeffrey Bilhuber, Beleuchtung von The Light Center; **162ul** *Ph* Ray Main/Apartment in New York entworfen von Lucretia Moroni; **162or** *Ph* Ray Main; **162ur** *Ph* Ray Main/Haus in London entworfen von François Gilles und Dominique Lubar, IPL Interiors; **163o** *Ph* Ray Main/Apartment in New York entworfen von Laura Bohn Design Associates, Inc.; **163u** *Ph* Ray Main/Nello Renaults Loft in Paris; **164l** *Ph* Chris Everard/Gentucca Binis Apartment in Mailand; **164or** *Ph* Chris Everard; **164mr** *Ph* Ray Main; **164ur** *Ph* Chris Everard/Apartment in Mailand entworfen von Daniela Micol Wajskol, Innendesigner; **165or & l** *Ph* Ray Main/Malin Iovinos Apartment in London; **165u** *Ph* Andrew Wood/Nanna Ditzels Zuhause in Kopenhagen; **166ol, om & or** *Ph* Ray Main; **166ul** *Ph* Ray Main/Haus in East Hampton, Einrichtung von Vicente Wolf; **165mr & uc** *Ph* Ray Main; **166ur** *Ph* Andrew Wood; **167l** *Ph* Andrew Wood/Apartment in The San Remo auf der Upper West Side von Manhattan, entworfen von John L. Stewart und Michael D'Arcy von SIT; **167r** *Ph* Andrew Wood; **168ol** *Ph* Ray Main/Beleuchtung von Bavonlon Design; **167oc** *Ph* Chris Everard/Christina Wilsons Haus in London, Innenbeleuchtung SCP; **168ul** *Ph* Chris Everard/Jonathan Wilsons Apartment in London, Innenbeleuchtung SCP; **168uc** *Ph* Chris Everard/Glenn Carwithen & Sue Millers Haus in London, Innenbeleuchtung Coexistence; **168ur** *Ph* Andrew Wood/Guido Palaus Haus in North London, entworfen von Azman Owens Architects; **168–169o** *Ph* Andrew Wood/Freddie Daniells Loftapartment in London entworfen von Brookes Stacey Randall; **169ul** *Ph* Chris Everard/Reuben Barretts Apartment in London, Innenbeleuchtung Purves & Purves; **169m** *Ph* Chris Everard/Simon Crookalls Apartment in London entworfen von Urban Salon, Innenbeleuchtung Geofrey Drayton; **169or & ur** *Ph* Andrew Wood/Guido Palaus Haus in North London, entworfen von Azman Owens Architects; **170ol** *Ph* Ray Main/Beleuchtung von Ingo Maurer für London Lighting; **170ul** *Ph* Ray Main/Beleuchtung von Tsé Tsé associées, Catherine Levy & Singoléne Prébois; **170or** *Ph* Ray Main/Greg Yales Haus in Southampton, New York; **170mr** *Ph* Catherine Gratwicke/Apartment in Paris entworfen von Bruno Tanquerel; **170ur** *Ph* Andrew Wood/Pasadena, Kalifornisches Zuhause von Susan D'Avignon; **170–171o** *Ph* Chris Everard/Apartment in London entworfen von Littman, Goddard & Hogarth; **171ol** *Ph* Chris Everard/Reuben Barretts Apartment in London, Innenbeleuchtung Purves & Purves; **171or** *Ph* Ray Main/Beleuchtung von Mathmos; *Ph* Andrew Wood/Caroline De Forest Haus in Pasadena, Kalifornien, Zuhause von Michael Murray & Kelly Jones; **171uml** *Ph* Andrew Wood/Jane Collins von Sixty 6 in Marylebone High Street, Zuhause in London; **171umr** *Ph* Ray Main/Lee F. Mindels Apartment in New York, Lichtdesign von Johnson Schwinghammer; **171ur** *Ph* Ray Main/Beleuchtung von Tom Kirk von Space; **172–173** *Ph* Ray Main; **174ol** *Ph* Andrew Wood/Roger & Fay Oates Haus in Herefordshire, The Long Barn, Eastnor, Ledbury, Herefordshire HR8 1EL; **174ml** *Ph* Chris Everard; **174ul** *Ph* Chris Everard/Gentucca Binis Apartment in Mailand; **174ur** *Ph* Chris Everard/David Mullmans Apartment in New York entworfen von Mullman Seidman Architects; **174–175** *Ph* Chris Everard/Apartment in New York entworfen von Steven Learner; **175ul** *Ph* Chris Everard/Eric De Quekers Apartment in Antwerpen; **175or** *Ph* Henry Bourne; **175mr** *Ph* Chris Everard/Londoner Apartment von Sheppard Day Design Partnership; **175ur** *Ph* Chris Everard/Apartment in London entworfen von Jo Hagan von USE Architects; ***176 unten, oberste Reihe l*** *Ph* Henry Bourne; ***oberste Reihe r*** *Ph* Ray Main; ***mittlere Reihe l*** *Ph* Simon Upton; ***mittlere Reihe r*** *Ph* Tom Leighton; ***unterste Reihe beide*** *Ph* Catherine Gratwicke; **176–177o** *Ph* Chris Everard/Apartment in Antwerpen entworfen von Claire Bataille & Paul Ibens; **177ol** *Ph* Chris Everard/François Muraccioles Apartment in Paris; **177or** *Ph* James Merrell/Haus in Sydney entworfen von Luigi Rosselli; **177ul** *Ph* Chris Everard/Haus in Paris entworfen von Bruno Tanquerel; **177ur** *Ph* Chris Everard/Stephan Schultes Loftapartment in London; **178o** *Ph* Simon Upton; **178u** *Ph* James Merrell/Frédéric Méchiches Haus nahe Toulon; **179ul** *Ph* James Merrell/Khai Liew & Sue Kellett; **179om** *Ph* Andrew Wood/Bernie de Le Cuonas Haus in Windsor; **179m** *Ph* Chris Everard; **179ur** *Ph* Andrew Wood; **179or** *Ph* Chris Everard/Apartment in New York entworfen von Gabellini

Associates; **179mr** *Ph* Chris Everard; **180ol & ul** *Ph* Chris Everard; **180ml** *Ph* Andrew Wood; **180or** *Ph* Chris Everard/Eric De Quekers Apartment in Antwerpen; **180ur** *Ph* Chris Everard/François Muraccioles Apartment in Paris; **181** *Ph* Chris Everard/Frau Venturinis Apartment in Mailand; **182o** *Ph* Chris Everard/Simon Crookalls Apartment in London entworfen von Urban Salon, Innenbeleuchtung London Lighting; **182ul** *Ph* Chris Everard/Apartment in Antwerpen entworfen von Claire Bataille & Paul Ibens; **182ur** *Ph* Ray Main/Jonathan Leitersdorfs Apartment in New York entworfen von Jonathan Leitersdorf/Just Design; **183o** *Ph* Ray Main/der besinnliche Bereich von Greville Worthington; **183m** *Ph* Ray Main; **183ul** *Ph* James Merrell; **183r** *Ph* James Merrell/Haus in Sydney entworfen von Interni Interior Design Consultancy; **184** *Ph* Henry Bourne/Circus Architects/Boden von First Floor; **185o** *Ph* Henry Bourne; **185ul** *Ph* Henry Bourne/John Raabs Apartment in London/Boden von Sinclair Till; **185ur** *Ph* James Merrell/Sue & Andys Apartment in Blackheath; **186ol** *Ph* James Merrell/Apartment in New York entworfen von Marino & Giolito; **186ol** *Ph* Chris Everard; **186–187** *Ph* Henry Bourne/Richard Mabb & Kate Greens Apartment in London; **187o** *Ph* Henry Bourne/Haus in London entworfen von Charles Rutherfoord; **187u** *Ph* Henry Bourne/Apartment in London entworfen von Emily Todhunter; **188ol** *Ph* Henry Bourne/Haus in London entworfen von McDowell & Benedetti; **188ul** *Ph* Henry Bourne/Teppich von Christopher Farr; **188or** *Ph* Henry Bourne/Apartment in London entworfen von Ash Sakula Architects; **188ur** *Ph* Chris Everard/Apartment in London entworfen von Jo Hagan von USE Architects; **189ol** *Ph* Andrew Wood/Jane Collins von Sixty 6 in Marylebone High Street, Zuhause in London; **189ul** *Ph* Andrew Wood/Roger & Suzy Blacks Apartment in London entworfen von Johnson Naylor; **189or** *Ph* Henry Bourne/entworfen von François Gilles & Dominique Lubar, IPL Interiors/Boden von Helen Yardley; **189ur** *Ph* Polly Wreford/Louise Jacksons Haus in London; **190ol** *Ph* Henry Bourne/Roger & Fay Oates Haus in Herefordshire; **190om** *Ph* James Merrell/Haus in London entworfen von François Gilles & Dominique Lubar, IPL Interiors; **190or** *Ph* Ray Main/Gästezimmer, East Hampton, New York, entworfen von ZG DESIGN; **190u** *Ph* Andrew Wood/Heidi Kingstones Apartment in London; **191ol & u** *Ph* Andrew Wood/Roger Oates und Fay Morgans Haus in Eastnor; **191or** *Ph* Andrew Wood/Haus nahe Antwerpen entworfen von Claire Bataille & Paul Ibens; **192–193** *Ph* Polly Wreford; **194ol** *Ph* Andrew Wood/Vanessa & Robert Fairers Studio in London entworfen von Woolf Architects; **194ml** *Ph* Andrew Wood/Roger Oates und Fay Morgans Haus in Eastnor; **194ul** *Ph* Jan Baldwin/Haus in Cape Elizabeth entworfen von Stephen Blatt Architects; **194r** *Ph* Andrew Wood/Haus in London entworfen von François Gilles und Dominique Lubar, IPL Interiors; **195o** *Ph* James Merrell; **195u** *Ph* Chris Everard/Apartment in Mailand entworfen von Nicoletta Marazza; **196ol** *Ph* Tom Leighton; **196or** *Ph* Polly Wreford/Apartment in New York entworfen von Belmont Freeman Architects; **196–197** *Ph* Henry Bourne/Frédéric Méchiches Apartment in Paris; **197ol** *Ph* Chris Everard/Apartment der Innendesignerin Ann Boyd in London; **197om** *Ph* Andrew Wood/Ian Bartlett & Christine Walshs Haus in London; **197r** *Ph* Verity Welstead/Lulu Guinness Haus in London; **198ol, om & ml** *Ph* Andrew Wood/Haus in London entworfen von Guy Stansfeld; **198ul & ur** *Ph* Tom Leighton; **198–199** *Ph* Alan Williams/Katie Bassford Kings Haus in London entworfen von Touch Interior Design; **199ul** *Ph* Chris Everard/Mark Weinsteins Apartment in New York entworfen von Lloyd Schwan; **199or** *Ph* Tam Nhu Tran/Ian Chees Apartment in London; **200ol** *Ph* Fritz von der Schulenburg/Frédéric Méchiches Apartment in Paris; **200or** *Ph* Andrew Wood/Paula Prykes Haus in London; **200ul** *Ph* Chris Everard/Apartment in Antwerpen entworfen von Claire Bataille & Paul Ibens; **201l** *Ph* James Morris/Haus in Wiltshire entworfen von Ken Shuttleworth; **201or** *Ph* Chris Everard/Apartment der Innendesigner Ann Boyd in London; **202o** *Ph* Andrew Wood; **202ul & ur** *Ph* Chris Everard/Mark Weinsteins Apartment in New York entworfen von Lloyd Schwan; **203** *Ph* Andrew Wood; **204ol** *Ph* James Merrell/Haus in London entworfen von der Stylistin Baba Bolli/Küche von Smallbone; **204ul** *Ph* Andrew Wood/Dawna & Jerry Walters Haus in London; **204mu** *Ph* Ray Main/Thierry Watoreks Haus nahe Paris; **204ur & 204–205o** *Ph* Andrew Wood/Haus in London entworfen von François Gilles und Dominique Lubar, IPL Interiors; **205u** *Ph* Simon Upton; **205m** *Ph* Tom Leighton/Siobhan Squire und Gavin Lyndseys Loft in London entworfen von Will White, 326 Portobello Road, London W10 5RU; **205r** *Ph* Andrew Wood/Ian Bartlett & Christine Walshs Haus in London; **206o** *Ph* Andrew Wood/Vanessa & Robert Fairers Studio in London entworfen von Woolf Architects; **206u** *Ph* Andrew Wood; **206–207** *Ph* Chris Everard/Gentucca Binis Apartment in Mailand; **207o** *Ph* Andrew Wood; **207ul** *Ph* Polly Wreford/Jen Hartes Apartment in New York, Zuhause von 27.12 Design Ltd, Chelsea NYC; **207ur** *Ph* Andrew Wood/Dawna & Jerry Walters Haus in London; **208–209** *Ph* James Merrell; **210o** *Ph* James Merrell/Interni Interior Design Consultancy; **210u** *Ph* James Merrell/Haus in London entworfen von François Gilles & Dominique Lubar, IPL Interiors; **211ol** *Ph* James Merrell/entworfen von Charlotte Barnes; **211or** *Ph* James Merrell/Apartment in New York entworfen von Jacqueline Coumans, Le Décor Français mit Unterstützung von Olivier Glebsmann; **211ul** *Ph* James Merrell/Amy & Richard Sachs Apartment in New York entworfen von Vicente Wolf; **211mr** *Ph* Polly Wreford/Glenn Carwithen & Sue Millers Haus in London; **211ur** *Ph* James Merrell/Vicente Wolfs Apartment in New York; **212ol** *Ph* Simon Upton; **212ml** *Ph* James Morris/Lew Haus, ursprünglich entworfen von Richard Neutra 1958, Architekt Marmol Radziner + Associates, Architektur und Konstruktion; **212ul** *Ph* James Merrell/Nigel Greenwoods Apartment in London; **212mr** *Ph* James Merrell/Interni Interior Design Consultancy; **212um & ur** *Ph* James Merrell; **212–213o** *Ph* James Morris/Loft in London entworfen von Simon Conder Associates; **213ml & ul** *Ph* James Merrell; **213or** *Ph* James Merrell/Haus in London entworfen von François Gilles & Dominique Lubar, IPL Interiors; **214l & r** *Ph* Polly Wreford/Sawmills Studio; **214m** *Ph* James Merrell; **215l** *Ph* Ray Main/Nello Renaults Loft in Paris; **215or** *Ph* James Merrell/Larcombe & Soloman; **215ur** *Ph* Christopher Drake/Nelly Guyots Haus in Ramatuelle, Frankreich, ausgestattet von Nelly Guyot; **216ol** *Ph* James Merrell; **216ul** *Ph* James Merrell/Apartment in New York, Architekt Campion A. Platt; **216or** *Ph* James Merrell/Haus in London entworfen von François Gilles & Dominique Lubar, IPL Interiors; **217ol** *Ph* James Merrell/entworfen von Charlotte Barnes; **217ul** *Ph* Polly Wreford/Daniel Jasiaks Apartment in Paris; **217r** *Ph* James Merrell/Frédéric Méchiches Haus nahe Toulon; **218ol & ul** *Ph* James Merrell; **218–219o** *Ph* James Merrell/Nigel Greenwoods Apartment in London; **218–219u** *Ph* James Merrell/Apartment in London entworfen von François Gilles & Dominique Lubar, IPL Interiors; **219mr** *Ph* James Merrell/Apartment in London entworfen von Charles Rutherfoord; **219or, ur & um** *Ph* James Merrell; **220ol** *Ph* James Merrell/Haus in Sydney entworfen von Interni Interior Design Consultancy; **220ul** *Ph* James Merrell/Richard Ronalds Haus in London; **220or** *Ph* James Merrell/Nigel Greenwoods Apartment in London; **220ur** *Ph* David Montgomery/Annabel Astors Haus in London mit Möbeln und Accessoires aus dem OKA Direct Mail Order Catalogue; **221o** *Ph* Ray Main/Haus in East Hampton, Einrichtung von Vicente Wolf; **221u** *Ph* James Merrell/Amy & Richard Sachs Apartment in New York entworfen von Vicente Wolf; **222o** *Ph* James Merrell/Andrew Parrs Haus in Melbourne; **222ul** *Ph* James Merrell/Kelly Hoppens Apartment in London; **222ur** *Ph* James Merrell/William Hayes & Annie Hars Haus nahe Brisbane; **223ol** *Ph* James Merrell; **223ul** *Ph* James Merrell/Rovonn & Simon Carnachans Haus in Auckland; **223or** *Ph* Ray Main/Haus in London entworfen von Seth Stein und Sarah Delaney; **223ur** *Ph* Ray Main/Haus in London entworfen von Mark Guard Architects; **224** *Ph* James Merrell/Kelly Hoppens Apartment in London; **225** ***großes Photo*** *Ph* Christopher Drake/Marisa Cavallis Zuhause in Mailand; **225** ***alle Detailphotos*** *Ph* James Merrell ***mit Ausnahme*** **225ul & om** *Ph* David Montgomery; **226–227** *Ph* Polly Wreford; **228ul** *Ph* James Merrell; **228or & 228–229** *Ph* Polly Wreford/Ros Fairmans Haus in London; **229or** *Ph* Alan Williams/Gloss, Pascale Bredillets Apartment in London; **229ur** *Ph* Polly Wreford/Clare Nashs Haus in London; **230ol** *Ph* Andrew Wood; **230oml** *Ph* Andrew Wood/Bernie de Le Cuonas Zuhause in Windsor; **230uml** *Ph* Polly Wreford; **230ul** *Ph* David Montgomery/Annabel Astors Haus in London mit Möbeln und Accessoires aus dem OKA Direct Mail Order Catalogue; **230m** *Ph* David Montgomery; **230or** *Ph* Polly Wreford/The Sawmills Studio; **230ur** *Ph* Henry Bourne; **231or** *Ph* Chris Everard; **231ur** *Ph* Simon Upton; **232ol** *Ph* Polly Wreford/Glenn Carwithen & Sue Millers Haus in London; **230ul & m** *Ph* Polly Wreford; **232or** *Ph* Polly Wreford/Ros Fairmans Haus in London; **232ur** *Ph* Andrew Wood/Haus in London entworfen von Bowles & Linares; **233l** *Ph* Alan Williams/Janice Kirkpatricks Apartment in Glasgow, Direktorin von Graven Images; **233or** *Ph* Catherine Gratwicke/Antiker Spiegel aus der Gallery of Antique Costume & Textiles; **233mr** *Ph* Catherine Gratwicke/Agnès Emerys Haus in Brüssel, Fliesen und Bedzeug von Emery & Cie; **233ur** *Ph* Polly Wreford/Apartment in New York entworfen von Belmont Freeman Architects; **234ol** *Ph* Polly Wreford/Mary Foleys Haus in Connecticut; **234or** *Ph* Henry Bourne; **234u & 235ol & or** *Ph* David Montgomery/Sasha Waddells Haus in London; **235uml** *Ph* Polly Wreford/Daniel Jasiaks Apartment in Paris; **235u** *Ph* Polly Wreford/Adria Ellis Apartment in New York; **236ol** *Ph* Andrew Wood/Mary Shaws Sequana Apartment in Paris; **236ul** *Ph* Andrew Wood/Bernie de Le Cuonas Zuhause in Windsor; **236or & mr** *Ph* Polly Wreford/Kimberly Watsons Haus in London; **236ur, 237ol & ul** *Ph* James Merrell; **237r** *Ph* Chris Everard/Apartment der Innendesignerin Ann Boyd in London; **238l** *Ph* James Merrell/Gabriele Sanders Apartment in New York; **238–239o** *Ph* Tom Leighton/Roger & Fay Oates Haus in Herefordshire, The Long Barn, Eastnor, Ledbury, Herefordshire HR8 1EL; **238–239u** *Ph* Alan Williams/Pascale Bredillets Apartment in London; **239** *Ph* Polly Wreford/Liz Stirlings Apartment in Paris.

Architekten & Designer deren Arbeit in diesem Buch vorgestellt wird:

Elizabeth Alford Design
60 Thomas Street
New York
NY 10013 USA
Tel.: +1 212 385 2185
Fax: +1 212 385 2186
esa799@banet.net
Seite 125ol

Anthropologie
375 West Broadway
New York
NY 10012 USA
Seite 27ur, 63ur

Nicholas Arbuthnott
Arbuthnott Ladenbury Architects
15 Gosditch Street
Cirencester GL7 2AG
Architekten und Stadtdesigner.
Seite 24u, 83or, 147ol, 150o

Vanessa Arbuthnott Fabrics
The Tallet, Calmsden
Cirencester GL7 5ET
www.vanessaarbuthnott.co.uk
Seite 24u, 83or, 147ol, 150o

Asfour Guzy
594 Broadway, Suite 1204
New York
NY 10012 USA
Tel.: +1 212 334 9350
Fax: +1 212 334 9009
Seite 156

Ash Sakula Architects
Studio 115
38 Mount Pleasant
London WC1X 0AN
Tel.: +44 20 7837 9735
Seite 58ol & or, 188or

Susie Atkinson Design
Tel.: +44 468 814 134
Seite 126ul

Azman Owens Architects
8 St Albans Place
London NW1 0NX
Tel.: +44 20 7354 2955
Fax: +44 20 7354 2966
Seite 168ur, 169or&ur

Babylon Design Ltd
301 Fulham Road
London SW10 9QH
Tel.: +44 20 7376 7233
info@babylondesign.demon.co.uk
Lichtdesign. Aufstrebende Designer wie Peter Wylly, Ross Menuez und Roland Simmons.
Seite 168al

Barefoot Elegance
3537 Old Conejo Road
Suite 105
Newbury Park
CA 91320 USA
Tel.: +1 805 499 5959
Dot Spikings & Jennifer Castle, Innendesigner.
Seite 67o, 132ur

Charlotte Barnes Interiors
26 Stanhope Gardens
London SW7 5QX
Die Innendekorateurin Charlotte Barnes bevorzugt elegante, schöne und praktische Lösungen, maßgeschneidert auf jeden Kunden.
Seite 211ol, 217ol

Claire Bataille & Paul Ibens Design NV, Architects
Vekestratt 13 Bus 14
2000 Antwerpen, Belgien
Tel.: +32 3 231 3593
Fax: +32 3 213 8639
Seite 11u, 13u, 102ur, 106or, 142–143, 176–177a, 182ul, 191or, 200ul

Bedmar & Shi Designers Pte Ltd
12a Keong Saik Road
Singapore 089119
Tel.: +65 22 77117
Fax: +65 22 77695
Eine Unternehmen aus Singapur, gegründet 1980, das sich auf die Einrichtung von Restaurants und Büros spezialisiert hat.
Seite 94–95u

Michael Benevento
Orange Group
515 Broadway
New York
NY 10012 USA
Tel.: +1 212 965 8617
Seite 81o

Bruce Bierman Design, Inc.
29 West 15th Street
New York
NY 10011 USA
Tel.: +1 212 243 1935
Fax: +1 212 243 6615
www.Biermandesign.com
Wohnungseinrichtungen Designfirma.
Seite 148u

Bilhuber Inc.
330 East 59th Street
6th Floor
New York
NY 10022 USA
Tel.: +1 212 308 4888
Seite 31ol, 162ml

Laura Bohn Design Associates, Inc.
30 West 26th Street
New York
NY 10010 USA
Tel.: +1 212 645 3636
Fax: +1 212 645 3639
Seite 30ol, 49ol&or, 158–159, 162ol, 163o

Felix Bonnier
7 rue St Claude
75003 Paris, Frankreich
Tel.: +33 42 26 09 83
Seite 47ol, ml & or

Bowles & Linares
32 Hereford Road
London W2 5AJ
Tel.: +44 20 7229 9886
Seite 102ol, 145o, 232ur

Ann Boyd Design Ltd
33 Elystan Street
London SW3 3NT
Tel.: +44 20 7591 0202
Seite 33u, 197ol, 201or, 237r

Nancy Braithwaite Interiors
2300 Peachtree Road
Suite C101
Atlanta
Georgia 30309 USA
Seite 103or & ur

Sabrina Fay Braxton
Cloth of Gold
Grennan Watermill
Thomastown
Co Kilkenny, Ireland
Tel.: +353 565 4383
Sitz New York:
Tel.: +1 212 535 2587
Sitz Paris:
Tel.: +33 1 46 57 11 62
Seite 35o

Caroline Breet
Caroline's Antiek & Brocante
Nieuweweg 35A
1251 LH Laren, Holland
Seite 22ur

Briffa Philips
19–21 Holywell Hill
St Albans
Hertfordshire AL1 1EZ
Tel.: +44 1727 840 567
Seite 70o, 70–71

Brookes Stacey Randall
New Hibernia House
Winchester Walk
London SE1 9AG
Tel.: +44 20 7403 0707
Fax: +44 20 7403 0880
info@bsr-architects.com
Seite 101ur, 168–169o

Hugh Broughton Architects
4 Addison Bridge Place
London W14 8XP
Tel.: +44 20 7602 8840
Fax: +44 20 7602 5254
hugh@hbarchitects.demon.co.uk
Preisgekrönte Architekten.
Seite 18or

Buildburo Design & Build
Unit 4, Iliffe Yard
Crampton Street
London SE17 3QA
Tel.: +44 20 7708 2538
Fax: +44 20 7277 2104
gordanamandic@buildburo.co.uk
petertyler@buildburo.co.uk
www.buildburo.co.uk
Seite 21or, 153ur

Cabot Design Ltd
1925 Seventh Avenue
Suite 71
New York
NY 10026 USA
Tel.: +1 212 222 9488
eocabot@aol.com
Innendesign.
Seite 138–139

Milly de Cabrol Ltd
150 East 72nd Street
Suite 2–C
New York
NY 10021 USA
Innendekoration.
Seite 138o

Aude Cardinale, Designer
12 Avenue de Madrid
92000 Neuilly, Frankreich
Seite 63o, 141u

Garth Carter
Tel.: +44 958 412953
Specialist interiors painter.
Seite 97bl

Marisa Tadiotto Cavalli
via Solferino, 11
20121 Mailand, Italien
Tel.: +39 03 48 41 01 738,
+39 02 86 46 24 26
Fax: +39 02 29 00 18 60
marisscavalli@hotmail.com
Seite 148ol, 225 großes Bild

Alexandra Champalimaud & Associates Inc.
One Union Square West, #3
New York
NY 10003 USA
Tel.: +1 212 807 8869
Fax: +1 212 807 1742
www.acainteriordesign.com
Innenarchitekten und Designer.
Seite 88ol

Ian Chee VX Designs
Tel.: 020 7370 5496
Seite 199or

Circus Architects
Unit 1, Summer Street
London EC1r 5BD
Tel.: +44 20 7833 1999
Seite 19ur, 122, 123ol, 157u, 184

Simon Conder Associates
Nile Street Studios
8 Nile Street
London N1 7RF
Tel.: +44 20 7251 2144
Fax: +44 20 7251 2145
simon@simonconder.co.uk
Architekten & Designer.
Seite 100, 212–213o

Conner Prairie Museum
134000 Alisonville Road
Fishers
Indiana 46038 USA
Seite 25ol, 150ul

Jaqueline Coumans
Le Décor Français
1006 Lexington Avenue
New York
NY 10021 USA
Tel.: +1 212 734 0032
Fax: +1 212 988 0816
Seite 211or

Charlotte Crosland
Wingrave Crosland Interiors
Tel.: +44 20 8960 9442
Vorsatz

Carden Cunietti
83 Westbourne Park Road
London W2 5QH
Tel.: +44 20 7229 8559
Fax: +44 20 7229 8799
www.carden-cunietti.com
Seite 200m, 105ul

Barbara Davis
Tel.: +1 607 264 36736
Innendesign; antikes handgefärbtes Leinen, Wolle und Seidentextilien; Accessoires & Kleidung zum Bestellen.
Seite 220r, 240, 26ul, 76ul, 130ol, 131ur

De Le Cuona Textile Home Collection
Head Office:
9–10 Osborne Mews
Windsor SL4 3DE
bernie@softech.co.uk
Seite 12–13, 15cl, 15bl, 62, 179ac, 230bcl, 236bl

Eric De Queker
DQ Design In Motion
Koninklijkelaan 44
2600 Bercham, Belgien
Seite 69ol&r, 88ul, 175ul, 180or

De Metz Architects
Unit 4, 250 Finchley Road
London NW3 6DN
Tel.: +44 20 7435 1144
Seite 80

Ischa van Delft
September
Vughterstraat 72
5211 GK's Hertogenbosch
Holland
Innendekoration.
Seite 660

Nanna Ditzel MDD FCSD
Nanna Ditzel Design
Klareboderne 4
DK-1115 Copenhagen K
Denmark
www.nanna.ditzel.design.dk
Industriedesign, spezialisiert auf Möbel, Stoffe, Schmuck & Ausstellungen.
Seite 165u

Agnès Emery
Emery & Cie and Noir D'Ivorie
Rue de l'Hôpital 25–29
Brüssel, Belgien
Tel.: +32 2 513 5892
Fax: +32 5 513 3970
Seite 233mr

Jamie Falla
MooArc
198 Blackstock Road
London N5 1EN
Tel.: +44 20 7345 1729
Seite 70ul, ml & ur

Han Feng, Fashion Designer
333 West 39th Street
12th Floor
New York
NY 10018 USA
Tel.: +1 212 695 9509
Seite 710 & u

Ken Foreman, Architect
105 Duane Street
New York
NY 10007 USA
Tel./Fax: +1 212 924 4503
Seite 4

Belmont Freeman Architects
Sangho Park
110 West 40th Street
New York
NY 10018 USA
Tel.: +1 212 382 3311
Fax: +1 212 730 1229
Projektteam: Belmont Freeman (Hauptdesigner), Alane Truitt.
Seite 196or, 233ur

Full House
38 Renwick Street
New York
NY 10013 USA
Tel.: +1 646 486 4151
Seite 34u

Gabellini Associates
665 Broadway, Suite 706
New York
NY 10012 USA
Tel.: +1 212 388 1700
Fax: +1 212 388 1808
Michael Gabellini A.I.A., Hauptdesigner. Dan Garbowit A.I.A., Hauptmanager. Ralph Bellandi, Sal Tranchina, Jonathan Knowles A.I.A., Projektarchitekten. Stephanie Kim, Lisa Monteleone, Tom Vandenbout, Projektteam.
Seite 63ul, 87ol, 179or

Zina Glazebrook
ZG Design
10 Wireless Road
East Hampton
NY 11937 USA
Tel.: +1 631 329 7486
Fax: +1 631 329 2087
dzina@ATT.net
www.zgdesign.com
Seite 190or

Gloss Ltd
274 Portobello Road
London W10 5TE
Tel.: +44 20 8960 4146
Fax: +44 20 89604842
pascale@glossltd.
u-net.com
Designer von Accessoires.
Seite 229or, 238–239u

Russell Glover, Architect
russellglover@earthlink.net
Seite 91ul&ur

James Gorst Architects
35 Lamb's Conduit Street
London WC1N 3NG
Tel.: 020 7831 8300
Seite 30ur

Hester Gray
25 Pembridge Villas
London W11 3EP
Tel.: +44 20 7229 3162
Seite 18ul

Mark Guard Architects
161 Whitfield Street
London W1P 5RY
Tel.: +44 20 7380 1199
Seite 223ur

Nelly Guyot
12 rue Marthe Edouard
92190 Meudon, Frankreich
Innendesigner & Photostylisten.
Seite 220l, 215ur

Yves Halard Interior Decoration
27 Quai de la Tournelle
75005 Paris, Frankreich
Tel.: +33 1 4407 14 00
Fax: +33 1 44 07 1030
Seite 152ul

Annie Har
Sunnit Architects
10 Attunga Lane
Mount Glorious
Queensland 4520
Australien
Seite 222ur

William R. Hefner A.I.A.
William Hefner Architect L.L.C.
5820 Wilshire Boulevard
Suite 601
Los Angeles
CA 90036 USA
Tel.: +1 323 931 1365
Fax: +1 323 931 1368
wh@williamhefner.com
www.williamhefner.com
Seite 112u

Alastair Hendy
Fax: 020 7739 6040
Artdirector und Designer.
Seite 160r, 21u, 104ol

Hirst Pacific Ltd
250 Lafayette Street
New York
NY 10012 USA
Tel.: +1 212 625 3670
Fax: +1 212 625 3673
hirstpacific@earthlink.net
Seite 111ur

HM2 Architects
33–37 Charterhouse Square
London EC1M 6EA
Tel.: +44 20 7600 5151
Fax: +44 20 7600 1092
andrew.hanson@
harper-mackay.co.uk
Architekten & Designer. Richard Webb, Projektdirektor. Andrew Hanson, Direktor.
Seite 102ul, 149l, 151o

The Holding Company
243–245 Kings Road
London SW3 5EL
Tel.: +44 20 7352 1600
Innovative Aufbewahrungslösungen für jeden Raum.
Seite 107r, 204ul, 207ur

Kelly Hoppen Interiors
2 Alma Studios
32 Stratford Road
London W8 6QF
Seite 222ul, 224

Hotel de la Mirande
Avignon, Frankreich
Seite 218

Hotel Villa Gallici
Aix-en-Provence, Frankreich
Seite 218

Jack Ingham
Bookworks
34 Ansleigh Place
London W11 4BW
Tel.: +44 20 7792 8310
Seite 47ul & ur

Interni Pty Ltd
15–19 Boundary Street
Rushcutters Bay
Sydney 2010, Australien
Innendesign.
Seite 480, 183r 2100, 212mr, 220ol

Malin Iovino Design
Tel.: +44 20 7252 3542
Fax: +44 20 7252 3542
iovino@btinternet.com
Seite 121ur, 161or, 165or & l

IPL Interiors
François Gilles & Dominique Lubar
Unit 26C1
Thames House
140 Battersea Park Road
London SW11 4NY
Seite 180l, 310r, 50u, 59ur, 157m, 162ur, 1900m, 194r, 204ur, 204–2050, 210u, 2130r, 2160r, 218–219u

Jacomini Interior Design
1701 Brun, Suite 101
Houston
Texas 77019 USA
Seite 270l, 1520l, 2120l

Daniel Jasiak, Designer
12 rue Jean Ferrandi
Paris 75006, Frankreich
Tel.: +33 1 45 49 13 56
Fax: +33 1 45 49 23 66
Seite 217ul, 235uml

Joanna Jefferson Architects
222 Oving Road
Chichester
West Sussex PO19 4EJ
Tel.: +44 1243 532398
Fax: +44 1243 531 550
jjeffearch@aol.com
Seite 1320r

Brian Johnson
Johnson Naylor
13 Britton Street
London EC1M 5SX
Tel.: +44 20 7490 8885
Fax: +44 20 7490 0038
brian.johnson@
johnsonnaylor.co.uk
Seite 150r, 68l, 72, 82–83, 830l, 189ul

Just Design Ltd
80 Fifth Avenue, 18th Floor
New York
NY 10011 USA
Tel.: +1 212 243 6544
Fax: +1 212 229 1112
wbp@angel.net
Seite 36u, 182ur

Ben Kelly Design
10 Stoney Street
London SE1 9AD
Tel.: +44 20 7378 8116
Fax: +44 20 7378 8366
bkduk@dircon.co.uk
Seite 890l

Khai Liew Design
166 Magill Road
Norwood
South Australia 5067
Australien
Seite 179ul

Robert E. Kinnaman & Brian A. Ramaekers Inc.
2466 Montauk Highway
Bridgehampton
NY 11932 USA
Postanschrift:
P.O. Box 1140
Wainscott
NY 11975 USA
Tel.: +1 516 537 0779
Amerikanischer Landhausstil.
Seite 22ml

KRD Kitchen Rogers Design
Tel.: +44 20 8944 7088
ab@krd.demon.co.uk
Seite 118m, 120ol

Bruno & Hélène Lafforgue Mas de l'Ange
Maison d'Hôte
Petite route de St. Remy-de Provence
13946 Mollégès, Frankreich
Seite 178ol & or

Larcombe & Soloman Architects
Level 3, 397 Riley Street
Surry Hills 2010
New South Wales
Australien
Seite 130, 215or

Steven Learner Studio
307 Seventh Avenue
New York
NY 10001 USA
Tel.: +1 212 741 8583
Fax: +1 212 741 2180
www.stevenlearner studio.com
Seite 54r, 76or, 87ur, 107ol, 174–175

Littman Goddard Hogarth Architects
12 Chelsea Wharf
15 Lots Road
London SW10 0QJ
Tel.: +44 20 7351 7871
Fax: +44 20 7351 4110
www.lgh-architects.co.uk
Seite 82ol & ul, 99ol & or, 99m, 170–1710

Dale Loth Architects
1 Cliff Road
London NW1 9AJ
Tel.: +44 20 7485 4003
Fax: +44 20 7284 44920
mail@daleloth architects.ltd.uk
Seite 96m&ur, 104ul, 153ul

Hilton McConnico
8 rue Antoine Panier
93170 Bagnolet, Frankreich
Tel.: +33 1 43 62 53 16
Fax: +33 1 43 62 73 44
hmc@club-internet.fr
Innendesigner.
Seite 95

McDowell + Benedetti
62 Rosebury Avenue
London EC1R 4RR
Tel.: +44 20 7278 8810
Seite 53u, 188ol

Nicoletta Marazza
via G Morone, 8
20121 Mailand, Italien
Tel/Fax: +39 2 7601 4482
Seite 77u, 131or, 185u

Marino + Giolito
161 West 16th Street
New York
NY 10011 USA
Tel/Fax: +1 212 675 5737
Seite 110ol, 186ol

Andy Martin Fin Architects and Designers
73 Wells Street
London W1P 3RD
finbox@globalnet.co.uk
Seite 104or

Marshall Haines & Barrow
35 Alfred Place
London WC1E 7DP
Seite 57or

Frédéric Méchiche
4 rue de Thorigny
75003 Paris, Frankreich
Seite 97or, 178u, 196–197, 200ol, 217r

Jean-Louis Ménard
32 Boulevard de l'Hôpital
75005 Paris, Frankreich
Tel.: +33 43 36 31 74
Seite 105ur

Philippe Model
33 Place du Marché St. Honoré
75001 Paris, Frankreich
Tel.: +33 1 4296 8902
Dekoartikel, Einrichtungsgegenstände & Bezüge.
Seite 174ml, 179ml, 180ol

The Moderns
900 Broadway, Suite 903
New York
NY 10003 USA
Tel.: +1 212 387 8852
Fax: +1 212 387 8824
moderns@aol.com
Seite 30ul

Belén Moneo & Jeff Brock Moneo Brock Studio
371 Broadway, 2nd Floor
New York
NY 10013 USA
Tel.: +1 212 625 0308
Fax: +1 212 625 0309
moneo@aol.com
Architekten & Innendesigner.
Seite 118ol & u

L. A. Morgan, Interior Designer
P.O. Box 39
Hadlyme
CT 06439 USA
Tel.: +1 860 434 0304
Fax: +1 860 434 3013
Seite 14ol

Lynn Morgan Design
19 Hilltop Road
Norwalk
CT 06854 USA
Tel.: +1 203 854 5037
Seite 26m

Charles Morris Mount
300 West 108th Street/2c
New York
NY 10025 USA
Tel.: +1 212 864 2937
Seite 54ol & ul

Mullman Seidman Architects
443 Greenwich Street
New York
NY 10013 USA
Tel.: +1 212 431 0770
Fax: +1 212 431 8428
mullseid@monmouth.com
Architekten & Innendesigner.
Seite 74u, 174ur

François Muracciole, Architect
54 rue de Montreuil
75011 Paris, Frankreich
Tel.: +33 1 43 71 33 03
francois.muracciole@libertysurf.fr
Seite 73u, 177ol, 180ur

Claire Nelson Nelson Design
169 St John's Hill
London SW11 1TQ
Tel.: +44 20 7924 4542
Seite 17, 33mr

Roger Oates Design
The Long Barn
Eastnor
Ledbury
Herefordshire HR8 1EL
Tel.: +44 1531 631611
Seite 12l, 97ur, 174ol, 190ol, 191ol&u, 194ml, 238–2390

OKA Direct
www.okadirect.com
Katalogbestellung unter: +44 870 160 6002.
Einmalige Kollektion von Möbeln & Accessoires, Rattan, Leder und Horn im Mailversand.
Seite 330m, 22our, 23oul

Orefelt Associates
4 Portobello Studios
5 Haydens Place
London W11 1LY
Tel.: +44 20 7243 3181
Fax: +44 20 7792 1126
orefelt@msn.com
Designteam: Gunner Orefelt, John Massey, Gianni Botsford, Jason Griffiths.
Seite 15mr, 104ml

Parnassus
Corso Porta Vittoria, 5
Mailand, Italien
Tel.: +39 02 78 11 07
Seite 26ur, 56ul&om

Andrew Parr SJB Interior Design Pty, Ltd
Studio Southbank
5 Haig Street
South Melbourne 3205
Australien
Seite 2220

Plain English Kitchen Design
The Tannery
Tannery Road
Coombs, Stowmarket
Suffolk IP14 2EN
Seite 133ol, 138ul

Campion A. Platt
64l Fifth Avenue
New York
NY 10022 USA
Seite 216ul

Jennifer Post Design
25 East 67th Street, 8D
New York
NY 10021 USA
Tel.: +1 212 734 7994
Fax: +1 212 396 2450
jpostdesign@aol.com
Raum- & Innendesigner.
Seite 16ul, 29or, 32u, 84ul, 143ul&or

Géraldine Prieur, Interior Designer
7 rue Faraday
75017 Paris, Frankreich
Tel.: +33 1 44 40 29 12
Fax: +33 1 44 40 29 17
Seite 140u

Lena Proudlock Denim in Style
Drews House
Leighterton
Gloucestershire GL8 8UN
Tel/Fax: +44 1666 890230
Seite 260, 147ul & or

Brian Purcell, Artist
436 Fort Washington Avenue
New York
NY 10033 USA
Seite 86

Mark Pynn A.I.A. McMillen Pynn Architecture LLP
P.O. Box 1068
Sun Valley
Idaho 83353 USA
Tel.: +1 208 622 4656
Fax: +1 208 726 7108
mpynn@sunvally.net
www.sunvallyarchitect.com
Seite 89ul

Reed Creative Services Ltd
151a Sydney Street
London SW3 6NT
Tel.: +44 20 7565 0066
Seite 29ur, 30or, 32m, 33ol

Nico Rensch Architeam
Tel.: +44 411 412 898
Seite 67u, 900m&or, 118–119, 161l

Johanne Riss
35 Place du Nouveau Marché aux Graens
1000 Brüssel, Belgien
Tel.: +32 2 513 0900
Fax: +32 2 514 3284
Stylist, Designer & Modedesigner.
Seite 82or, 84or

Frances Robinson Detail
Tel.: +44 20 7582 9564
Fax: +44 20 7587 3783
Schmuckdesigner & Berater.
Seite 111ul

Richard Ronald
c/o Manuel Canovas
2 North Terrace
London SW3 2BA
Seite 22oul

Luigi Rosselli
Surry Hills
2010 Sydney
New South Wales
Australien
Tel.: +61 2 9281 1498
Seite 177or

Charles Rutherfoord
51 The Chase
London SW4 ONP
Seite 200l, 104ur, 1870, 219mr

Sage Wimer Coombe Architects
480 Canal Street Room 1002
New York
NY 10013 USA
Tel.: +1 212 226 9600
Projektteam: Jennifer Sage, Peter Coombe, Suzan Selcuk, Peggy Tan.
Seite 280, 31mr, 113ul, 1200, 131ol

Sophie Sarin
c/o The Ground Floor
201 Mitcham Lane
London SE16 6PW
Tel.: +44 20 8769 4204
Seite 45

Sheila Scholes, Designer
Tel.: +44 1480 498 241
Seite 14u, 130ml

Lloyd Schwan/Design
195 Chrystie Street, # 908
New York
NY 10002 USA
Tel.: +1 212 375 0858
Fax: +1 212 375 0887
Seite 210l, 66u, 199ul, 202ul & ur

Johnson Schwinghammer
339 West 38th Street # 9
New York
NY 10018 USA
Tel.: +1 212 643 1552
Seite 159or, 171umr

Sequana
64 Avenue de la Motte Picquet
75015 Paris, Frankreich
Tel.: +33 1 45 66 58 40
Fax: +33 1 45 67 99 81
sequana@wandoo.fr
Seite 236ol

Sharland & Lewis
45 Long Street
Tetbury
Gloucestershire
Tel.: +44 1666 502440
Seite 22ul, 96ol

Shelton, Mindel & Associates
216 West 18th Street
New York
NY 10011 USA
Tel.: +1 212 243 3939
Seite 159or, 171umr

Sheppard Day Design
Tel.: +44 20 7821 2002
Seite 28ur, 83u, 94–950, 175mr

Ann Shore
Tel/Fax: +44 20 7377 6377
Londoner Designer & Stylisten. Persönliche Auswahl von alten und neuen Möbeln und Accessoires.
Seite 10, 58ur

Stephen Slan A.I.A. Variations In Architecture Inc.
2156 Hollyridge Drive
Los Angeles
CA 90068 USA
Tel.: +1 323 467 4455
Fax: +1 323 467 6655
Seite 31u

Nigel Smith, Architect
Tel.: 020 7278 8802
n-smith@dircon.co.uk
Seite 103ol

Henry Smith-Miller und Laurie Hawkinson, Architects
305 Canal Street
New York
NY 10013 USA
Tel.: +1 212 966 3875
Fax: +1 212 966 3877
www.smharch.com
Seite 54–55

Enrica Stabile
via della Spiga, 46
Mailand, Italien
Tel.: +39 02 76 00 84 20
e.stabile@enrica stabile.com
www.enricastabile.com
Antiquitäten, Innendekoration & Photostyling.
Seite 25ul, 27or, 56um, 123u

Seth Stein
15 Grand Union Centre
West Row
London W10
Tel.: 020 8968 8581
Seite 15ur, 223or

John L. Stewart CIT, L.L.C.
113–115 Bank Street
New York
NY 10014–2176 USA
Tel.: +1 212 620 777
Fax: +1 212 620 0770
JLSCollection@aol.com
Seite 1570, 167l

Stickland Coombe Architecture
258 Lavender Hill
London SW11 1LJ
Tel.: +44 20 7924 1699
Fax: +44 20 7652 1788
nick@scadesign. freeserve.co.uk
Seite 19ul, 20u, 147ur

Studio Works
6775 Centinela Avenue, Building #3
Culver City
CA 90230 USA
Tel.: +1 301 390 5051
Fax: +1 301 390 2763
Seite 161ur

Stutchbury & Pape Architecture + Landscape Architecture
4/364 Barrenjoey Road
Newport
New South Wales 2106
Australien
Tel.: +61 2 9979 5030
Fax: +61 2 9979 5367
snpala@ozemail.com.au
Bekannt für ihr innovatives Denken und die Berücksichtigung von Umweltbelangen. Die Landschaft, die Umgebung und der Bauplatz werden aufgefasst als Vorgaben für die Gestaltung des Gebäudes.
Seite 84–85

Tia Swan Bed & Breakfast
Crooked House
P.O. Box 13
Knighton D O
Powys LD8 2WE
Page 22cr

Alan Tanksley, Inc.
114 East 32nd Street
Suite 1406
New York
NY 10016 USA
Tel.: +1 212 481 8458
Fax: +1 212 481 8456
Innendesign.
Seite 99u

Bruno Tanquerel, Artist
2 Passage St. Sébastien
75011 Paris, France
Tel.: +33 1 43 57 03 93
Seite 1010m & ol, 170mr, 171ul

Todhunter Earle Interiors
Chelsea Reach
1st Floor, 79–89 Lots Road
London SW10 0RN
Tel.: +44 20 7349 9999
Seite 33or, 187u

Touch Interior Design
Tel.: +44 20 7498 6409
Seite 198–199

Tsao & McKown, Architects
20 Vandam Street
10th Floor
New York
NY 10013 USA
Tel.: +1 212 337 3800
Fax: +1 212 337 0013
Seite 200r, 107ul & m

27.12 Design Ltd
451 Greenwich Street
Suite 504
New York
NY 10013 USA
Tel.: +1 212 334 5245
Seite 90m, 207ul

Urban Research Laboratory
3 Plantain Place
Crosby Row
London SE1 1YN
Tel.: +44 20 7403 2929
jeff@urbanresearch lab.com
Seite 190l, 98, 105ol, 152–153

Urban Salon Architects
Unit D, Flat Iron Yard
Ayres Street
London SE1 1ES
Tel.: +44 20 7357 8000
Seite 64–65, 105or, 1600, 169m, 1820

USE Architects
11 Northburgh Street
London EC1V 0AH
Tel.: +44 20 7251 5559
Fax: +44 20 7253 5558
e.use.arch@virgin.net
Seite 175ur, 188ur

Sasha Waddell
269 Wandsworth Bridge Road
London SW6 2TX
Tel.: +44 20 7736 0766
Seite 234u, 235ol, 235or

Miv Watts House Bait Interior Decoration
Market Place
Burnham Market
Norfolk PE31 8HV
Tel.: +44 1358 730557
Fax: +44 1485 52 8970
e. miv.watts@virgin.net
Seite 770

Bunny Williams Inc.
306 61st Street, Fifth Floor
New York
NY 10021–8752 USA
Seite 59mr

Vicente Wolf Associates, Inc.
333 West 39th Street
New York
NY 10018 USA
Tel.: +1 212 465 0590
Seite 35u, 74–75, 158u, 166ul, 211ul, 211ur, 2210, 221u

Woolf Architects
39–51 Highgate Road
London NW5 1RT
Tel.: +44 20 7428 9500
Seite 1330r, ur & ul, 194ol, 2060

Voon Wong Architects
Unit 27, 1 Stannary Street
London SW11 4AD
Tel.: +44 20 7587 0116
Fax: +44 20 7840 0178
e. Voon@dircon.co.uk
Seite 160l, 190r

Greg Yale Landscape Illumination
27 Henry Road
Southampton
NY 11968 USA
Tel.: +1 516 287 2312
Fax: +1 516 287 2182
Seite 158mr, 159ur, 1700r

Bonnie Young
Tel/Fax +1 212 228 0832
Donna Karan International.
Seite 85ol & om

Register

DANKSAGUNG

Zusätzlich zu den aufgeführten Wohnungs- und Hausbesitzern möchten wir folgenden Personen unseren Dank aussprechen:

Rodney Archer, Katsuji Asada, Ann Boyd, Caroline & Michael Breet, Conner Prairie Museum, Ischa van Delft, Sherri Donghia & Robert Eulau, Tricia Foley, Katie Fontana & Tony Niblock, Daniel Gabay, K. Russell Glover & Angela Miller, Janie Jackson, Beverly Jacomini, Glen Senk & Keith Johnson of Anthroplogie, Monsieur Jouve, Marie Kalt, Bruno & Hélène Lafforgue, James Lynch & Sian Tucker, Alf & Wendy Martensson, Ellen O'Neill, Kristin Perers, Lena Proudlock, Lars Røtterud, Gabriele Sanders, Ann Shore, Dot Spikings, Monsieur & Madame Stein, Mark & Tia Swan.